陆克文自传

[澳] 陆克文（Kevin Rudd）◎著

李巧燕　钱　镜◎译

KEVIN RUDD

Not for the Faint-hearted

A personal reflection on life, politics and purpose

青岛出版社

QINGDAO PUBLISHING HOUSE

图书在版编目（CIP）数据

不畏：陆克文自传 /（澳）陆克文著；李巧燕，钱
镜译. — 青岛：青岛出版社，2021.3
ISBN 978-7-5552-8853-4

Ⅰ.①不… Ⅱ.①陆… ②李… ③钱… Ⅲ.①陆克文
– 自传 Ⅳ.①K836.117

中国版本图书馆CIP数据核字（2020）第018217号

NOT FOR THE FAINT-HEARTED

Copyright © 2017 by by Kevin Rudd

This edition arranged with InkWell Management, LLC.

through Andrew Nurnberg Associates International Limited

书　　名	不畏——陆克文自传
著　　者	［澳］陆克文
译　　者	李巧燕　钱　镜
出版发行	青岛出版社（青岛市海尔路 182 号，266061）
本社网址	http：//www.qdpub.com
邮购电话	0532-68068091
责任编辑	刘坤　刘冰
封面设计	末末美书
内文设计	胡玉冰
印　　刷	唐山富达印务有限公司
出版日期	2021 年 3 月第 1 版　2021 年 3 月第 1 次印刷
开　　本	16 开
印　　张	23
插　　页	12
字　　数	485 千字
书　　号	ISBN 978-7-5552-8853-4
定　　价	58.00 元

编校印装质量、盗版监督服务电话　4006532017　0532-68068638

↑ 一张来自贝鲁特的明信片：1941 年叙利亚战役结束，我父亲伯特·路德在他 23 岁生日当天拍摄的照片

↑ 我的父亲伯特·路德曾于 1939—1945 年参加了巴勒斯坦和太平洋地区的战争，他会讲许多战争故事

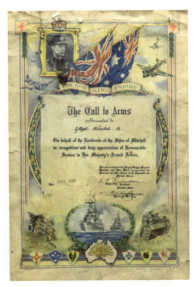

↑ 父亲的入伍通知书：陆军下士伯特·路德，"为上帝、国王和帝国而战"

↑ 我的母亲玛格丽特·德维尔。二战期间，她曾在位于布里斯班的马特医院和格林斯洛普斯军队医院做护士

↑ 母亲和菲莉斯姨妈。战后，她们在位于楠伯的雪兰戈私立医院做护士

← 父母的结婚照。1948年9月，他们在楠伯的圣约瑟夫天主教堂结婚

↑ 1960年，我母亲集农民、母亲、护士三重身份于一体，这是唯一一张她与四个孩子在农场的照片。格雷格（从左数第二个）、马尔科姆（头上立着小鸟，手里拿着望远镜）和洛瑞（抱着小狗）、战争时期母亲朋友的孩子和我（站在前面不配合照相的那个）

↑ 我和家里养的狗瑞奇在农舍旁，大约摄于 1965 年

↑ 3 岁的我站在家里的汽车旁。我不知道大众甲壳虫汽车的后座当时是怎么容纳 4 个孩子的

↑ 洛瑞和我周日沿着库罗伊的山路从教堂返回家的途中

↑ 洛瑞、格雷格和我靠在农舍的篱笆旁，我们身后不远处是挤奶棚，我记得曾经看到父亲在旁边的院子里驯服过一匹马。在远处的山上，可以看到我们的邻居科尔·赛伯家的农场

↑ 我父亲开着他的梅西弗格森拖拉机，这辆拖拉机非常结实。父亲开着拖拉机接我放学，并让我把这个庞然大物开回家——我的书包挂在排气管上。对我来说，那是最美好的时光

↑ 1964 年，母亲、父亲和马尔科姆在农场上。那天，15 岁的马尔科姆要离开家去维多利亚的陆军学徒学校学习

← 父亲与格雷格和我（最左），摄于 1968 年，那是父亲去世的前一年

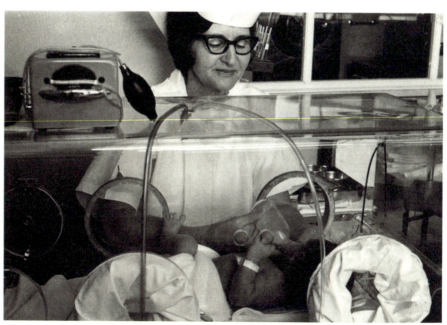

↑ 父亲去世后，母亲不得不重新去布里斯班的梅马妇产医院接受护士培训，那距她完成第一次护士培训已经过去了 25 年

↑ 1973—1974 年夏，16 岁的我和朋友在黄金海岸

↑ 我 17 岁时穿着时髦的褶皱纱布衬衣，我的书架上却摆着不那么时髦的《国会议事录》

↑ 1981 年 11 月，泰瑞莎和我在堪培拉的圣约翰教堂举行婚礼，随后我们在金溪家园举办了婚礼招待会

↑ 举办完婚礼的第二天，泰瑞莎陪我离开澳大利亚去斯德哥尔摩赴任，开启了我的外交生涯

↑ 1983 年，我在驻斯德哥尔摩的澳大利亚大使的办公桌旁。我当时担任三等秘书，这是最初级外交职位，能学到不少东西

↑ 1986年，在我们堪培拉的第一个家的门前台阶上，我和两个小宝贝——还是婴儿的尼古拉斯和3岁的杰西卡

↑ 1986年，小杰西卡在帮奶奶擦洗她的车

↑ 1991 年，担任内阁办公室总干事时的我。戈斯政府是大刀阔斧的改革派，他们最终把昆士兰带进了澳大利亚的主流，废除不公正的划分选区方案是第一步举措

↑ 1994 年，韦恩·戈斯和总理保罗·基廷在我发布《澳大利亚学校推助亚洲语言及研究策略》报告的现场

↑ 作为总干事，我花费数年时间以昆士兰州高级官员的身份在许多政府理事会工作组中工作，这种经历让我对联邦政府如何运行有了很深入的了解

1994 年，马克斯在布林巴的圣约翰教堂受洗。在布里斯班，圣约翰教堂依然是我们一家人常去做礼拜的教堂

↑ 1994 年，小马克斯和我

↑ 1996 年复活节，我和孩子们在阳光海岸海滩。在约翰·霍华德赢得选举之后，我从澳大利亚外交部"自愿离职"，因此那时我没有工作

↑ 1996 年选举中，马克斯是我最难以约束的支持者

↑ 第一次为 1996 年的竞选拍全家福，后来我在这次竞选中惨败

← 马克斯在我们位于斯坦利大街旧驾考中心的竞选办公室帮忙，我们称那里为"但丁的地狱"

← 1997 年我在北京颐和园，我当时是毕马威的中国问题高级顾问

→ 1998年竞选期间，我和马克斯为当地的学校捐赠"路德自行车"，帮助学校募集资金。人们说我在本地议员任期内捐赠了近1000辆这种自行车

→ 1998年竞选开始时，我的母亲和金·比兹利在一起。当时我母亲年事已高，刚开始患上帕金森症

→ 我与联邦及州领导人金·比兹利和彼得·贝蒂在一起——已经为1998年竞选做好准备

← 1999 年，作为年轻的议会议员，我希望能够从劳工运动的两位偶像——E.G. 惠特拉姆和 P.J. 基廷那里得到启示

← 2001 年，洛瑞、格雷格、马尔科姆和我一起庆祝母亲的80 岁生日

← 2001 年 7 月，作为在野党政策委员会的外交、国防和贸易事务主席，我看望了参加联合国行动的澳大利亚派驻东帝汶部队

↑ 所有的政治都是地方性的：遍布布里斯班南部郊区的近 300 个周六晨间移动办公室之一，少不了值得我信赖的"路德移动"

↑ 2006 年，"伟大的掌舵者" E.G. 惠特拉姆在布里斯班莫宁赛德区我新开设的选民办公室。惠特拉姆有种"邪恶"的幽默感，而且考虑问题总是很周到。接下来的数年间，我多次去他悉尼的办公室拜访

↑ 泰瑞莎和我在英国度假

↑ 家庭是我生命的基石：2006 年，马克斯、泰瑞莎、尼克、杰西卡、阿尔伯特和我一起过圣诞节

↑ 2007 年 1 月, 阿利斯特·乔丹、我和菲奥娜·萨格登摄于我父母的农场。我的幕僚长阿利斯特·乔丹忠诚、极具政治洞见而且工作勤奋, 菲奥娜·萨格登也是楠伯人, 是我的媒体顾问, 她的工作效率非常高

献给泰瑞莎、陆杰喜（杰西卡）、陆雨德（尼古拉斯）和陆明开（马克斯）。

没有他们的爱、关心和支持，我的人生将微不足道。

未来是你们的。

仅以此精编本献给所有年轻的朋友们，

希望我们都能认识自我，成为自我，超越自我，知行合一致良知。

推荐序

老陆是多年的老友了。

他让我给他的中文自传《不畏》写个序言，我诚惶诚恐，但还是欣然接受。

从澳洲社会的最底层，幼年丧父，居无定所，贫疾交加，一步步走到国家权力的最顶峰 —— 这本身就是一个非常励志的故事。

在总理任上，老陆首先代表国家向澳大利亚的土著人道歉，促进澳大利亚国内族群之间的和解；同时领导澳大利亚应对 2008 年全球金融危机，使澳大利亚成为所有发达经济体中唯一没有遭遇经济衰退的国家。在地缘政治和国际关系上，老陆是二十国集团的创始人之一，成功说服美国和俄罗斯加入东亚峰会，并力促亚太共同体的建立。他还带领澳大利亚签署《京都议定书》，是应对气候变化的全球先进者……这些都是了不起的政治成就。

卸任总理后，老陆奔赴哈佛，2014 年开始研究中美关系的可能未来；并在美国纽约创办了亚洲协会政策研究院，其在 5 年内就成为关注中美关系的世界顶尖智库之一。在此期间，老陆担任国际和平机构董事局主席，并领导了国际多边机构独立委员会，完成联合国和多边机构全面改革报告。老陆在中美关系和世界秩序未来上的诸多宏论，都极具远见卓识。

老陆是一个深邃的思考者。过去几年，在北京、纽约、亚布力，或是哈佛，我们常常有机会煮酒论天下。我们谈到过：新的技术革命重塑社会经济契约，新的地缘政治重塑国际秩序格局。而中国的崛起，在此百年未有之大变局的正中央。

老陆也是中国难得的诤友。从 20 世纪 80 年代到中国工作开始，老陆见证了中国改革开放 40 年所取得的成就，也明白其中的艰难险阻。他在这里结交的朋友遍布中国五湖四海，其中不乏有着几十年深厚友谊的老友，这些都给予他独一无二的理解中国的信息与视角。世界舞台上能有老陆，以客观中立、有建设性的视角来审视中国、理解中国，实在是中国和世界之福。

老陆还是一个持之以恒的行动者。诚如老陆书中所言："这个世界上有太多碌碌无为的'儿童政治家'；不要让进步政治止步于旷日持久的知识分子研讨会，或者成为咖啡店里那种一群人对我们的国家政治生活指点江山的闲聊，因为经过一定程度的反思之后，政治最终应该落实到行动中。"

我很同意。政治家要有"革命理想高于天"的担当，要有"不畏浮云遮望眼"的远见，还要有"撸起袖子加油干"的精神。在我看来，老陆是兼具如此担当、远见和精神的一位政治家。

愿大家都能通过此书，领略一些老陆的"不畏"精神。

陈东升

2020 年

中文版序

给中国青年的一封信

这本书是一封励志信，写给那些未来可能投身公共服务事业却又对自己的信仰、能力和公共服务意识有所疑虑的人。

这本书希望提供一套认识自我、知行合一的思维框架与行动指南：从审视你的价值到探索你的爱好，再到寻找和实现你的人生使命。

这本书也讲述一个农民的孩子如何一步步成长为澳大利亚国家总理的故事——这里面有颠沛，有背叛，有无助；也有笃定，有真爱；还有无畏精神。

你们可能知道，因为听了妈妈的话，我自幼学习中文，学习中国历史、中国文化，后来成为驻华使馆的外交官、商业咨询顾问、州政府秘书长、国会议员、外交部部长、国家总理……再到现在，成为一位"老干部"和国际公民，一路走来，中国一直是我人生的一条主线。

我第一次到中国的时候，是1984年。那个时候北京交通很好，不堵车，因为没什么车，多数是自行车（那时还没有共享单车），有一些马车（你们见过吗？），还有一些红旗轿车。街上的人们，不是穿蓝色的衣服，就是穿绿色的衣服。

那时候的北京，天一直很蓝。我第一次访问人民大会堂的时候，是陪当时的澳大利亚驻华大使和彭真先生见面。彭真先生那个时候是全国人大常委会委员长。他很认真地和我们"老外"解释，司法独立很重要。

后来，我还去上海做了一段时间的代理总领事。那时上海最高的建筑还是外滩边的那些老房子。记得我第一次与汪道涵市长见面，是在上海大厦一起吃饭。汪市长说上海的改革开放已经落后于全国，他告诉我，邓小平很想看到上海的发展，他还请我们"国际友人"对上海的发展多多帮忙。5年后我和同事再回到上海的时候，朱镕基市长在当时市政府——老汇丰银行大厦——请我们吃饭。在宴会上，上海市政府宣布成立浦东经济开发区。当时我们看向窗外，黄浦江对岸什么都没有。我当时想，他肯定在做梦！今天再看浦东，只不过30年，这个"中国梦"已经实现了。

最近几年我到中国，看到北京举办奥运会，看到上海举办世博会，看到杭州举办20国集团峰会；在成都看到绿色能源企业的可持续发展，在广州看到创新的生态设计小镇，在深圳看到世界级的科技中心，也在武汉、西安、昆明、福州看到中国经济持续发展的潜力。我看到，中国的经济总量世界第二，中国贸易额世界第一，中国对外投资世界第二，中国外汇储备世界第一，中国出口总额世界第一，人民币也开始成为国际货币。我看到环境保护和气候变化成为越来越重要的议题，看到了社会公平和可持续发展成为越来越主流的看法；中国也提出了"一带一路"倡议，成立了亚洲基础设施投资银行；中国对联合国和国际多边机构的支持力度也越来越大。实在来讲，中国在国际社会承担的责任越来越大，对地区和世界治理的影响也越来越大。与此同时，新的技术革命很有可能重塑社会经济契约，新的地缘政治很有可能重塑国际秩序格局。这个过程可能会持续一代人的时间，而一个崛起的中国正处在这一切的中心。

所以我一直认为，中国亟须了解中国、了解世界的年轻一代，来帮助中国走向世界舞台中心；世界亟须了解世界、了解中国的年轻一代，一起建设人类命运共同体。你们是中国的未来，也是世界的未来，所以我要写这封信给你们。

最后，谢谢你们有兴趣了解我的故事。

一如既往，我很乐意与你们交流。

你们可以通过我的微博/头条联系我。

你们一直的诤友

老陆

英文版序

一个励志故事

政治的本质是权力。此权力即国家的权力，它影响每个人自身、生活的社会以及工作的经济环境。我们在议会中关键的责任，就是如何使用这种权力，不管是为了少数人的还是多数人的利益……在此，我想谈谈我认为在行使政治权力时需要遵循的基本原则以及为什么要遵循这些原则。还有就是我作为澳大利亚工党成员，参加议会议员竞选的理由。

——摘自 1998 年阵亡将士纪念日在议会的首次演讲

这本书是一封励志信，写给那些考虑未来可能投身公共服务事业却又对自己的信仰、能力和公共服务意识有所疑虑的人。他们困惑于党派政治亦幻亦真的本质，迷惘于如何避开政途中的浅滩暗礁。如果你的目标是不仅要在这趟险途中生存下来，更要在航行的过程中守护住自己的灵魂，那么这本书就是写给你的。

今天，还有些人对政治已经失去信心，认为它不再是实现经济、社会可持续发展和环境改革的可靠手段，这本书同样也送给你们。我想传达一个简单的信息：尽管我的政治生涯遭遇了不计其数的障碍、困难和挫折，但投身公共事务去改善多数人而非少数人的生活是我一生无悔的选择。因为，如果我们忽视政治，那么世界将更加贫瘠，最终没有人可以逃避。改变或不变——这是我们要做出的道德选择。

但是，这本书不是关于某种范本生活的。我们都难免不同程度地将自己想象成一个圣徒，将自己的行为理想化。虽然很多时候，我们并非故意如此，但人们往往会执迷于自己所认知的真相，以至于对周遭的人，甚至是我们最亲近的人给出的善意的"旁观者清"的评论视而不见。

更确切地说，这本书是对我数十载政治生涯的毫无保留的真实记录，并透过我全部的个人记忆和人生经验来折射其中点滴。也许，对任何人而言，和别人讲述自己故事的时候，也只能做到这个份儿上了。事实上，如果政治领导人真心想要鼓励他人，那么就应该尽可能如实地讲清楚自己的政治生活：其实没那么多英雄，我们也都是些凡夫俗子，有寻常人的疑惑和犹豫不决。

除去如上种种，还有一个关键警示：政治生活不适合胆怯的人。它需要不畏的勇气——勇于进入公共服务空间，勇于留在那里，勇于坚持下去。某些品质，有些人有，有些人没有。但勇气不是这样的，它不是一种感觉，也不是一种天分，而是一个决定。

* * *

2013 年底离开议会不久，我去了哈佛大学肯尼迪政府学院，就习近平治下的中美关系未来开展了一个政策研究项目。当我到达时，学院问我是否愿意在政治研究所教授一门课程。这当然是我的荣幸，因为哈佛肯尼迪的政治研究所致力于延续约翰·肯尼迪的遗志，从这里走出去的哈佛学生一直为美国和世界公共事务做出贡献。但那时我刚在澳大利亚联邦大选中"幸存"下来，为了暂时摆脱国内政治而远走美国。现在他们希望我回到教室教授政治，而且那里将坐着三四十名哈佛学子 —— 个个都梦想成为美国总统，当然我有责任告诉他们这不是每个人都能做到的，对外国学生来说更是如此——根据美国宪法，美国总统必须出生于美国本土。

我推测他们大多数人想要速成的"成功指南",希望学些厚黑的政治伎俩,还有跻身前列的政治秘密;但我对此深感不安。于是,我给自己的课程定下了"政治和目的"(Politics and Purpose)这个标题,并将课程大纲直接公布在教师布告栏:

第一课:你的信仰是什么?

第二课:你为什么信仰这些?你的理念是什么?

第三课:是什么样的价值观让你形成你的信仰?

第四课:你最感兴趣的是什么?你真正喜欢做的是什么?

第五课:如果将你的信仰、价值观和兴趣统一起来,你会如何设定你的人生使命?

第六课:为什么政治是实现你人生使命的唯一途径?

后来,最后一课移师哈佛广场的比萨店,我抛出最后的忠告:如果都想明白了,那你还在等什么?去吧,开始吧,一步一步,努力奋斗!对那时仍然坚持追求政治事业的人来说,我还加了一句忠告:即便世俗各种丑恶扑面而来,也请坚定无畏,因为改变从来不易,但不易从来不该是不做的理由。

后来,肯尼迪政府学院的工作人员告诉我,哈佛学生一般不会选择这类研讨会,但"政治与目的"现在已然成为哈佛最受欢迎的研讨会之一。因为听课的人太多,很多学生只能站着。我想,在哈佛漫长的冬季,可供大学生选择的娱乐活动一定是太少了。

之后,我在中国和澳大利亚一些学校的毕业典礼上都发表了类似的演讲。美国、中国和澳大利亚的孩子们的反应非常相似:他们觉得我的方法务实有趣,让他们耳目一新。这不是某些人预料中的那种鼓舞人心的废话——在任何一家机场候机楼书店的管理类书架上,这些鸡汤读物早已泛滥成灾。我更感兴趣的是,让考虑投身政治的年轻人尽可能系统地解决和信仰、价值观以及职业本能相关的基本问题,让他们养成相当的韧性。否则,他们很可能刚踏上这条路就摔得头破血流。在职业生涯的不同阶段，人们不可避免地会遇到各种困境。政治事业和很多职业一样，极少线性发展。但是，如果你的基础打得足够牢固，便更易在未来应对风险时驾轻就熟。

* * *

那么，如果我扪心自问，我会如何回答这些问题？这就是这本书的意义所在，反思我自己的信仰、价值观、兴趣和使命感。我接受的是农场家庭的保守教育，但为了想明白我以后究竟想干什么，我决定不直接上大学，而是花了一年时间去弄清楚这个问题，而这一年正是我的信仰萌芽和成长的起点；我和泰瑞莎（Thérèse）相遇并结婚，在口袋空空的情况下建立了家庭，新婚的喜悦和经济的拮据交织在一起；我加入并不完美的澳大利亚工党，和它荣辱与共，创造奇迹的同时也历尽艰辛；我对中国充满兴趣，关注它的未来，决定研究中文这种世界上最艰深的语言之一；我先后担任驻欧洲和中国的外交官，了解到一些外交原则；在为昆士兰州（Queensland）州长韦恩·戈斯（Wayne Goss）工作期间，我开始迈入政界；而立之年，我动了心脏手术；后来，我经历了第一次重大政治失利，最终赢得议会选举，并在当地社区承担"牧师责任"。

这本书还涉及工党的政治暗礁。我热爱工党，但我讨厌那些戴着面具的人，就像他们讨厌我一样。书中讲述了工党、劳工运动和进步政治的道德立场，同时也没有回避原始派系力量那些令人厌恶的层面。这本书讲述了不断更替的议会领袖，包括金·比兹利（Kim Beazley）、西蒙·克林（Simon Crean）、马克·莱瑟姆（Mark Latham），直到后来我自己当上了工党的领袖，而我的同事和朋友朱莉娅·吉拉德（Julia Gillard）则担任我的副手。

最后，这本书还讲述了我与约翰·温斯顿·霍华德（John Winston Howard）的神圣战役，霍华德是自罗伯特·戈登·孟席斯（Robert Gordon Menzies）以来最强大的保守派政治家。这本书阐述了保守派政治的本质，即不管是否经过政治掩饰，少数人的利益要超过多数人；也阐述了恐惧政治对保守派的根本重要性。而其中，重要性超越伊拉克战争、经济问题、《工作选择法》、气候变化和种族斗争而位居榜首的，是我如何最终击败霍华德成为澳大利亚总理的这场惊心动魄的政治角逐。

＊＊＊

几十年来的政治"朝圣之路"崎岖不平，但是我关于政治的核心主张仍然与我在议会首次演讲一开场所阐述的内容大致相同，我在文章开头复述了这段话，现在我再重复一遍：

> 政治的本质是权力。此权力即国家的权力，它可以影响每个人自身、生活的社会以及工作的经济环境。我们在议会中关键的责任，就是如何使用这种权力，不管是为了少数人的还是多数人的利益。

这些并非随口一说，而是我半生思考的结晶。直到今天，我依然抱持同样的观念。无论是关于政治权力，或者创新、企业与繁荣，或者社会正义、机会平等和福利救济，还是环境可持续性、社区责任和关心地球，抑或国际和平、安全和贫困这些重大问题，这仍然是我信仰的最基本标准。弄明白这些并不轻松，这来自我多年的思考、祈祷和失败，但是综合起来，它们就构成了一种难以言说的称之为复原力的东西。

无论我是否成功达成了既定目标，或者在多大程度上失败了，都将由其他人来评判。我能做的就是尽我所能诚实地陈述。我明白，人无完人。在事关自己的时候，鲜有人可以做到完全客观。我会在以后对我的澳大利亚政府之成败做进一步说明，包括2010年的那场影响澳大利亚未来的党内政变。我本来希望一起放在这本书里说，但是遇到了一些现实中的阻碍。

* * *

许多人问我，如果可以重来，我还会这样做吗？尽管政治生涯使我伤痕累累，我依然会给出非常肯定的答案。那么，我会不会在某些事情上采取不同的解决方法？尽管澳大利亚政治阶层习惯拒不承认自己的错误，但我的回答是，如果可以的话，我会采取不同的做法。

因此，对于那些考虑未来参与进步政治活动的人，我会说：去做吧，无论会付出怎样的代价。因为在人们日益愤世嫉俗的世界中，现在比以往任何时候都更需要你。现在我们对人类共同问题的关注开始慢慢淡化，我们国家的精神变得麻木，言语中充斥着暴力，民族想象力匮乏。

所以要坚忍不拔、勇往直前、从容慢行、深思熟虑，先在现实世界中获得丰富的经验。这个世界上有太多碌碌无为的"儿童政治家"；但是，不要让进步政治止步于旷日持久的知识分子研讨会，或者成为咖啡店里那种一群人对我们的国家政治生态指点江山的闲聊，因为经过一定程度的反思之后，政治最终应该落实到行动上。

进步政治的艰巨任务是带来可衡量的变化，并改善许多人的生活。我相信我做到了，并且相信我还可以做得更多，也还有很多事情要做。我们需要进步政治的重要原因，就是100多年来的政治经验告诉我们，当善良、有纪律的人们行动起来时，能实际有效地改善人类的生存状况。他们现在同样可以。

正如大约20年前我在议会的第一次演讲中最后所说的：

> 我不知道自己会在这个地方待多久，这由不得我来决定。但我知道，我来到议会的目的绝不只是站在这里。和志同道合的同事们一起，我要世界因我们而不同。

CONTENTS

目 录

chapter 1
My Mother's Son

第一章

我母亲的儿子

　　记不清我第一次思考政治是什么时候了，至于这些最初的政治思想是不是被青少年时代高尚的情怀影响，有没有被现实或幻想的个人不公正遭遇左右，甚至是否有可能只是出于一个笨拙的青少年渴望被关注，我就更加记不清了。我想大多数人都可能被这些因素影响到，至少我自己确实是这样的。政治就是崇高的目标和低级的虚荣心的混合物，有时卓越非凡，有时丑陋不堪，它就这样贯穿我的一生，也可以说，这样贯穿大部分的人类历史。

　　我在一个和政治完全绝缘的家庭中长大。我的意思是说，我家基本不讨论政治，即使有，也非常少。想想我的后半生，这颇有讽刺意味。

　　我父亲名叫伯特（Bert），这是一个坚定而朴素的名字，让人想起他出生的那个朴实无华的年代。在他出生前不到一个星期，第一次世界大战——这个号称"结束一切战争的战争"——的各参与国刚刚签署了停战协定。新南威尔士州（New South Wales）西南部的麦田质地坚硬，地面干裂，他在这里长大，经历了经济大萧条时代。在童年留下的几张发黄照片中，伯特和他的弟弟戈登（Gordon）、莱恩（Len）以及罗伊（Roy）几乎都是眼神空洞，面无表情，完全不是我们想象的样子。在我们的想象中，他们是生活在第二次世界大战前澳大利亚丛林里的无忧无虑的少年，天天玩板球和足球，偶尔在农场帮帮忙。但是照片呈现的却是他们如何艰苦工作以维持生计，如何竭尽所能地生存下来。

伯特家一共有 9 个孩子，他的父亲和祖父也有好几个兄弟姐妹。再向前追溯五代，就是最早被流放到新南威尔士州的祖辈了。我们的祖先托马斯·路德（Thomas Rudd）1790 年作为犯人跟随第二舰队在这里登陆。据说他偷了一双鞋子。刑满之后，凭着总督按惯例分配的农田，他完全可以在殖民地开始新生活。但他没有这么做，而是在 1795 年返回了伦敦。1799 年，因为偷了一袋糖，他再次被告上法庭。地方法警向法官说："路德是熟人了，阁下。"据我所知，在此前的 80 年里，超过 16 万名罪犯被发配到新南威尔士州，只有托马斯·路德被发配过两次，没有一些"天分"的话是做不到如此的。

1807 年获得自由之后，托马斯占据了一些土地，帮助政府开发了悉尼西南约 50 千米的坎贝尔镇（Campbelltown）。到 19 世纪 20 年代，托马斯·路德已经变成了一位受人尊敬的中产阶级绅士。他写给《悉尼公报》（The Sydney Gazette）的信件可以证明这一点。在信件中，托马斯恳请总督为必要的市政工程增加投入，以保障坎贝尔镇的未来发展。

在我的家族历史上，托马斯·路德向上层社会的流动是一个特例，而不是常见现象。我的祖父乔治（George）在铁路上工作，与许多当时的"铁路家庭"一同住在轨道旁的帐篷里。而我的父亲伯特就在其中一个帐篷里出生。

后来，伯特被送到尤兰昆蒂（Uranquinty）的一所学校学习阅读和写作。尤兰昆蒂位于沃加沃加（Wagga Wagga）以南 15 千米之外，100 年前还是一片荒凉之地，镇上只有一间酒吧和一家综合商店，周围则是一成不变的麦田。和他那个时代的许多人一样，伯特没有上高中。到了 12 岁的时候，他开始去外边帮人捆稻草，贴补家用。这是非常必要的，因为他的父亲在铁路上上班，所得的收入非常微薄，扣掉酒钱剩余寥寥无几，根本养不起一个 11 口之家。在我童年的记忆中，祖母莫德（Maude）是一位郁郁寡欢的女士。半个世纪后的现在，我明白了原因。

所以，随着第二次世界大战的到来，我的父亲认为入伍是他摆脱现状的最佳机会。他和他的兄弟都报名入伍。就像第一代澳新军团（Anzacs）的士兵们一样，他们期待这是一次大冒险，可以帮他们摆脱 20 世纪 30 年代苦苦挣扎的农村，甚至开创一种崭新的生活。他们也深深地被捍卫祖国、保卫家园的理想驱使。这是一种发自内心的理想，毫不矫揉造作。我爱父亲的战争故事。我不知道其中哪些是杜撰，哪些是必要的修饰，哪些是真实的，但这并不重要。我曾与父亲一起度过的最美好的时光就是听他讲故事。住在距离城镇几千米的农场里，任何一场风暴都会让树木砸到电线，使农舍陷入黑暗。当发生这种情况时，父亲就开始讲述他的故事——他会坐在厨房地板上滔滔不绝，而我则坐在他的怀里。在煤油灯闪烁的灯光下，他会先讲一个故事，再唱一首战争歌曲，有时还会念一首打油诗。对于我来说，这些与父亲在一起共度的时光非常温暖，弥足珍贵，因为在之后的童年里，我几乎没有再见过他。作为孩子，我们希望这样的夜晚永远不要结束。

伯特参加了巴勒斯坦（Palestine）和太平洋地区的战争。在他讲给我的故事中，我记得最清楚的是叙利亚战役（Syrian Campaign），当时他在战场上撞见了敌人——一名德国步兵。但根据这场战役的历史记载，那名敌人一定是维希法国人（Vichy French），因为当时巴勒斯坦没有德国军队。但是这个故事很棒，至少就像伯特所说的那样，"德国人"看着伯特，伯特也看着他，然后他们各自有礼貌地点点头，消失在夜色中，似乎不约而同地默认这个晚上他们没有看到彼此。

战争改变了我的父亲，但不是通过它的恐怖。战争让他了解了他之前从未接触过的世界。他的战友们来自各行各业，来自美洲大陆的每一个角落，而在此之前他的记忆里只有故乡的那片土地。他人生中第一次有了别的选择。其中之一是和来自中东的指挥官约翰·巴肯（John Buchan）一起去维多利亚州（Victoria）为墨尔本市场种植鲜花。另外一个选择是和婆罗洲战役（Borneo Campaign）中认识的一名战友一起前往昆士兰州的一个农场砍甘蔗。多年以后，我母亲谈起这件事，说我父亲的男性自尊最终占据了上风——培育矮牵牛花对他来说太丢脸了，这可不是一个能让他在酒吧吹嘘的工作。因此，伯特去了北方，顶着昆士兰的烈日砍甘蔗。那段日子很像电影《第十七号娃娃的夏天》（*Summer of the Seventeenth Doll*）中的情景，但没有墨尔本，没有文艺气质，更没有爱情故事。直到1947年夏天的一个晚上，在扬迪纳溪（Yandina Creek）举行的一次乡村舞会上，我母亲出现了。

我母亲的名字是玛格丽特·德维尔（Margaret de Vere）。每个人都叫她玛丽（Marje），她不喜欢这个叫法，觉得玛格丽特才是她的父母给她的名字。我早年生活中最珍贵的记忆围绕着我的母亲，她在我身上留下了不可磨灭的印记，深深地塑造了我的品格。所以对我来说，讲述母亲的故事不仅仅是这部自传的需要，它甚至比我父亲的故事更重要，是我生活的叙事核心。

"德维尔"这个名字中有一些有趣的东西，和它比起来，"路德"相当无聊。爱德华·德维尔（Edward de Vere）和莎士比亚（Shakespeare）是同一个时代的人，他是第十七位牛津伯爵，也是伊丽莎白一世（Elizabeth I）的朝臣。唉，可怜的爱德华是一个放荡的醉汉，他在离开伊丽莎白的宫廷之前就失去了自诺曼（Norman）征服后500年来一直属于他的家族的大片庄园。然而，虽然尽了最大努力，我们还是没有发现能表明我母亲的家人与诺曼、金雀花（Plantagenet）或英格兰都铎（Tudor England）这些伟大家族之间有直接关系的证据。事实上，我们对我母亲的祖父——托马斯·蒙特利尔·韦伯斯特·德维尔（Thomas Montreal Webster de Vere）了解甚少。1865年，19岁的他从肯塔基州莱克星顿（Lexington, Kentucky）来到悉尼。彼时美国内战刚刚结束，尽管按照约定肯塔基州在内战中保持中立，但该州也为战争付出了代价，很多来自莱克星顿的男儿为南方联盟献出了他们的生命。我们不知道托马斯是否是南方联盟中的一员，但可以确定的是，李将军在阿波马托克斯法院大楼投降的几个月后，一个年轻的肯塔基人突然远走新南威士士州，这并不寻常。所以我推测，母亲的祖父可能确实是为南方联盟而战，发现自己处于失败的一方后，担心后果，所以决定逃到世界的另一端。

托马斯抵达澳大利亚后去了新南威尔士州北部河流区。他在默威伦巴（Murwillumbah）安定下来，结婚生子。5个孩子中最小的就是我的外祖父埃德温·约瑟夫·德维尔（Edwin Joseph de Vere）。外祖父在马伦宾比（Mullumbimby）长大，他的家临着宽阔的特威德河（Tweed River）。除了他在19世纪90年代因犯罪被关进长湾（Long Bay）监狱的传闻之外，我们对托马斯·德维尔所知甚少，因为上流社会不愿意过多谈及他的事情。他似乎被悄悄地从家族史中抹去了。1917年，他在耻辱中孤零零地在雷德芬（Redfern）离开了人世。

与此同时，埃德温·约瑟夫——他的家人和朋友都叫他乔（Joe）——爱上了一个名叫汉娜·卡欣（Hannah Cashin）的当地女孩。汉娜的父母从蒂珀雷里郡（County Tipperary）的巴林加里（Ballingarry）长途跋涉来到特威德南部的特威德河岸从事农耕。乔和汉娜在第一次世界大战初期结婚。家族最初定居的农场太小，无法养育后代，因此他们决定向北迁移到昆士兰州。他们拿到了在楠伯（Nambour）经营商业酒店的执照。生意一度不错，但是后来乔总是照顾朋友，经常请所有的人喝一轮，就这样喝光了酒店的利润。汉娜决定过回相对健康的生活，于是在离楠伯内陆十几千米的马普顿山（Mapleton Range）山脚买下一个小奶牛场，最近的酒吧距离这里也挺远。尽管如此，在我母亲最早的记忆中，她的父亲经常在镇上喝得烂醉如泥，不省人事，深更半夜被马车从楠伯载回来。这也是德维尔家庭农场畜牧业的附带便利。

1921年，正是在这个农场里，我的母亲玛格丽特出生了。在昆士兰，爱德华·格兰维尔·"红色特德"·西奥多（Edward Granville 'Red Ted' Theodore）的进步工党政府方兴未艾、前景光明；而在墨尔本，比利·休斯（Billy Hughes）的国家党（Nationalist）政府摇摇欲坠、末日将近。休斯是澳大利亚劳工运动的背叛者，在为斯坦利·墨尔本·布鲁斯（Stanley Melbourne Bruce）保守派政府的长期政治困局铺平道路之前，已经引起了党内第一次大分裂。我不知道汉娜、乔和乔在酒店里的酒友们在当时是怎么参与政治的，但我确实知道德维尔家族和当时所有工人阶级的天主教家庭一样，都给工党投票。他们立场坚定，直到 35 年后的 1957 年另一次党内大分裂。那时，牧师们告诉他们的会众，支持工党与天主教徒的诚信和良知无法调和，并且可能危及他们那永恒灵魂的命运。

父亲的战争故事就像故事报《男孩年鉴》（*The Boy's Own Annual*）的最佳章节，有着对英雄事迹非常冷静的描述；而母亲的故事却是完全不同的类型。她讲述的是大萧条时农场中长大的孩子的见闻。故事里没有黄油，面包只能蘸着残羹吃；也没有礼物，圣诞袜中只有一颗李子。她的记忆里只有来自我外祖父的殴打，只要他断定母亲、她的妹妹或她的 5 个兄弟中的任何一个黎明前没有在农场上干活——要知道他们早上还要长途跋涉去库雷尔帕（Kureelpa）的学校上学。最触动我的故事是，在她 10 岁生日的时候，她热切地祈祷能够得到一个全新的瓷娃娃——就和她在镇上的商店橱窗里看到的一样。当 1931 年 3 月 27 日终于到来时，她用颤抖的双手打开礼物，只看到一个手工制作的破布娃娃。她流着泪从农舍跑了出来，把这个"冒牌货"扔到了房子底下的铁刺栅栏外面，确保永远不会再看到它。

我坐在母亲的膝盖上听到的这些故事给我留下了极其悲伤的印象：人们总是"泪流满面地在悲哀中挣扎"，仿佛这是全人类的自然状态。她总是试图捍卫她自己的父亲，说他是"一个非常聪明的人，但被万恶的酒精毁了"。她的英雄无疑是她长期受苦的母亲。我的外祖母汉娜是一位优秀的女"骑士"，狩猎技术高超，方圆几千米没有一个男子可以比得过她。她还坚持让所有的孩子每个星期天去做弥撒。汉娜 50 岁出头时死于中风，这件事给母亲造成了极大的创伤。她在一首题为《澳大利亚的母亲》（*Mothers of Australia*）的诗中回忆了汉娜。她曾把这首诗印刷装订成册（这在当时并不是件小事），念给还是孩子的我们听。这首诗的每一节都生动展现了女性奉献的美德，描述了男人的堕落以及天主教女性长期遭受的磨难。

在第二次世界大战开始时，我的母亲去布里斯班（Brisbane）接受护士培训。当时她住在马特医院（Mater Hospital），由慈善修女会监管。在当时来说，仅次于修道院的好地方就是天主教会医院的护士驻地。在这里，年轻的护士被当作见习修女对待，所以她们对天主教有一种特殊的感情。比如，她们会在考试前互相赠送圣卡，在"正式清算日"（the day of formal reckoning）临近之际为彼此虔诚地祷告。当然，修女们完全清楚，野蛮人就在门口。来自全国各地的几万名士兵被派去防御"布里斯班线"，抵御即将到来的日本入侵。在日本偷袭珍珠港之后，数以万计的美国援军"享有双薪、纵情欢乐地空降到这里"，加入他们的行列，布里斯班至此成为驻军城镇。

正是在这些焦虑的日子里，我的母亲遇到了她的初恋——不是我的父亲，父亲的出现要更晚一些——乔治·帕金森（George Parkinson），来自图文巴（Toowoomba），是一个害羞的年轻人。我在母亲留下的文件里看到了一些情书，这让我知道了乔治的存在。这些情书被整齐地码在一起，用绳子捆着，装在一个带有澳大利亚帝国力量徽章的破烂信封里。乔治的故事会让我们感到非常熟悉。他参加了中东和新几内亚的战争。每封信里，他的军衔都不一样，大兵帕金森成为中士帕金森，然后是中尉帕金森。最后一封信是乔治的死讯，告诉我的母亲乔治·帕金森上尉在米尔恩湾（Milne Bay）的战役中牺牲了。我没有母亲写给乔治的信，但是凭着乔治对她的强烈感情以及母亲偶然提及她"第一个男人"时的语气，我知道他的死亡肯定让她心碎。母亲和她的同辈人一样，不擅长表达情绪。对她来说，保持沉默是更安全的做法。和缅怀战后去世的外祖母的方式一样，母亲用一首题为《乔治·帕金森上尉和2/25营的勇士》（*Captain George Parkinson and the brave men of the 2/25th Battalion*）的诗歌表达她的失落。很多年过去，在我母亲去世后，我终于在莫尔兹比港（Port Moresby）郊区的博马纳战争公墓（Bomana War Cemetery）找到了乔治的坟墓。我在他的名字下面放了一束母亲最喜欢的白百合。如果不是因为战争的裹挟，我们的生活可能会有所不同。

　　我的父母于 1948 年 9 月在楠伯的圣约瑟夫教堂结婚。这是一座当地的天主教堂，在以后的几十年里，我们家的很多婚丧和宗教仪式都是在这里举行的。父亲伯特买了一块土地，土地上有一座可供居住的旧房子。房子靠近北玛鲁奇河（North Maroochy River）的北侧分支。然后，他租了距离路边约 1000 米的山坡种植香蕉，试图以此谋生。我的母亲很快生下了 3 个孩子，她凑合着在泥地面的房间里做饭，为我们兄弟姐妹手工缝制衣服，日子过得并不顺利。关于为什么，我父亲的版本是香蕉价格崩盘了，再干下去没有任何意义；而我母亲则认为父亲的精力被这里的社交生活分散，撒手不干了。从只言片语推测，似乎父亲当时也开始对未来举棋不定了。

　　1956 年，也就是我出生的前一年，我父亲在北方几千米外的尤姆迪（Eumundi）镇附近找到了一份合约农场主（sharefarmer）的工作。对父亲来说，这意味着一份固定的收入。农场是一个面积约 2000 平方米的大型奶牛场，除了奶牛还饲养少量的肉牛，种植一些杂粮。我的童年就是在这里度过的。我们在溪流中玩耍，有时和家人一起绕过山丘向东散步，途中母亲会教我们通过自上而下数褶皱来判定老树的年龄。在父母温柔的鼓励下，我还学会了套马缰绳和骑马。在昆士兰湿热的夏天里，我早上搭去学校的送奶车上学，下午在放学路上摘一些野番石榴。在一些特殊的日子里，父亲会开着他的大红色梅西弗格森（Massey Ferguson）拖拉机来接我，把我放在他的腿上，我的书包则挂在排气管上；而其他孩子们会在栅栏的那一边嫉妒地看着一个 7 岁的孩子居然能开着拖拉机回家。对我来说，这些确实是多姿多彩的回忆。

　　我的母亲是一个很有同情心的人。有一张拍摄于 1960 年的家庭照片让我浮想联翩。这张照片的珍贵之处在于，除了我的父亲，我们都在其中。母亲看起来很年轻，不到 40 岁的她弯腰搂着我，我待在她的两膝之间，前边的是我的哥哥马尔科姆（Malcolm）和格雷格（Greg）以及姐姐洛瑞（Loree）。别的女人生病时，我的母亲总是会帮忙照顾她们的孩子。在我母亲去世后，一位女士给我写信说，她和她的 3 个兄弟姐妹曾经和我们一起住过几个月。战时岁月里，他们的母亲和我的母亲一起接受过护士培训；他们的母亲后来死于癌症，我的母亲把他们带到了我们家。农舍的卧室很小，甚至没有足够的空间给自己的孩子。我们永远都不会知道，她是如何在这样的环境下喂养和照顾一家 8 口人的。当有人需要时，我的母亲从来不会说"不"。

母亲还坚持要我们邀请小镇里唯一的土著家族——皮克灵（Pickering）家——的孩子来家里玩。皮克灵先生（因战时军衔亦被称为"少校"）在铁路上工作，皮克灵太太则是乡村妇女协会的顶梁柱。他们有好多孩子，但是罗德尼（Rodney）和格雷戈里（Gregory）最常和我们一起玩。现在回想起来，考虑到澳大利亚 20 世纪 60 年代中期顽固的种族主义，母亲能有这种态度是多么难能可贵。尽管皮克灵家族在我们这个小社区中颇受尊重，但人们仍然和他们保持着距离，除了我们之外，没有人经常和皮克灵家的男孩一起玩，当然这主要是因为母亲对我们的教导。她总是告诉我们，所有的人都一样，不管他们来自哪里，肤色如何。她一直走在时代的前列。

* * *

农场的生活充满竞争。我的大哥马尔科姆对我很好，帮我雕刻玩具枪，还带我到小河滩边他挖的沙洞里玩。我的二哥格雷格比我大 3 岁，经常打我。我们每个周六上午观看《世界摔跤锦标赛》（*World Championship Wrestling*），在广告休息期间，他会在我身上尝试刚才看到的所有摔跤技巧：双肩下握颈、十字锁喉、波士顿蟹式固定以及最可怕的原子坠击。令人遗憾的是，我进步比较慢，"复仇"似乎遥不可及。但有一天机会终于来了，格雷格对着后院篱笆抽烟的时候被我看到了，我飞跑回去告诉了母亲。接下来我看到的是，我的哥哥格雷格钻过铁刺栅栏，朝着小溪的方向跑去；母亲在后边紧追不舍，快如闪电，最后，母亲一个鱼跃，把格雷格扑倒在地上。我兴高采烈地看着两天前用原子坠击让我吃尽苦头的人受到惩罚。

　　我的父亲觉得有必要教他的儿子们基本的丛林生存技能，例如沿溪岸点篝火、挥舞棍棒、制作减震器和观察最小的野生动物，包括刚刚出生的小鸡。然而，伯特可不是原始保护主义者，他以成为昆士兰农民为荣，采用粗野的方式经营畜牧业和农场种植。我记得他在奶牛场旁边的院子里屠宰、分解一匹马；还有一次，我看着他给小牛接生。伯特是一位不太温和的助产士，我被自己看到的吓坏了，想吐却又不敢。我年长的哥哥、姐姐早年都在农场帮过忙，非常辛苦。我出生之后，爸爸有钱请帮手，我做的事情也就少了很多。那些日子，他们用吸奶器给牛吸奶的时候，让我站在挤奶棚里大饲料箱的旁边给奶牛舀糖蜜拌的饲料，保证142头奶牛都饱饱的。我喜欢在饲料箱里玩，会用潮湿的谷物制作精致的城堡，然后用糖蜜——这些糖蜜的观感像极了我在有关攻城战的历史书中读到的热油——填满围绕着城墙和炮塔的迷宫般的护城河，再现想象中的中世纪世界。当不得不毁掉这座宏伟的城堡喂牲畜时，我会痛苦地抱怨。

　　我的父亲不是一个传统渔民，他更喜欢使用葛里炸药（gelignite），并说这是"有效的捕鱼方式"。当然，这完全是非法的，尽管当地警察也曾怀疑他，但他从未被当场捉到过。我最生动的童年记忆就发生在农场尽头的小溪边，我们都认为这里的水最深。父亲钓大鳗鱼钓了几次都没成功——这种鳗鱼非常大，对什么诱饵都来者不拒，能把钩和线一口咬下。我的父亲从来不是一个有耐心的人，他从口袋里拿出半根葛里炸药，然后点燃它，一边抱起我一边尖声叫着"跑！"我们跑到一棵大树后面，这时水花四溅，树枝纷飞，到处都是大鳗鱼。看着眼前的一片狼藉，父亲发出了响亮的笑声。

　　我们的谷仓里有很多葛里炸药，十几包捆在一起。我会在那里玩几个小时，制作我自己的阿帕奇城堡（Fort Apache），就像电视里的西部片一样，但不同的是我选的建筑材料是烈性炸药。伯特对此似乎并不在意。这是乡村生活大冒险的一部分。我记得有一天我从学校回家，远远看到父亲疯狂地从一棵树跑向另一棵树。伴随着一阵阵爆炸声，大树的根部被炸毁了，巨大的树干摇摇欲坠，然后轰然倒地，这就是伯特清理这片土地的过程。有一天，我问他为什么不能像正常人一样一次只引爆一棵树，这样就不用冒着自己被炸飞的风险。他回答，有时我们都需要放松一点儿，给生活找点儿乐子。他希望摆脱农场生活的沉闷乏味，这可以解释父亲一些不寻常的行为。

接着是关于蛇的故事。澳大利亚有很多蛇，特别是在潮湿的时候。虎蛇、红腹黑蛇、金棕蛇，应有尽有。每年的洪水来临时，溪水决堤，常常连续几天城乡之间不能通行。对我们孩子来说，不用上学是值得庆祝的好事，但这也意味着蛇要找一个高一些、干燥一些的地方，比如农舍。这时，减少去外边大小便的次数绝对是必要的——那时候可没有室内厕所。我还记得有一天晚上，一条长长的黑蛇朝我爬过来，正在小便的我瞬间僵住，然后尖叫着跑回屋内。根据我最基本的宗教知识，当时我认为诺亚（Noah）决定对蛇也实施救援显示出他极差的判断力。

地毯蟒完全是另外一回事，它们很有用。如同签署了协议一样，它们只在冬季出没。这种动物对人类没有多大危害，但对害虫却是致命的。每个冬季开始时，地毯蟒都会爬到谷仓中寻找温暖。它们蜷在门上方的椽条上，耐心地等待着第一批老鼠毫无提防地到来。我们与地毯蟒的契约很简单：我们给它们提供避难所，它们要帮我们看住老鼠，否则这些老鼠会钻进饲料袋。我的父亲喜欢地毯蟒，但从不满足于顺其自然。有一年，他决定自己养蛇，于是在木板末端放了一碟牛奶，然后亲切地鼓励一条巨蟒滑下来喝上一口。在受到一点点鼓励之后，这条蟒果然这样做了。

不幸的是，过了一段时间，我们当地的粮食运输商之一——艾克·基恩（Ike Keane）决定将地毯蟒彻底赶出谷仓。这条蟒离开谷仓，以闪电般的速度爬向农舍，当时母亲正在洗衣服。我放学回家，看到母亲抱着一条两米多长的蟒的尾巴，竭尽全力阻止它从栅栏下爬入屋内；而艾克正远远站在一边，敦促她再多用一些劲儿。

后来，当我把这些农场故事讲给大学同学和外交部的早期同事听时，我从他们惊讶的反应中发现，这些并不是 20 世纪 60 年代大多数澳大利亚孩子的共同经历。孟席斯总是说昆士兰人与众不同，他可能是对的。也许因为大多数昆士兰人——至少是我这一辈——不是这块土地的第一代就是第二代。斯蒂尔·路德（Steele Rudd）的小说《我们的选择》（*On Our Selection*）中的《爸爸和戴夫的故事》（*The Stories of Dad and Dave*）不仅仅是有趣的故事集，这些故事可能来源于我们真实的家庭记忆和当地的民间传闻。事实上，我记得父亲每天早上和下午都会让挤奶机暂停两次，播放 10 分钟澳大利亚广播公司的《我们的选择》。那时他喧闹的笑声打破了挤奶棚内的寂静。

我渐渐长大，但昆士兰州的丛林意识从未从我脑海中消逝。原因很简单，相比澳大利亚其他任何州，我们有更多的人居住在主要城市以外的地区，所以更能感受到自然因素对未来稳定性的制约，因此更强烈地意识到务实的解决方案比无休止的理论审议更重要。还有一种更明显的感觉是邻里之间的团结，因为人们经常合力对抗自然的逆境。我清楚地记得，1967 年丛林发生大火时，整个镇的人都来到我们的土地上救火。男人忙着救火，顾不上被火熏黑的脸；女人忙着在家里做饼烧茶。洪水和火灾从过去到现在一直是澳大利亚乡村生活的一部分。

这些宁静的日子在回忆中可能会比在现实中更加完美，尤其是考虑到我父母之间越来越多的不和谐（任何一个孩子都无法完全忽视这些，无论他多么努力）。不管怎么说，那些日子对我来说仍然是非常幸福的。我记得它们，好像是昨天发生的一样。小时候，我们看着、聆听着新鲜牛奶沿着不锈钢架滴进容器。我会在挤奶时适当地帮一些小忙，这时父亲总会给一些奖励，比如从容器里给我倒一杯鲜牛奶。傍晚的时候，父亲会从挤奶棚的锅炉里提来两桶冒着热气的热水，小心地倒入浴缸里，而我们则坐在那里，耐心地等着他。有时候，他坐在厨房的餐桌旁边，把我放在他的膝盖上，用《昆士兰乡村生活》（*Queensland Country Life*）的头条新闻教我字母表。《昆士兰乡村生活》是我们唯一订阅的报纸，是我们"丛林"生活的"圣经"，也是我们家了解外面世界的唯一渠道。对我来说，这些时刻非常特别，让我感受到了父爱，虽然稍纵即逝，却如此温暖。他耐心地为我读报纸上关于古巴导弹危机的报道。我不记得他对危机本身的解释，但他确实告诉我尽管古巴距离尤姆迪很远，但关注危机依然很重要，主要是因为它会影响小麦和牛肉的价格。

但是，政治不是我们家庭中讨论的主要话题，至少在我的记忆中不是。我的父母都在劳工家庭中长大。母亲来自新南威尔士州的铁路系统家庭，这个系统的人全部参加了工会。父亲来自农村天主教工人阶级，对这些人来说，工党是"战斗的教会"（church militant），天主教会则是"凯旋的教会"（church triumphant）。这些都是秘密而神圣的分工（天主教教会学认为教会可分为战斗的教会——世上的教会、净化的教会——炼狱以及凯旋的教会——天堂三部分）。然而，父亲搬到昆士兰后，情况发生了变化。当时的乡村党（Country Party，即现在的澳大利亚国家党）已经对当地工党席位造成很大的冲击。现在联邦选举中的费希尔选区和州选举中的库普拉（Cooroora）选区就是这种情况。当地的奶制品合作机构实际上成了乡村党的一个分支，有权决定谁能拿到牛奶供应的最大配额，所以父亲加入了。大多数人都这样做，就像加入当地的进步协会或支持当地的足球队一样自然。父亲在获得牛奶配额方面做得相当出色。晚上他会花上几个小时和他的伙伴打电话，一起谋划如何确保"合作社"对他们有利。我的母亲对工党的支持一直坚持到1957年。那一年，工党分裂，在当时的州长文斯·盖尔（Vince Gair）的带领下，很多天主教徒离开了工党，先组建了昆士兰州工党（Queensland Labor Party），后来和民主工党（Democratic Labor Party）合并组成了新的民主工党（DLP）。民主工党粉碎了工党在选举中的传统力量，把工党在全国执政的时间推迟到了1972年；而工党在昆士兰州的竞选胜利则是32年后的1989年。

父亲渴望在我们当地社区的公共生活中取得更大成就。他不仅是乡村党当地分支的成员、学校亲友会主席，最重要的是，他还担任了尤姆迪地区滚木球协会的主席。他对公众演讲既爱又恨，享受被人关注，但总是控制不住声音颤抖。尽管如此，通过澳大利亚广播公司收听率最高的节目——《昆士兰州主要农场主》（Queensland Primary Producer），伯特变得小有名气。他在节目中热情洋溢地描述了在昆士兰州种植热带豆类的试验和出现的困难，以及银叶山蚂蟥给他带来的骄傲和喜悦。我经常坐在谷仓里，好奇地看着澳大利亚广播公司的记者一边摇动笨重的旧式胶圈相机，一边要求伯特重述最近农场中的成功和失败。每次采访，伯特对第一个问题的标志性回答总是"真相是我一直在奋斗"——而这也是澳大利亚男人在这片土地上的普遍故事。收音机里的父亲让我感到骄傲，我认为他们采访父亲是因为他在这个领域里很有威望。

* * *

儿童拥有自由、创造力和适应力，而我们成年人经常忘记这些特质。孩子们对爱情、学习、美食、好朋友以及玩乐都有着极大的兴趣。20世纪60年代，在我成长的澳大利亚小镇上，这些东西基本都有。尤姆迪镇的人口是162人，而大约20千米之外的区域中心楠伯竟有8000人之多——至少当地路上的标牌是这么说的。相比之下，布里斯班是一个大都市，我们大概每年会乘坐蒸汽火车造访一次，偶尔也会坐卡车去，每次都是一场伟大的探险。我们会在现代化的绝对标志——自动扶梯和电梯上玩几个小时，毕竟楠伯没有这些东西。

我早年的大部分时间都在尤姆迪镇度过，生活重心当然是上学。我当时的学校只有4个老师，阿尔伯特·凯利（Albert Kelly）是校长。他是一个烟民，骆驼香烟不离口，到哪里都带着一根细长的柳条手杖，用来吓唬小孩子。

这根手杖有点儿类似于当今的核武器——阿尔伯特将它视为威慑手段，很少用它来体罚孩子。我从来没有挨过凯利先生的手杖，不过其他人基本也没有。在尤姆迪的州立小学，我被认为是"好孩子之一"。我不确定这意味着什么，也许是因为我在课堂上比较专心并做了家庭作业。我上小学的时候从来没得过第一，这不是国家机密，每个人都很清楚地知道其他人的排名，因为我们的座次表就是按这个顺序排的——聪明的孩子坐后边，不聪明的坐前面。在一个15或20个孩子的班里，我通常在前5名，但这也不是"罗德学者（Rhodes Scholars）"班，充其量只能让我有机会成为一个中学生，足以让我以后不去触犯法律，或者更好一点儿，考入昆士兰的某个州立大学。

每天的学校生活都是从背诵对国家的庄严承诺开始的，然后升国旗，演奏《天佑女王》（*God Save the Queen*）。伴着《掷弹兵进行曲》（*The British Grenadiers*）的旋律，我们走回教室。我们一年级和二年级的学生随后开始准备上课要用到的铅笔和石板瓦，和蔼的麦考德夫人（Mrs. McCord）是我们的老师，会帮着我们一起准备。首先，我们要到教室外边把铅笔磨尖；然后，用脏得不能再脏的海绵把石板瓦上前一节课的内容擦干净。经过几届学生的使用，石板瓦也变得非常破旧。直到第三年的下半年，我们才被允许使用昂贵的纸质练习本以及在当时相对比较新颖的圆珠笔。大部分的书写仍然是用羽毛笔和墨水完成的，而更换墨水瓶由于耗时较长，被视为非常重要的杂务。我们最重要的书写任务是参照昆士兰教育部统一印发的习字帖来有条不紊地练习，确保我们的手写印刷体、连笔字和古体字达标。

我们每周唱一次赞美诗，学校会用古老的留声机播放78转的旧式唱片，我们都听不懂歌词在说什么。督学们每年会来学校一次，他们到来之前，凯利先生会拿出教室里的《圣经》，吹掉封面上的灰尘，挑一些不起眼的篇章，一边抽烟一边念给我们听。伴着嘴角掉落的烟灰，他最后会总结说："孩子们，这就是今天的全部内容。"对我们来说，信仰一直都是神秘的。为了向澳大利亚国立学校系统的异教徒儿童解释天主教的基本知识，我们学校偶尔会邀请当地的牧师弗朗西斯·赫弗南神父（Father Francis Heffernan，当地人称他为赫弗神父）过来，但次数不多。或许正是由于这一点，我们比为数众多的清教徒孩子快乐得多——他们的督学和牧师总是风雨无阻准时到达，仿佛成了生活中永恒的一部分。我能记得小学时最积极的精神体验来自凯利夫人给我们读的《天路历程》（*The Pilgrim's Progress*）。约翰·班扬（John Bunyan）的这部经典之作让我们整个班级入迷——朝圣者前往应许之地时，没有烦躁，没有挣扎，只是沉默，心无旁骛。看到结尾之前，我一直没有把它看作宗教书籍。对我来说，读这部书可能标志着我新生宗教情感的开始。

无论班扬给我带来什么希望之火，总会被隔周周六尤姆迪圣伊塔教堂（St Ita's）的教义问答课扑灭。每到那时，好心的修女会从楠伯远道而来，确保没有上天主教小学的儿童信徒仍可接受天主教教义的熏陶。梵蒂冈第二届大公会议在罗马刚刚开始举行，但教皇若望二十三世（Pope John XXIII）倡导的变革之风还没有吹到他远在尤姆迪的信徒。赫弗神父曾在教堂讲过一句名言："当教皇若望打开教堂的窗户，想让一点点新鲜空气进来时，很多其他东西也跟了进来。"我记得夏末的某一天，女修道院院长在一间局促的木质教堂里给我们讲述耶稣受难的情景。教堂里空气沉闷，她穿着闪光的黑袍，头上戴着白纸板做的帽子，汗流浃背。她拿起我的手掌，把红色圆珠笔的笔头使劲儿往里钻，自顾自地说，钉进"亲爱的主"身体里的可是真正的钉子，流的可是真正的鲜血，想象他有多疼！我们家每周日要去圣伊塔教堂做弥撒，在家则会围着床进行家庭念珠祈祷（rosaries），但提升我宗教信念的只有凯利夫人念的《天路历程》这本清教徒必备读物。

如果你在天主教家庭长大，会在八九岁的时候第一次领圣餐和进行忏悔。母亲认为我需要强化天主教教育，于是突然把我送去了圣约瑟夫修道院学校（St Joseph's Convent School），以梳理我的宗教教育，为教会的仪式做好准备。我和我的表兄一起在那里待了两个星期。第一天午餐的时候，我很快就确信我完全是一个异教徒，我不明白宗教符号，不知道怎么正确地画十字，斯蒂格尔（Stegall）小姐已经体罚过我。然而，斯蒂格尔小姐与我们的宗教指导教师——90多岁的玛丽·詹姆斯（Mary James）修女——相比可谓小巫见大巫。其他所有孩子都已经为他们的第一次圣餐和忏悔做好了准备，所以当我单独做练习时，他们都坐在教堂里嬉戏。有一天，詹姆斯修女告诉我去教堂后边的忏悔室，她会扮演神父的角色。我走进那个巨大的黑匣子里，内心极度恐惧。突然间，一盏灯亮起来，露出一个小书架，上边有一些有趣的杂志，还有一瓶威士忌和几包香烟。对一个9岁的小孩来说，原本就神秘的教堂一下子变得更神秘了：这些难道就是我们今后要抵御的诱惑？还是这些东西能让大人们在向赫弗神父忏悔之前感到更舒服，然后向主敞开心扉？我的沉思被詹姆斯修女几近疯狂的尖叫声打断："你这个愚蠢的男孩，那边是赫弗神父的位置，不是你的！"全班人都听到了她的尖叫，对我发出刺耳的嘲笑。我茫然地看着他们，承受着大庭广众之下的羞辱。我的天主教入门之旅没有像我希望的那样顺利——我始终一头雾水。天主教信仰对我而言遥远而公式化，而且当时的我感到如此孤独。

* * *

我早期的学校生活被疾病打断了，印象中我似乎总是待在诊所，有时候也会去库罗伊（Cooroy）当地的乡村医院或布里斯班的大医院。事实上，我最早的记忆是在南布里斯班的亚历山德拉公主医院（Princess Alexandra），3岁的我躺在医院的床上，双腿都裹着白色的石膏。我出生时是罗圈腿，母亲决定让外科医生帮忙，用厚石膏固定，重新拉直。我现在还清楚地记得家人来医院接我出院的那一天。父亲开车载我们去城里买冰淇淋，但是当我下车时，双腿扭住了，一下子摔倒在人行道上。我开始哭，父亲把我抱起来，放在他的肩膀上。在这一瞬间，整个世界都变得美好了。在随后几个月的康复过程中，我先是平躺在农场里的一张婴儿床上，后来才被允许拄拐外出。具体发生过什么事情，我完全不记得了。我的哥哥姐姐们说我那时候很伤心，经常哭，孤零零地在婴儿床上一躺就是几个小时。而他们也有些怨言，因为他们要把我放在一个大号婴儿车里，推着我到处转。

这只是我与昆士兰州公立医院系统频繁打交道的开始。几年之后，我有一次发高烧到41摄氏度，发展成了肺气肿，不得不重新回到医院。这在我生命中的未来几年不断循环，成了一种惯例，我一次又一次地被带到邻近的库罗伊镇的医生那里（因为尤姆迪没有医生）。他们不断地对我进行血液测试，想弄清楚为什么我会持续发高烧。我的高烧吓坏了我可怜的母亲，但在这个故事中，中心人物是勒克（Luck，英文原意有"幸运"的含义）医生，他的姓氏对于严谨的医学来说足以让人不安；而实际上，他的作风和名字如出一辙——但凭天命。勒克医生取出针头和玻璃注射器后，总要花上半个小时寻找静脉。抽血不是勒克医生的强项，有时他能一针见血，但大多数时候不会。这是一个关于耐心、可能性和运气的问题。但对我而言，抽血单纯就是一件恐怖的事情，因为它意味着把我变成了一个"人肉针线包"。我也试图像母亲期望和要求的那样勇敢起来，但我控制不住自己的眼泪。与此同时，勒克医生会变得愈加愤怒，一方面是因为他的病人，另一方面则是因为他的无能暴露在大庭广众之下。幸亏血流了出来，否则，他就要承认这次抽血失败，并在下周重新发起血腥的战斗。可能对某些人来说他是个好人，但勒克医生是少数我小时候真正厌恶的人之一。

许多年后，在我父亲去世后，布里斯班的专家们给出了最后的诊断，在所有这些无法解释的高烧期间，我一定患了风湿热。令我印象深刻的是，布里斯班的护士可以毫不费力地只用一次就从我的手臂抽出血来，他们说我的静脉是最容易找到的。风湿热经常会导致心脏瓣膜受损，但这种情况在发达国家基本不存在，只有在最穷的社区才会发生。惭愧的是，我们的土著居民社区也包括在内。我的情况是主动脉瓣受损，早期症状是运动时气短，任其发展则可能导致心力衰竭。没有手术的话，患者的寿命预计不会超过 30 岁。如果我出生在不可能进行瓣膜置换手术的那个年代，根本没有机会活着看到我的孩子长大。若干年以后，瓣膜手术几乎成了常规手术。我做了两次这样的手术，直到现在，我身体很好，并且像许多人所说的那样，耐力惊人。但是，在 20 世纪 60 年代，我可怜的妈妈一直在黑暗中摸索了许多年，试图找出我身体哪里出现了问题。父亲指责她过于"溺爱"我，因为在他看来，大量的农场生活和户外活动就能把我治好。面对人类弱点时，伯特有时缺乏一定的敏感性——在妈妈带我去看医生的时候，他给我买了一匹新马。

在农场长大的这段时间里，我经常会远离农场生活的日常，沉浸在自己想象中的世界里。大约在这个时候，我的父亲开始担心他最小的孩子会和他差异太大。父亲想用畜牧业的乐趣吸引我，但我会一连消失几个小时，躲在远离农场的某个角落里阅读仅有的一些家庭藏书。这些书大多都是《读者文摘》（Reader's Digest）的合订本。沉浸在这些书里让我体验了澳大利亚农村之外的世界。我母亲是当地报纸《楠伯纪事报》（Nambour Chronicle）社会专栏的撰稿人。她鼓励我读书和写作，会尽可能多买一些书来激发我的想象力，包括词汇书、关于古埃及的书、关于考古学的书。其中有一本还涉及中国的古代建筑。中国是我后来生活中一个非常重要的主题，但当时相关的内容只有寥寥几页，埋没在描绘美索不达米亚、希腊和罗马的长篇宏幅中。

大约在这个时候，我的家庭开始被乌云笼罩。父亲变得更加孤僻，他和我的母亲开始分房睡，我看到他的机会越来越少，因为他把越来越多的时间消磨在布里斯班的酒吧或保龄球馆里。我的母亲开始为钱发愁。无奈之下，她会向 10 岁的我倾诉，让我看他们无法支付的税单。这吓坏了我。我的哥哥姐姐们都离开了家：大哥先去了军队，然后又去了越南；我的姐姐去了修道院；另一个哥哥去了布里斯班的天主教寄宿学校。我成了母亲仅存的慰藉。最让我们害怕的是，如果不得不离开农场，我们将无处落脚。作为合约农场主，我们并不拥有农舍，因此我们没有能让我们理直气壮地称作家的地方。但是，我父亲对此的回应和他的父亲如出一辙："钱就是要流动的。"因此，他不存钱买房子，而是购买时下最流行的汽车，因为在他看来，这能提升他的身价。有一天，他买回了一辆耗油巨大的美国漫步者（American Rambler）。尤姆迪镇每家都有一辆霍顿（Holden），但没有人见过美国漫步者。我估计这也给布里斯班打保龄球的那些女士们留下了深刻的印象。这对父亲来说非常重要——他年轻时穷困潦倒，现在想向世界展示他终于成功了，这辆汽车就是证明。但这也是他最后一辆车——后来他因为这辆车命丧黄泉。

我永远无法理解或原谅的是父亲对母亲不定期爆发的愤怒——争论是一回事，吼叫是另外一回事，但不加约束的暴怒则完全不同，它吓坏了还是小孩子的我。这种愤怒不会每天或者每周爆发，但是当它爆发时，我们这些目睹的人都感到害怕。我还记得母亲在一次这样的事件后哭着跑进我们的卧室，父亲紧追其后，羞怒交加——他不想让他的孩子看到这样卑劣的行为。他试图拥抱我的母亲，让她平静下来，但她做不到。我们也不能。

几十年后，在母亲去世前几天，我最后一次与母亲对话时，父亲的暴怒还是她最想讲的话题，它留下的伤口太深了。她不明白是什么原因让她嫁的那个男人改变了这么多。她想要的不过是给他和他们的孩子一个家。她一直坚称当初和她结婚的那个男人并不是这样的。是什么让他改变了？她无法理解这一点。我只能说，他内心仍然是一个好人，本来他的人生可以成就一些事情，但这样的机会后来没有了，这让他倍感失落。随着岁月的流逝，这种失落侵蚀了他的人生。他渴望得到尊重，但除了酒吧的那些狐朋狗友，几乎没有人认识他。于是他疯狂地发泄，仿佛那些最关心他的人对此负有责任。可悲的是，这种行为在深深影响他的乡村文化中非常普遍。在这种严酷的文化里，妇女是附属品，暴力是常态。

* * *

1969年初夏的一个早晨,11岁的我还不知道自己的生活将发生巨大变化。母亲走进卧室,告诉我前天晚上父亲从布里斯班一家保龄球馆回家时发生了车祸。因为白天喝了太多的酒,他开车的时候睡着了,车冲向路边,以极快的速度撞上电线杆。车子报废了,父亲的胃撞在方向盘上,腹腔受伤严重。但当时的我还不知道父亲的伤有多严重。

直到几天后,我们去皇家布里斯班医院(Royal Brisbane Hospital)看望父亲时,才知道他被伤到了要害。那一刻,我知道我受到庇护的童年生活结束了。他躺在那里,伤口暴露着,胃部缝了许多针,手臂和鼻子都插着管子,脸色苍白,我们几乎是眼看着他的生命在我们面前枯竭。我哭了,不是因为我和父亲有多亲近——事实上我们之间的确存在隔阂——而是他深陷的眼窝里饱含痛苦,让我感到震惊。没有人应该承受这样的痛苦。我以前从未见过这样的情形。我不记得我对他说了什么,因为我也不知道该说些什么。

几周过去,虚幻的希望来了又去。我们先被告知父亲圣诞节前可以出院,然后推迟到新年,接着又说是1月下旬。这是我小学的最后一年。母亲不得不接管农场的大部分挤奶工作和日常管理事务。我们不再有汽车,去布里斯班要搭朋友们的顺风车。这是我第一次经历依靠别人的施舍过活,我不喜欢这样。而且雪上加霜的是,我们在布里斯班没有住的地方,只能躺在病房的椅子上过夜。

我最后一次看到父亲的时候,他们把他从拥挤的公共病房搬到单间里。我和他简单地聊了几句,他看起来很疲倦。没有人告诉我他即将死亡,甚至没有一丁点儿微弱或者隐晦的暗示。那时的我从未经历过家人或朋友的死亡,对我来说,死亡只发生在电影中,而不是真人真事。我关于父亲的最后一段记忆是他的战友过来为他理发。这个人就是战后鼓励他来昆士兰的那个人,后来学会了理发。这是一个充满爱的时刻,理发的要求是我父亲提出来的,他希望在去见造物主之前，安静地做好准备。

几天后，我的大哥马尔科姆来学校接我。他刚从军队回来，出现在我的学校本身就有些反常——通常我会自己走回家。我问是不是父亲又病了。大哥说父亲不会再回家了，他早上去世了。我的眼中充满了泪水，眼前出现病房里父亲的样子——他曾经强壮的身体因受伤而萎缩，坐着接受老友的善意，周围的寂静和冰冷不时被剪子的声音打断。我的母亲很久以后告诉我，当父亲去世时，她陪着他。父亲想在走之前看到母亲，他大声地叫着母亲的名字，不达目的誓不罢休，直到护士最后发现她在红十字会房间里睡着了。当她进入他的房间时，他叫她玛吉（Margie），这是结婚之前他对她的爱称。他要求母亲宽恕他对她所做的一切，寻求和解和宽恕，母亲答应了。正如她说的那样，他死得其所，体验了原始的疼痛，受到了良心的谴责，这也可能是他离开这个世界的最佳方式。

赫弗神父在楠伯的圣约瑟夫教堂为父亲举行了安魂弥撒，整个仪式冗长，我和家人坐在前排，一直保持沉默。教堂里坐满了人。尽管父亲私下里有时形同恶魔，但他在社区中一直很受欢迎，多年来他请过很多人喝酒。出殡队伍花了很长的时间走过柯里街（Currie Street），穿过皮特里溪（Petrie Creek），经过展览场地，最后来到墓地。我对教会的服务无动于衷，但是我的内心深处痛苦不堪，正如35年后，我们把母亲安葬在同一个坟墓里时一样。我的母亲不想被埋在那里；她根本不想被埋葬，她想被火化。她去世前最后一次和我交谈时，对父亲后来改变这么多的结论是：父亲后来成为的那个样子并不是他的本性，他也想要做得好一些，也知道自己那样对待母亲令人憎恶，所以他寻求宽恕，而她必须宽恕他。他们的墓碑上简单地刻着：我们的妈妈和爸爸，我们亲爱的奶奶在这里长眠安息……他们爱我们；我们也爱他们……"我是葡萄藤，你们是枝子"《约翰福音15∶5》。

那么，我的父亲是怎样的人？这个问题一直困扰着我，但我无法回答。我的姐姐和哥哥们那时候都已经十几岁了，他们看到了父亲不同的一面，他们以我所不能的方式了解他和敬爱他。而父亲给我留下的只是一些掠影：有些温暖，有些有趣，还有一些则遥远，甚至令人不安。事实上，这些就是关于父亲的所有事情，他当然在我的人生中留下了不可磨灭的印记，但是，我想可能已经很清楚了：我更多是我母亲的儿子。

chapter 2
A Tale of Two Schools

第二章

我的两所学校

父亲去世后的几个月乃至几年，是我人生中最不稳定的一段时间。我当然不可能过得快乐。母亲告诉我，我们不得不离开农场，这也在意料之中。父亲以管理农场和耕种土地养家，母亲当然也可以继续这样做，因为她和我父亲一样都是做农活的好手。但在 1969 年的昆士兰州，农活仍然是"男人的工作"，母亲一个人管理农场是不可能的。

我躺在农舍的前卧室里，听着母亲和农场的主人协商我们什么时候必须搬走。母亲提到了父亲自掏腰包改善农场，向对方索要补偿。她提高音量，据理力争，但是谈判最终还是以她的哭泣收场。她身边除了我没有其他人，我只有尽可能地安慰她。突然之间，我变成了成年人。她觉得她受到了不公平的待遇，而我对此深信不疑，因为她是我的母亲。我们不得不打包好仅有的一些物品，寄放在朋友的房子里，在邻居的帮助下擦洗了农舍的地板和墙壁。这就是母亲的骄傲，她不会因为自己要离开就什么都不管了。临走之前的一个深夜，我慢慢地、静静地从一个房间走到另一个房间，回想我在每个房间里的经历——我们兄弟姐妹的童年永远留在了这里。

从此我们开始了持续 3 年的流浪。母亲认为最好的安排是我在尤姆迪上完这个学期，而她去布里斯班找工作。于是我住进了一个当地天主教家庭——麦克法森（McFadsens）家的农场，它就在我们原来农场的附近。麦克法森夫妇是很好的人，他们温暖、善良、友爱。因为遇到了他们，我才没有被父亲的逝世和母亲的离去击溃。因为莱斯（Les）和玛丽（Mary）的孩子早已长大并离开家乡，我可以在他们家中的钢琴上练习我在圣帕特里克修道院（St Patrick's Convent）学习的琶音、音阶以及和弦。圣帕特里克修道院在金皮（Gympie）附近，我的老师玛丽·伊玛库拉塔（Mary Immaculata）修女看我看得很紧。

母亲一直希望她的一个孩子长大后能成为一名音乐家。我的姐姐曾拜金皮的修女为师学习钢琴，我在 7 岁时也开始学琴。昆士兰州的乡村会定期举办音乐会，我们也有机会参加澳大利亚音乐考试委员会组织的年度钢琴考试。我们过关斩将，通过了一轮又一轮的测试：先是右手部分，然后是左手部分，接着双手弹奏巴赫（Bach）、亨德尔（Handel）、莫扎特（Mozart）、海顿（Haydn）和贝多芬（Beethoven）的曲子。我开始喜欢早期古典音乐的优雅、节奏和婉转。在越来越混乱的世界里，古典音乐给了我一种秩序感。然而，这种热爱没有转化为能力。我在音乐会上的表现一般，音乐考试成绩也仅为平均水平。母亲非常失望，很明显我成不了澳大利亚的李伯拉斯（Liberace）。

在练习降 B 大调时，每次出现错误，玛丽·伊玛库拉塔都会用笔敲我的手指关节，有时候我还会因此抹眼泪。

这段时间，母亲在布里斯班东北部的雷德克里夫（Redcliffe）半岛疗养院找到了一份护士助手的工作。她急于摆脱过去，重新开始。我本可以选择留在麦克法森家的农场，在尤姆迪完成小学学业。虽然善良的莱斯和玛丽夫妇对我很好，但我还是想和母亲在一起。她在距疗养院不远的斯卡伯勒（Scarborough）租了一间小公寓，我搬去和她住在了一起。

对像我这样的少年来说，这可能不是个好决定。母亲为了清还父亲欠下的债务，要打两份工，所以很多个周末我都是一个人待在家。有时候我也会去当地的海滩走走。当她上晚班时，一般要忙到晚上 11 点，我会去疗养院等她，和老人们一起看看电视。

然后要讲一下我的新学校。我发现在小学的最后一年融入一所新学校困难重重，这时很难交到新朋友，因为大家之间的友谊已经形成很久了。与尤姆迪的公立学校不同，我现在进了一所天主教男校。对一个敏感的乡下小孩子来说，斯卡伯勒德拉萨尔小学（De La Salle College，Scarborough）的文化是种极大的冲击。我的七年级老师特别喜欢鞭打男孩们。错误不分大小——拼写错误、标点符号错误，或者即使都写对了，写得不好看也是要挨打的。他喜欢用一种苏格兰皮鞭打手和屁股。鞭子约45厘米长，比普通的鞭子宽一些，击打面积大，被它打到后疼痛也比较持久。他甚至给鞭子起了一个名字——"友好的弗雷德"（Friendly Fred）。有时候我会想，什么样的虐待狂会选择专门发明打孩子的工具作为谋生手段？我从未经历过如此痛苦的折磨。我不知道他为什么要打孩子——为了维持他在课堂上的权威，为了提高学生的注意力，还是为了提高治学标准？如果这些真是他的目的，那结果绝对都是糟糕透顶的失败。

我的母亲很快就发现我并不是一个快乐的孩子。虽然我从不抱怨，但她可以看出我非常孤独。这里的社交生活很少，即使在母亲不上班时也是如此，虽然她闲下来的时候很少。我们住的地方事实上与世隔绝，她的解决办法是把我送到寄宿学校。几年前，我的哥哥格雷格已经被送到了布里斯班的圣母会学校阿什格罗学院（Marist College Ashgrove），现在轮到我了。按照她的理解，在那里我会自动交到朋友，接触到"让我仰望的基督徒好男人"。

母亲也搬到了布里斯班，她决定以注册护士为职业，这样她可以拿到体面的工资来供我上学。为此，她住进了马特医院（Mater Hospital）的护士宿舍。战争期间，她曾经住在那里。可现在已经是20世纪70年代初了，49岁的她只能和比她小30岁的女孩子一起生活、工作。磨难吞噬了母亲的许多骄傲，她所做的这一切需要真正的勇气。

于是我开始了我在第三所学校的生活。这也是我的第二所天主教学校以及第一所男生寄宿学校。所有的隐私感都到此为止。我和30个陌生人睡在宿舍里，床距不超过一米。对于在农场长大、习惯到处游荡的我来说，这里的生活宛若另一个世界。

我还记得我在宿舍的第一个晚上，因为不知道还要面对什么恐惧而迟迟无法入睡。平心而论，许多圣母会修士（Marist Brothers）知道我的不幸，都尽量善待我。后来我还发现学校减免了我和哥哥的学费。圣母会修士以奉献穷人为宗旨，他们忠于自己的职业。在接下来的几年里，圣母会负责我的教育，对此我感激不尽。但我不知道为什么，记忆里的这段日子非常痛苦，甚至充满暴力。

我知道我没有充分利用教会的慷慨，没有真正沉浸到学业中去，只是得过且过。我从来没有刻苦用功过，我的成绩单充其量也就是平均水平。我的注意力在其他地方，尽管我自己也不确定究竟在哪里。事实是，我拼命想家，而且越来越不开心。无论如何，在那个年代，与体育和宗教相比，学术课程没那么重要。

在圣母会阿什格罗学院，"真正的宗教"不是天主教，而是橄榄球。我的母亲曾经对我说过，如果我在板球和橄榄球方面的才华能够匹配我的热情，那么没有人能阻止我进入澳大利亚国家队。橄榄球让我着迷。我之前从未接触过任何形式的橄榄球，因为在尤姆迪人们不玩橄榄球，但在阿什格罗学院，每个人都玩橄榄球，就像每个人都要去做弥撒一样，不允许找任何借口。除非你身患绝症，否则必须穿上阿什格罗的蓝色和金色球衣。为了表彰我的"特殊技能"，我被安排在 13 岁以下 E 队第二排。后来我很高兴地知道还有一支 F 队。

第一次上场时，我惊讶于带球跑动竟然是如此简单，对方球队几乎没有施加任何阻力。后来，教练突然指出我正朝着错误的方向前进——虽然我看起来很有决心，速度也不错。

二排其他队员一致认为，第二排并非场上最引人注目的位置。跑得不快的人一般都会被放在第二排。后卫必须知道如何跑动，而且重要的是，要在跑动的同时把球传出去。令人遗憾的是，这远远超出了我的手眼协调水平，因此我被放进了第二排。这是球场上气味最不好闻的位置之一，不知道除臭剂是何物的八个青春期男生挤在一起，并列争球的同时扑向对方。尽管不具备天赋，但我却爱上了橄榄球。

在学校生活中，天主教紧随橄榄球比赛排在第二位。由于我无法知晓的原因，修士们提名我和其他几个男孩作为教堂圣器收藏室的管理人。这些人后来成为我的朋友，我们团结起来不是因为共同的宗教信仰，而是因为我们都是体育场上的"失败者"。也许教堂圣器管理人的选择标准与体育能力负相关——在这种情况下，我是完美的人选。我们的工作是在做弥撒之前擦亮和准备圣器、布置圣坛、保管圣物——想象这些零碎的东西传承自古代的圣徒，而我的任务则是要保管它们，我认为这是一个奇怪的任务。但是最重要的任务是担任祭台助手。做祭台助手是一件棘手的事情：你什么时候站着，什么时候跪下，什么时候把水和酒递给祭司，以及在圣餐仪式开始后的什么时候敲响钟声，都有严格的规定，很容易搞砸。但瑞安神父（Father Ryan）是一个有耐心的人，我和我的朋友很快就成了祭台助手中的佼佼者。即使是最复杂的仪式，包括大弥撒、赐福祈祷以及奇怪的安魂曲弥撒，我们也不会出错。

对一个祭台助手来说，最棘手的步骤之一就是在圣餐仪式上每个修士和男孩迎接基督到来时，紧紧拿好圣餐盘子。绝大多数时候没有问题，但偶尔会有小失误。有时候是瑞安神父力不从心，没能精确地把圣餐放到忏悔者的舌头上；有时候则是忏悔者最后一刻的喷嚏使圣餐掉到了地板上。这都有可能使整个圣事成为灾难。

根据圣餐变体论，圣餐就是基督的肉身，一旦掉在地上，地狱的大门就会向我们敞开。这就是为什么仪式需要我们。除了小心地把圣餐盘放在每个忏悔者的下巴下面，必要时我们必须有高超敏捷的滑步技术。我记得有一次，我在离地面不到30厘米的地方接住了圣餐。瑞安神父点头对我表示赞赏。这有点儿像里奇·贝诺（Richie Benaud）在评论栏中承认伊恩·查普尔（Ian Chappell）第一次滑步的成就。

尽管如此，在阿什格罗学院，这些弥撒、念珠、祈祷、黑色和红色的全套祭台助手法衣（我特别高兴没有照片保留下来）并没有让我更靠近上帝。我们每周的忏悔就是一个例子。让我们面对现实吧，作为一个年轻的小伙子，你没有太多要忏悔的，除了不可避免的肉体欲望，而这些你又永远不会告诉神父。所以我们大多数人只是编造我们的罪过。忏悔与祈祷做起来轻而易举，但对我而言，这些只是形式化和抽象化的宗教仪式，没有触及我的灵魂，不够具体化，也不够个人化。上帝居住在一个遥远的国度，和我生活的社区或我最近经历过的痛苦毫无关系。

缺乏真正的宗教情感并没有阻止修士们鼓励小伙子们，特别是我们这些管理圣器的学生，从事有关宗教的"使命"（vocations）。我之前从未听人说过从事圣职，除了在尤姆迪附近当地教区教堂做弥撒时听到过"虔诚祈祷"（prayers for vocations）的说法。当时我误以为对方说的是"假期祈祷"（prayers for vacations），还认为这没什么问题，因为每个人都喜欢在海滩度假。多年来，我的母亲没少直白地提示我长大应该做个神父。她常常大声说自己应该选择当修女，而不是嫁给父亲，这不禁让我认为我不应该存在。

一些修士对我们很好。我们的班主任蒙塔纳斯（Montanus）修士教我们法语。他对法语有着无限的热爱，而他关于 20 世纪 50 年代巴黎的自制影片让我看到了一个全新的世界。我得出结论，巴黎与布里斯班不同。莱昂（Leon）和阿奎因（Aquin）修士总是对我们微笑，他们选择了宗教生活，看起来乐在其中。身体圆圆的苏格兰人（也可能是高地人）贾拉斯（Jarlath）修士是属于我们的塔克教士（Friar Tuck，《罗宾汉》中的人物，一个快乐的胖修士）。每天晚上熄灯之前，他都会给我们讲鬼故事。他是一个叙事大师，仿佛生来就掌握停顿、节奏和音调技巧。我们悄悄地爬回我们的床上，提心吊胆，一下子开始庆幸与其他 30 人共同住在一起。因为面对夜晚的恐怖，人数多让我们感到安全，更重要的是，贾拉斯的故事给我们提供了一丝温暖。至少在我看来，这种温暖在这个地方极为稀缺。

但是，在圣母会修士中，也有一些不通人情的人。他们反复无常，对他们的学生无情而残酷。现在他们都已退休或离开这个世界，因此说出他们的名字有些不妥。也许其他的男孩有完全不同的经历，但以下事情我永远无法忘记。

我记得有一个修士毒打一个寄宿生，只是因为这个男孩的衣服很脏，且没有更换他的床单。大棒一次又一次打在他裸露的臀部上,这个男孩尖叫不止。当尖叫声变成抽泣时,我们其他人都变得惊慌失措。直到现在我仍然无法理解有什么理由能让他对一个小孩子下此重手。

然后是杰弗里(Jeffrey)的故事。杰弗里是我们班的一个男孩,身体有残疾,可能是小儿麻痹留下的后遗症。他走路时跛足,右手变形,右臂有时不受控制,会突然挥到空中,再慢慢收回,直到静止。杰弗里是个好孩子,坐在教室的前排,学习努力。有一天,在我们的数学课上发生了一些事情,老师被激怒了,他认为杰弗里应该对此负责。他让杰弗里起立并伸出左手。修士老师身穿白色长袍,腰上系着黑色腰带,脖子上挂着金色十字架,开始用黑板上挂着的圆规使劲儿打杰弗里的手。被打了第一下之后,杰弗里拒绝把手伸出来接受第二下,更不用说剩下的了。这时,他的右胳膊失控疯狂地挥动。但是,修士并没有住手,他绕到杰弗里身后,继续用圆规打他的屁股。杰弗里开始放声大哭。我在课后笨拙地试着安慰他,但又不知道说什么好。有些人的灵魂太过于黑暗,他们绝对不应该接近任何儿童。

还好我遇到的修士们都没那么残酷。学院任命一位高级神父为纪律老师。这听起来像一个来自宗教裁判所的职位——可能确实就是。学院更奇怪的仪式之一是在星期六晚上为寄宿生播放电影,但在娱乐开始之前,纪律老师会读出那些在体育领域取得优秀成绩的同学名字,让在座的所有人都为他们鼓掌,然后念出那些在上周犯下错误的人的名字,杖责他们。我入学不过几周,就在惶恐中听到了我的名字,并且不在体育优等生之列。

我们这些犯了错的人被送到纪律老师的办公室。老师会在杖责每个男孩前,宣布这个男孩的过错。我的过错是,他们在洗衣服时发现我的衬衫口袋里留着一把发梳。因为这个错误,我被厚厚的木杖揍了两下,疼痛难忍。心灵扭曲到什么程度的人,才会明知这些学生会因此被体罚,还要坐在学校的洗衣店里,编制一份口袋里留下物品的学生名单?同样,心灵扭曲到什么程度的人,才会认为一个孩子在口袋里留下一把梳子就应该被狠狠地揍一顿?

舍监在我们的生活中有很大的影响力。我们的舍监只要愿意，就会变得相当残忍。谢天谢地，他不是我们的任课老师，但他给我们隔壁班上课。我们和隔壁班有一扇门互通，门的上半部分是一块透明玻璃。通过这块玻璃，我亲眼看见他杖责了全班 66 个男孩，每个男孩都被重重地打了 6 下。事件的起因是有人弹出了一个橡皮筋，但没有一个人站出来承认。在近 400 次挥杖之后，他还是怒气冲冲，击打十分有力。但在这场漫长的惩罚接近尾声的时候，他挥杖的落点开始不准，打在了男孩们的肩膀和手臂上。我决定那一整天都要避开这个老师。

我有大约两年的宿舍生活都是在他的高压政策之下度过的。我最为屈辱的一次遭遇发生在我们第一次学校舞会之后。一开始我心情十分舒畅，因为我当时对圣徒学校（All Hallows' School）一个名叫伯纳黛特（Bernadette）的 13 岁女孩一见钟情。虽然这是青春岁月的曙光，但我没有一件能在舞会上穿的衣服。妈妈没有给我买，她建议我穿短裤、长袜子和擦得闪亮的黑皮鞋。但我不想看起来像个傻瓜一样，所以我设法从我的伙伴那里弄到了一些衣服，包括一条白色紧身喇叭裤和一件色彩绚丽的紧身上衣。我认为我那天晚上看起来很不错。之后，回到宿舍里，牧师舍监说他观察到我和美丽的伯纳黛特在跳舞时贴在一起，然后问我从哪里弄来这些亮闪闪的衣服。我如实告诉了他。他又问我有哪件是我自己的。我给他看了一双棕黄色的袜子，告诉他这是我自己的。他鄙视地看着我，说我这是打肿脸充胖子，借别人的衣服是不对的，我以后再也不被允许这么做。这个晚上原本充满了属于少年的纯粹喜悦，但他这一番话刺到了我心底的痛处，他是一个混蛋。

我渴望自由，但当学校假期、长周末和寄宿学校所谓的"自由周末"到来，可以回家但没有家可以回的时候，问题就出现了。我不会为此埋怨我的母亲，因为她仍在努力重建她的生活和我的生活，但这意味着每个假期我都要在妈妈的朋友或亲戚那里辗转，其中一些我几乎不认识。我觉得自己就像一块给周围的人带来不便的碎屑。还有一些周末，我无处可去，舍监会带我在教室周边转，看看有没有别的男孩的父母愿意带我参加活动。这无疑都是些非常痛心的经历。

圣诞节是一个特殊的挑战，因为这个假期很长。幸运的是，妈妈决定在楠伯的一个朋友家楼下短租一套公寓。我们还可以使用楼上邻居的游泳池，这对我们来说十分奢侈。

这套公寓除了小了一些，其他都很好。它只有两个房间，母亲一间，哥哥格雷格和我要共用一间单人卧室。之后我的姐姐洛瑞决定离开修道院，不再做修女，于是我们四个人一起挤在这套公寓里——后来我们发现，修女们之所以让洛瑞离开修道院，是因为她拒绝将她的埃尔维斯·普雷斯利（Elvis Presley，即猫王）的唱片交给修道院院长，院长因此坚信洛瑞可能不适合当修女。

虽然我们住得很挤，但我很高兴，因为这是全家人几年来第一次重聚——除了我的大哥马尔科姆，当时是他第一次在越南服兵役期间。我小时候就和姐姐亲近，特别高兴她回来了。但随着假期结束、返校日越来越近，我似乎感到一团巨大的阴霾降临了。我不想回校。

就在这个时候，我有了唯一一次晚上没有地方睡觉的经历。那一天我们租的公寓到期，我们需要打包离开，东西都堆在母亲的大众车上。车开动了，但很明显母亲无处可去。也许父亲去世后两年来她已经用尽了所有的人情，也许她根本没有安排好下一站去哪里。那天下午，母亲把车停在一个阿姨在库兰（Cooran）的农场里，但是阿姨家里空无一人。我们在外面等了几个小时，还是没人回来，只好掉头去楠伯，找另一个农场的叔叔投宿。但我们到达时已经很晚，农场里漆黑一片。我们不愿意叫醒他们，只好把车停在路边。当天晚上，我们几个人就睡在一个装满行李的大众汽车里。母亲有些不知所措，估计她那时已经身无分文。

早晨，我们羞怯地走向农舍的厨房门，他们给我们提供了早餐。在强烈的愤怒中，我决定再也不会接受任何人的施舍。

* * *

　　1971 年春天，医生们终于弄明白我为什么不能跑步，我在圣母会学校的日子也随之结束。他们称我的病是主动脉瓣闭锁不全，是由小时候患的风湿热引起的。我终于有理由解释为什么我是一个糟糕的橄榄球运动员，为什么比赛刚开始几分钟我就会喘不过气来。母亲决定把我接回家，这样她能好好照顾我。医生说要随时观察我的身体状况，手术是迟早的事。有一天，母亲还以一种我不习惯的坦白口吻说，她很孤独，希望我们住在一起，过上有家人的生活。

　　终于，我有家可归了，这也意味着我要读当地的高中。经过两年的努力工作和学习，母亲重新获得了新生儿护理注册护士和助产士的资格。她在楠伯一家私人医院找到了一份工作，那家医院也是她战后工作过的地方。在马特医院培训期间，她省吃俭用，东拼西凑买下了一座小房子。父亲生前买的保险也提供了一部分钱。这座房子位于克雷森特公主区（Princess Crescent），没有什么家具，只有一些从农场搬过来的旧摆设，但至少我们有落脚的地方了。我们第一次感觉好像对未来有了一些控制权，笼罩在我生命中的乌云开始散去。

　　我再回到圣母会学校已经是 40 年后的事了：先是作为澳大利亚的总理，回来参加一名在阿富汗殉职的军人的葬礼；后来又作为外交部部长，受邀在这里 1000 多个男孩的聚会上发表演讲。这个地方已经今非昔比。随着神父们退休，学校被交给平信徒（laity）管理，过去残酷、等级森严的天主教教育现已滋长出一种清新而活跃的灵性。现在的男学生们看上去非常享受他们的学校生活，而这里的轻快感和我的童年记忆大不相同。

* * *

　　关于楠伯州立高中（Nambour State High），我记得的第一件事就是有一些有趣的生物叫作女孩。她们很好，其中一些真的很好。我刚满 14 岁，这对我来说是一个很好的发现。

我还会回想起楠伯州立高中的老师们。他们也很好，当然好的方式不同。其中有些人似乎很喜欢他们的学生，甚至用我们的名字叫我们。反观在寄宿学校，老师们从来只用我们的姓叫我们，让人联想到惩戒性机构里犯人的待遇。但对我而言，楠伯高中最伟大的事情就是没有组织性。在寄宿学校，从参观教堂到做家庭作业和刷牙洗脸，每件事都有固定的时间，但在昆士兰州的这所普通乡村高中，我最欣赏的是自由，包括成功或失败的自由。

在阿什格罗学院的这些年里，我一直是普通学生。每年学生都会被分为三类：蓝色、金色和红色。蓝色是好学生，金色表示一般学生，红色则代表差生。我总是处于蓝色的底部，就像英超联赛面临降级的球队。

在楠伯，我们纯粹因为想要学习的科目而被分到不同的班级。我想学习英语、法语、历史、地理、数学和科学，所以我被分到学术班（academic stream）。我以前从来没有听说过"学术"这个词，但只要它和木工、金属制品或技术制图无关，我就完全赞成——尽管我在农场长大，但我对这些学科没有丝毫的兴趣和技能，相反已经受够了这些活计。想要学习这些学科的男孩则被分到工业班。心仪办公室工作前景的女孩们（根据当时流行的农村文化，这通常意味着准备在离开学校后做几年秘书工作，随后结婚，生几个孩子，投入家庭生活）则被分到商业班。商业班还包括一个被称为"育儿方法"的有趣课题，它的神秘内容成为我和我的伙伴们热议的话题。

在楠伯州立高中，我感觉人生第一次开始取得成功。我喜欢这些课程，喜欢这里的老师，他们也喜欢我。我结交了很多朋友，其中一些成了我一辈子的挚友。第一次，我看到了我在一门课程中付出的努力和取得的成果之间的直接关系。

这个发现始于历史课。我对那些伟人——那些通过行动而不是旁观来塑造我们命运的人——感兴趣。我全身心投入历史中——发生在澳大利亚第一个定居点的残暴行为，关于澳大利亚国家形成的伟大联邦辩论，伯里克利

（Pericles）时代的雅典，发生于 1789 年、1830 年和 1848 年的大革命，美国独立战争，《共产党宣言》，毛泽东时代的中国和甘地时代的印度……这些历史故事深深迷住了我。这一切都相关吗？它们是如何相关的？或者，历史只是令人困惑的众多随机事件的集合？我非常想知道答案是什么。我在记事本的背页上构建粗略的年表，试图理解这一切。而且我开始非常笨拙地理解不同时间段、不同文化的血肉和精神，试图通过不同的角度来看待同一个世界。

这种强烈的学习热情和善于学习的能力得到认可，很快成了我生活的重点。人生中第一次，我的学习成绩位居第一，我也第一次体会到了他人的尊重——不是冷漠，也不是可怜。

我的老师是伟大的鼓励者。教我古代史的老师费·巴伯（Fae Barber）生动地讲述了美索不达米亚（Mesopotamia）、罗穆卢斯（Romulus）和雷穆斯（Remus）；海伦·约尔（Helen Yore）和罗宾·马莱茨（Robyn Maletz）老师教会我怎样自信地写作和说话；杰出的辩论教练罗恩·德里克（Ron Derrick）也是如此，他把我们对布里斯班一些优质私立学校的胜利当作在秘而不宣的阶级战争中获胜来庆祝；法国老师金妮·琼斯（Ginnie Jones）和罗恩·里奇（Ron Richie）把我的法语教得如此之好，因而几十年后我能用法语游说法国，确保了澳大利亚在联合国安理会的地位；地理老师斯图尔特·内皮尔（Stuart Napier）培养了我对地貌学的兴趣，这个兴趣后来伴我一生，而他教给我的地质"术语"（patois）则让矿业老板钦佩不已。

然后是卢瑟福夫人（Mrs. Rutherford）。她成功地让一个来自昆士兰乡下的男孩明白了宏观和微观经济学的基础知识。有一天，卢瑟福夫人在课堂上问我高中毕业后会做什么，而我不知道。"我猜，教学。"我最后结巴着说道。

下课后，她悄悄地把我拉到一边，告诉我，我可以做任何我想做的事情，不应该把我的志向限制在教学上。之前从未有人向我说过这样的话。在 20 世纪 70 年代的澳大利亚农村，如果你倾向于学术性学科，那么根据正常的设想，你最终会成为当地的银行出纳员或者老师。但由于卢瑟福夫人的提点，在学校生活将要结束的那几年，我开始考虑我的未来。

在我学习的所有科目中，我在高中时代惊讶地发现了我对戏剧的热爱。在圣母会学校的最后几个月激发了我的这一兴趣，因为那时我们开始读莎士比亚的《恺撒大帝》（*Julius Caesar*）。像我之前的几代学生一样，我被安东尼（Antony）的独白深深打动。在楠伯，我们读了《李尔王》（*King Lear*）和《麦克白》（*Macbeth*）。莎士比亚的这些历史剧多年来一直陪伴着我，每一部都可看作是关于贵族政治和悲剧的散文。莎士比亚对政治家有着清醒的认知，包括可以刺激他们的原始冲动。我们也开始去布里斯班看专业的戏剧表演，包括罗伯特·鲍特（Robert Bolt）创作的取材于托马斯·莫尔爵士（Sir Thomas More）的戏剧《全年无休的男人》（*A Man for All Seasons*）。高中课程的这一主题引起了我对殉教者、普通人和公职人员的强烈兴趣。在楠伯，我们也有自己的演出。我始终非常感激高中的那些辩论、公开演讲和舞台表演机会。这些都是在录像机问世之前发生的。我印象深刻的是吉尔伯特（Gilbert）和沙利文（Sullivan）的歌剧、法国剧作家莫里哀（Molière）的滑稽剧和我们自编自演的现代实验戏剧。

马斯普拉特夫人（Mrs. Muspratt）是我们的戏剧指导。她善良、充满热情，有时要求很高。我永远不会忘记，不知道出于什么原因，她选了非常漂亮的英语老师作为莫里哀剧作的女主角，跟作为男主角的我搭戏——她明明知道第二幕结束时有一首情歌和一个长吻。不幸的是，马斯普拉特夫人从来没有解释过舞台上的吻可以不用伸出舌头……40 年后，我的英语老师回想起当时的情形，可能仍然心有余悸。

与此同时，我的橄榄球生涯早已夭折，但是板球再次燃起了我的体育兴趣，可惜就像以前一样，热情不能转化成能力。我记得在广播节目中听到伟大的加菲尔德·索伯斯（Garfield Sobers）在世界联队对澳大利亚的比赛中打出了 254 分的分数后，由于日益高涨的国际反种族隔离运动，澳大利亚取消参加南非站的比赛。1972 年冬天，英格兰灰烬杯（the Ashes series）板球比赛举行。我几乎每天抱着我的晶体管收音机上床，听艾伦·麦吉尔弗雷（Alan McGilvray）的赛事评论，他总是持一种悲观的论调，让我想起一位顽固的小学校长。这位小学校长看不上澳大利亚国家板球队，认为这支队伍与过去的辉煌战队没法比。但是，攻守对调之后，约翰·阿洛特（John Arlott）的迷人声音取代了艾伦·麦吉尔弗雷的声音。1.9万多千米外的阿洛特把我的板球英雄——澳大利亚队长伊恩·查普尔——描述成一个莽撞、冷漠的人。伟大的澳大利亚快速投球手丹尼斯·利里（Dennis Lillee）以闪电般的速度冲击着另一个惊恐的英格兰击球手——根据阿洛特的解说，这一刻他已经超过了声速。

像其他成千上万的男学生一样，我也想加入澳大利亚国家板球队。我曾经读到过，传奇击球手布拉德曼（Bradman）为了练习击球，每天花费数小时把高尔夫球扔到油罐支架的砖基上，通过高低不平的表面练习眼力。虽然没有高尔夫球，但我每周花几个小时对着崎岖不平的砖墙打板球。但是，这些练习都收效甚微。我在扬迪纳（Yandina）C队当了几个赛季的守门击球手，其中最好的一个赛季平均得11分；尽管如此，教练还是劝我退出，让我把精力集中在我崭露头角的舞台事业上。

***

高中时期，我对宗教信仰的热情下降，但政治敏感度上升。母亲敏锐地察觉到这一点，要求我每个星期天都和她一起去参加集体活动，直到我15岁——那时我可以自由决定自己想干什么。我15岁时的决定是，接下来的10年不会再做弥撒。

对政治生活的兴趣开始取代对灵魂的探索。传奇政治领袖高夫·惠特拉姆（Gough Whitlam）启迪了我。工党1972年的选举胜利令我激动万分，连我自己都不知道这是为什么。我记得惠特拉姆访华时的场面：周恩来在机场迎接他，毛泽东和他在陈旧的图书馆会面。我的母亲——一位对惠特拉姆不怎么感冒的保守派——递给我一份剪报，内容是1971年的一天中国重返联合国；她告诉我总有一天这会改变世界。让我母亲懊恼的是，我弄到了一本《毛主席语录》，在学校到处炫耀，甚至在定期举行的校际基督教团契会议上质问：

既然都是作品，为什么《毛主席语录》的权威就不能与基督教的《圣经》相比？

我开始订阅《澳大利亚人报》（The Australian），认为这是当时一份激进的报纸。我阅读它关于惠特拉姆、中国和澳大利亚政治的一切报道。我开始听议会广播，并且整理了《国会议事录》（Hansard）的影印件，让我们当地的乡村党联邦成员送回去。作为一次英语作业，我给司法部部长莱昂内尔·墨菲（Lionel Murphy）准备了一份可以向国际法院提交的文案，代表澳大利亚反对法国在南太平洋的核试验。我还对全校数百名学生做了调查，了解他们对惠特拉姆政府的印象，尽管这让我那没有一点儿幽默感的校长感到十分困扰。在刚刚上任的一年，惠特拉姆在楠伯州立高中的情况并不理想，仅有30%的人支持他，超过50%的人反对他，其余的人既不支持也不反对。由此看来，革命还需要一段时间才能到达昆士兰州的乡村，而我个人则是一名正在从保守派转向激进派的高中生。

接下来要追溯我与工党的渊源。我的父母从来没有提过工党。母亲一家都是澳大利亚乡村党的成员，她的两个兄弟是邻镇政府的主席。我的姐姐在离开修道院后接受了教师培训，她正在和一个叫科尔（Col）的家伙约会。科尔实际上是澳大利亚工党成员，但工党当时还是一个秘密社团。1973年，科尔带我参加了在楠伯甘蔗种植者大厅（Cane Growers' Hall）举行的第一次青年工党会议（Young Labor）。除了我自己，还有三人在场：科尔——当时的主席；一个我不记得名字的老人——我认为他很明显违反了25岁以下的年龄限制；演讲嘉宾乔治·乔治斯（George Georges）参议员。剩下的就是那个老人的狗。如果这就是革命的开始的话，那么很明显未来任重而道远。乔治的讲话冗长得如同永恒，充满喧嚣与愤怒，但没有任何意义。唉，我对这个晚上最持久的记忆来自老人的那只狗——它没有什么臭味，有点儿吵闹，但总体上还是令人难忘。

尽管这个入门"引人入胜"，我当时却并未加入工党——正式加入是8年后的事情。然而，我与工党的政治联系却继续加深，这得益于我和该地区为数不多的劳工家庭之一的友谊。这个家庭就是卡兰德(Callanders)夫妇一家，他们的名字是鲍勃（Bob）和琼（June），以及他们美丽的女儿菲奥娜（Fiona）、翠丝（Trace）和苏（Sue），实际上我是通过辩论和戏剧认识她们的。

这是一个非常有趣的家庭。他们的谈话非常复杂，有时甚至有些不雅。在我过去的 16 年中，我从来没有参加过这样的开放式家庭谈话。谈话偶尔会聊到性，尤其在谈话对象是年龄相仿的异性以及她们的父母时，我笑着，局促不安，面红耳赤。

卡兰德一家为了逃避大城市生活的压力，从悉尼一路搬到楠伯，从事菠萝种植业。1972 年大选中，鲍勃曾担任一份支持惠特拉姆的悉尼小报的副主编。更为异乎寻常的是，他曾在舰队街（Fleet Street）当过记者。我听说过这类人，但之前没有和他们接触过。鲍勃耐心地向我解释工党内部复杂的内在运作。我和他们一起观看了 1974 年解散两院的选举之夜，惠特拉姆在解散两院后重新当政，但作为多数派他们的席位还是减少了。我还记得听着评论员一个接一个地介绍工党委员会的成员，不知道为何，我突然想成为这个政党的一部分，但对具体怎么做却全然不知。我问了很多关于政治和议会的问题——当鲍勃不知道怎么回答时，他会漫不经心地走到餐具柜旁边的电话那儿，打给远在堪培拉的一位听着来头很大的重要人物，这个人会给我提供答案。

不久后，在 1974 年昆士兰州选举期间，我新萌生的政治意识受到更广泛的公开考验。我记得和鲍勃、琼以及女孩们一起，参加了在挤得水泄不通的楠伯议事大厅（Nambour Civic Hall）举行的公开会议，乡村党州长乔·比耶尔克－彼得森（Joh Bjelke-Petersen）在会上警告大家注意"南方社会主义"的邪恶力量，这股"邪恶力量"当然就是指最近连任的惠特拉姆政府。支持这个论调的大约有 1000 人，反对者只有 6 人，具体说来就是鲍勃、琼、他们的 3 个女儿和我。我的舅舅埃迪（Eddie）作为当地的乡村党主席主持了这次会议。如果他看到我们坐在后面，会不会把我们当作昆士兰州的邪恶帮会？

那天晚上，当国歌《天佑女王》响起的时候，卡兰德一家拒绝起立，这成了压垮骆驼的那根稻草，打破了当天晚上本来一派祥和的社会秩序。周围的怨言达到了高潮，异议者变成暴动者。而卡兰德一家被认为是"南方人"——

从定义上来说是站不住脚的。我感到无比羞愧，受制于年少时就被灌输的传统观念，那天晚上我站了起来，向远方的上帝和同在远方的女王致敬。尽管从认知上讲，我可能已经接受了我后来称之为进步政治的东西，但从社会习惯来说，我发现自己仍然固守着成长过程中深入骨髓的农村保守主义。非常感谢鲍勃，他后来从来没有提及那天晚上我在楠伯议事大厅臣服于爱国保守主义的那一刻——他如果说了，我会被击垮的，我相信鲍勃知道这一点。

＊＊＊

在学校生活的最后一年，我第一次体验到恋爱的兴奋。她是体育场上的高手，而我明显不是；她对科学充满热情，而我热衷于人文科学；她想成为一名农业科学家，而我想成为一名律师、一名外交官，也许有一天成为议会议员。但我认为她很美丽，她也觉得我很……聪明。

我们变得亲密无间。虽然很难向父母证明为什么我们需要一起完成如此多不同学科的功课，但是像所有恋爱中的孩子一样，我们都很有创造力。重要的是，比我大一岁的她有驾照。我们开车去棕榈树林艺术学院（Palmwoods School of Arts Hall）跳舞，去莫洛拉巴海滨（Mooloolaba）散步，去马鲁基多尔（Maroochydore）看电影。这些都是我高中时代的美好时光——爱情到来了，生活无限宽广的视野也在我面前展开。我不知道的是，世界也正向我展示一个真实、可能但尚未形成的目标，它超出了我童年时代的狭隘想象。

chapter 3

In Pursuit of Purpose

第三章

追求目标

考虑到我的志向和学术倾向，当我决定不直接上大学时，周围的人毫无疑问都有些吃惊。原因有很多。高中毕业后，我感到筋疲力尽。我很早就意识到自己不是神童，如果想获得学术上的成功，就必须为此而努力；而我之前也一直是这么做的——每周 7 天，每天花五六个小时在家庭作业上。坚持了 12 年后，我时常感到肩膀僵直，背部疼痛，眼睛干涩，头脑麻木。我觉得自己需要休一次长假。

如果直接上大学，我担心我会搞砸，特别是我还没有想清楚我要学什么以及今后要做什么，因此无法抉择。我读了昆士兰州的大学课程手册，还有悉尼和墨尔本的大学以及堪培拉澳大利亚国立大学的课程手册。这些学校我全都想去，想在那里学习法律、经济、政治、国际关系、历史、文学、戏剧艺术以及几门外语，最好学一门亚洲语言和一门欧洲语言。总之，人文科学相关的一切课程我都有兴趣，我想一次性全学了。所以我几乎申请了全国各地所有包含艺术 / 法律和经济 / 法律课程的大学。他们全都同意接收我。然后我要求推迟一年入学。这种做法现在被广为接受，被称为"间隔年"，但在当时，这是非常疯狂的做法。

尽管我高中毕业的时候，大萧条已经是大约半个世纪之前的事情了，但它还是给后世蒙上了一层阴影。许多人心中仍然留着它刻下的疤痕，这个时期出生的孩子——比如我的父母——成长过程中都渴望安全感。所以他们建议我找一份安稳的工作，最理想的就是找一份政府的差事，一辈子都守着它。

对于我"间隔年"的决定，母亲比她的朋友和亲戚稍微客观一些，但也好不到哪里去（他们的看法很消极——一旦你开始游荡，你就会一直游荡，迟早完全脱离正常的生活，成为瘾君子，永远不会再回到学习中去）。只有我的老师们没有对我的决定大惊小怪。对其他人来说，我不想上大学的想法是荒谬的，因为我如此喜欢学术，所以问题不在于我是否要上大学，而在于去哪所大学、什么时候去以及学什么专业。

不幸的是，像大多数澳大利亚男性一样，我当时情商还有待开发。在做出决定时，我自然没有考虑到他人的感受——譬如不直接上大学会对我和女朋友的关系产生什么影响。我的女朋友很早就向我表明她将攻读农学学位。我天真地以为，写信应该可以维持我们相距100千米的异地恋。当时电话费用非常高，而且我没有车，也没有驾照。作为一个感情上的白痴，我没有想办法去消除她的担忧；实际上，我根本就没有意识到她的忧虑。她总结说，我所做的这一切是终结我们爱情的"罪魁祸首"。事实也确实如此。

当她离开楠伯去上大学的时候，我和她的家人一起去布里斯班为她送行。我们吻别的时候，我的泪水夺眶而出。突然间，我感觉自己被一股巨大的力量击溃了，后来花了几个月才恢复过来。人们很容易把初恋简化为孩子间不值得一提的小事，说这些磕磕碰碰就是所谓的"成长"；但对我来说，它标志着我在万分痛苦中首次面对自己情绪化的一面，而这一面凌乱不堪，却时刻都需要表达和满足。

我决定利用高中和大学之间的"间隔年"来弄明白我的信仰是什么，为我即将踏上的人生旅程找到落脚点和参照系。许多人可能认为这原本就是大学生活的目的，但在我看来，大学生活应该是对这个问题所得出的结论的初次验证，而不是对这个人生问题进行探索的实验室。

我需要时间去弄清楚我是不是一个真的无神论者，或者只是一个二流的无神论者，抑或是一个不可知论者。其他伟大的宗教信仰是怎么样的？哲学呢？在历史课上，我涉猎的内容只是让我浅尝辄止地了解了附属于那些伟大流派的一串串人名，我还远远无法领略他们每个人的智慧。

谈到政治，我是共产主义者，还是社会主义者？什么是民主社会主义？什么是社会民主？或者正如我工党的同事一直认为的那样，我实际上是一个自由资本主义者？我曾经和一些工党朋友一起玩过，但是不是还有其他更激进的政治工具可供探索？

我一直有一点儿普遍主义者倾向——那些能将物理学和社会科学糅合在一个共同的哲学框架中的人，一直都很吸引我。我记得曾感觉被一位朋友严重冒犯了，因为他说"你注定要成为一名激进的天主教徒或激进的共产主义者，虽然两者之间没有任何关系。因为如果你是普遍主义者，那么只有这两个主义可供你选择"。

我这位朋友的说法虽然冒犯了我，但却显见洞察力。对我而言，我们的个人生活和政治生活都和目的相关。没有目的，它们便毫无意义。如果没有持续的、强大的、充满活力的力量，我们的生活便和舞台艺术如出一辙。这并不是说这样的人生是不完整的——它照样是完整的，也不是说我们的生活本身就不应该有爱情。最美好的人生应该有目标，有爱。但是，鉴于我们人类是唯一会思考的生物，我们不能漫无目的地为了生活而生活，却不去反思这些最本质的问题。我们至少要得到一些相关的试探性结论。就这样，我踏上了个人、智力和情感的探索之旅。

* * *

我搬去海滩边的一个小屋里，给自己买了几条白色的紧身喇叭裤和一件非常漂亮的绿色扎染 T 恤。为了给这种波西米亚风的生活方式提供资金来源，我需要找份工作。所以，我走进了一家叫"巴塞洛缪的音乐世界"（Bartholomew's

World of Music）的音乐用品店，应聘一份销售助理的工作。这家店位于楠伯霍布森街和安内街的交叉口，他们告诉我第二天就可以开始上班。

推销并不是我的强项，但我的工作就是推销电子琴，品牌包括美国沃立舍（Wurlitzer）和日本卡瓦依（Kawai）。前者适合比较挑剔、预算充裕的客人，购买后者的人则认为塑料录音带播放出来的也是音乐，而不是对听觉的折磨。但3个月过去了，我没有卖出一架电子琴。我的工作职责还包括维修损坏的乐器，但是，我的电子学常识甚至比我的推销技巧还糟糕。

为了补贴当推销员的微薄收入，我周末还去附近一家叫"甘蔗电车"（Cane Tram）的小餐馆打零工。我在这里的工作是翻动汉堡以及制作一些家常奶昔。同时，我开始阅读马克思，很快我觉得我理解了马克思主义关于"异化劳动"（alienation of labour）的基本概念。对我而言，尽管我的雇主是非常好的人，但"巴塞洛缪"和"甘蔗电车"都代表了"买办阶层"。而我的"工作"已经处于"异化"的晚期。于是我在被解雇之前就不干了。

为了成为一个真正的波希米亚人（bohemian，指放荡不羁的文化人），我觉得自己必须待在某个大城市。因此，我去了我所知道的唯一的大城市——布里斯班，和4个女孩共同租住在市中心的一套公寓里，我认为这很酷。唯一的问题是这4个女孩并不觉得我真的很酷。

我在昆士兰大学本科生图书馆找到了一份整理书架的工作，我讨厌这份工作。读了大量共产主义书籍的我发现，毛泽东在加入中国共产党之前曾在北大做过图书馆助理，他也讨厌他的图书馆工作。你需要和那些自大的初级学者打交道，他们自认为属于"知识阶层"，并认为图书馆助理是他们的仆从。我在图书馆的工作只持续了一个月，然后我决定做一名酒保，因为我认为这份工作可能更适合一个"见习波希米亚人"。于是，我走进了位于布里斯班旧城区的老旧的帕丁顿酒店（Paddington Hotel），告诉他们我19岁，曾经在很多酒吧工作过。事实上，我当时只有17岁，从没去过酒吧，甚至不喝酒。

说好听点儿，我在吧台的表现挺"喜感"的。在当时的澳大利亚酒吧，对酒保的真正考验有两个：第一，倒出好看的啤酒泡沫，不能太厚也不能太薄；第二，单手一次拿四个装满啤酒的杯子，而且要保证不能洒出一滴酒。两轮测验我都没通过，但却成功得到了这份工作，纯粹是因为善良的领班可怜当时处境艰难的我，从而让我得到了我到那时为止薪水最高的工作。

酒吧里经常发生打斗事件，特别是在橄榄球比赛之后。但很少看到警察进入酒吧。那些日子里，警察腐败已经是昆士兰州的一项传统，连我这般来自乡下的单纯少年，都能感觉到一些不妥之处。记得有一天，我爬上摇晃的木楼梯，来到酒吧的顶层，想找一个干净的地方吃午餐，却遇到一群西装革履的男人，他们面前的桌子上摆着一堆现金和几把手枪。我赶快转头下楼。经理走到我跟前，告诉我以后不能再去顶楼，我表示完全接受。我发现在处理这类事情方面阅读马克思和毛泽东的著作并没有太多的帮助。但无论如何，我得出了一个结论：悉尼可能才是我追求变革的最佳地方。

* * *

去悉尼代表着我信仰的一次飞跃。我搭顺风车来到 1000 千米外的悉尼。一位上了岁数的善良的阿姨给我提供了住处。我住了几晚，同时还摸清了这个城市的东南西北。

之后，我再次找到了一处合租房子。这是一座 19 世纪的联排洋房，位于沙利山（Surry Hills）的尔比恩街（Albion Street）190 号，合租对象是 4 个法律系大四女生。我的房间是一个小阁楼，租金每周 10 美元，刚好是我能负担的。但是，这里是悉尼。我对女孩们的任何希望在这里都破灭了。这群女孩很友好，但都已经名花有主。她们的男朋友年龄比她们稍微大些，都是二十出头的成熟男人。而她们只把我看作是需要照顾的乡下小弟弟，这让我深感沮丧。不止一次，我总是狡猾地选择和尽可能多的异性合租，先是在布里斯班，如今在悉尼。即便我看着聪明伶俐，穿着非常时髦的紧身喇叭裤，而且只比合租的女孩小 5 岁，但我和她们的搭讪都以失败告终。不过，和她们的交谈还颇有些深度。我的合租室友们都接受过悉尼最好的私立学校的教育，在我看来，她们都有些世故。尔比恩合租房还有一个特别之处在于它位于妓院的隔壁，半夜我经常会听到一些奇怪的声音。

工作方面，我在罗斯兰格雷斯兄弟购物中心（Grace Bros. Roselands）找到了一份促销助理的工作。这家购物中心位于工人阶层聚居的悉尼西南部郊区，是澳大利亚第一批大型购物中心之一。我的工作是在喷泉舞台上主持午餐时间段的节目。这些节目旨在维系客户，把他们变成购物中心的回头客。在每一个节目开始前，我拿着准备好的台词念开场白："欢迎各位来到罗斯兰格雷斯兄弟购物中心。我们购物中心拥有南半球最大的室内停车场（暂停，鼓掌时间）。今天，购物中心非常荣幸地邀请到了来自英国伦敦的黑白滑稽说唱团（White Minstrel Show）为大家表演！"或者我会介绍一些其他的当周演出节目，大多数故意说得耸人听闻，但难得不涉及明目张胆的种族歧视。

在罗斯兰格雷斯兄弟购物中心工作的几个月中，最有趣的经历来自冬季时装秀。这是购物中心的年度大事件，由团队里一位颇有魅力的年长女性主持。我被派去试衣帐篷里帮忙。虽然起初因为被剥夺了主持工作有些不爽，但我很快就发现试衣帐篷里的工作是有补偿的。我的具体职责是给模特们递衣服，帮她们拉后边的拉链，再把她们带到天桥。正是在这里，我发现了一个历久弥新的时尚原则：有时为了增强某些设计的纯粹视觉效果，模特们不需要穿内衣。对来自楠伯的乡下男孩来说，这可是一大发现。那天，我在帐篷里待了好几个小时。

* * *

静下来的时候，我仍然会寻找生活的意义。马克思和毛泽东的著作已经变得艰深，于是我试图从澳大利亚共产党那里寻找他们的真实面目，但却发现电话簿中澳大利亚共产党的地址是错误的。

我也开始读奥威尔（Orwell）的著作。奥威尔一直都是革命精英，他的想法看起来既危险又荒谬，至少对西方国家来说是这样。这些国家经过大约两个世纪的抗争，实现全民普选，并把国家政权从2000年前的绝对君主专制中解放出来。最重要的是，成为共产主义者涉及批判性思维，而我还没有为此做好准备。

接着，求知欲让我开始了新的探索。从尔比恩街的房子往前走一点，马路对面就是华人基督长老会教堂（Chinese Presbyterian Church）——一座宏伟的红白砖头建筑物。我很想知道这个古老的东方文明会对西方基督教有什么兴趣，所以在一个星期天，受好奇心驱使，我磨磨蹭蹭地走了进去。我坐在教堂的后排，听他们虔诚地做礼拜，先是用中文讲，然后一句一句地翻译成英文。

我为此着迷。这是我第一次听见有人讲中文，它听起来如此美妙。在这之前，我也从没有参加过新教的礼拜。鉴于我从小到大受到的都是正统的天主教教育，这难免有些怪异；但我没有就此退却。年轻的牧师邀请我加入唱诗班，而我喜欢唱歌，所以就接受了。

几个星期过去了，我从兴致勃勃的观察者变成唱诗班的正式成员，披上了蓝白长袍。金发碧眼的我是几百个会众中唯一的"外国人"，其余都是中国人。我不会说中文，所以不能和新朋友们交谈。我敢肯定，他们一定对我这个"外国人"的"入侵"感到意外，但他们非常友善，没有说出来。所以我觉得还挺自在，接下来的几个月里，每个星期天我都会来到教堂，引吭高歌《基督精兵向前进》（Onward Christian Soldiers）。我从妓院旁边的住所穿过马路遇到了这座教堂，虽然有些怪异，但这次巧遇标志着成年的我作为基督徒朝圣的开始。

很快，我开始在悉尼的各座教堂中穿梭。星期天的晚上，我会先去听斯图尔特·巴顿·巴贝奇（Stuart Barton Babbag）的布道，然后再赶去位于市中心的苏格兰长老会教堂（Scots Presbyterian Church），它的会众多是一些衣衫褴褛的年轻人。我还会去中央卫理公会(Central Methodist Mission)聆听艾伦·沃克博士（Dr Alan Walker）的午餐讲道。每周五晚上，一群五旬节派（Pentecostal）教友会聚集在皮特街公理会教堂（Pitt Street Congregationalist Church）。就是在这里，我遇到了弗雷克尔顿（Freckleton）一家，后来发现他们原来是我家人在楠伯的故友。他们邀请我去他们在埃尔伍德（Earlwood）的家，后来还邀请我住在他们家，我很高兴地接受了他们的邀请。

* * *

毋庸置疑的是，17 岁的我在 1975 年迈出信仰的第一步，步履蹒跚，尚不能想到那么多。当时，我决定成为一名基督徒的原因来得直接实际。因为我决定搬去弗雷克尔顿家，并参加他们的地方教会——信奉基督教的贝尔莫尔教会（Belmore Churches of Christ）。我计划寻找一份新工作，远离购物中心试衣帐篷里的诱惑。

基督教是一种特殊的教派。基督教会分为非宗派基督教会和宗派基督教会：前者遵循所谓"原始基督教"的绝对戒律，做礼拜时不演奏器乐，因为在公元 1 世纪他们没有钢琴，而且同样，做礼拜时也不能用鲜花，因为在公元 1 世纪，他们……没有鲜花？我必须承认我从来没有完全搞明白这一点。

还好，贝尔莫尔基督教会跟随了时代的步伐，有乐器，也有鲜花。最重要的是，这里有非常友爱的人，他们信仰坚定，对我非常友善。它和天主教有着天壤之别。如果天主教会是浓郁辛辣的印度咖喱，那么基督教会更像是普里特金低脂餐（Pritikin Diet）：口味平淡但对身体好，能帮助你按时就餐。

他们教给我读《圣经》。除了讲道坛的读物外，我们在天主教学校从没花时间阅读《圣经》。但对基督教徒来说，如果没有国王詹姆斯钦定版《圣经》（King James Bible），没人好意思去教堂。而且《圣经》必须要大，黑色硬皮包装，里边写满密密麻麻的注释。有些人还称它为"剑"，这种说法基于《以弗所书》（Ephesians）中的一段文字，在该书里圣保罗（St Paul）将"神的道"描述为"圣灵的剑"。起初，有些教友偶然提到他们把"剑"落在车里时，我感到困惑不解，我觉得这样说太不可思议了。但转念一想，如果一个人对公元 1 世纪的教会非常认真的话，那么任何事情都有可能。

读《圣经》给我开启了一个全新的世界。我不喜欢《旧约》，其内容中有太多的杀戮，《诗篇》除外。但《新约》不一样，有人声称自己见证了耶稣的生平与死亡，这些描述掺杂着历史和当代的说法。我对圣路加（Luke the Evangelist）特别有兴趣。他把自己看作早期教会的历史学家，按照"目击者"的说法开始他的编年体叙事；还有保罗，他的早期信件都是写于耶稣行刑后 30 年内。我不是《圣经》的原教旨主义者，写经书的不是完人，他的知识也不完善，并且当时的文化和我们现在的文化也完全不同，但是有些福音书的叙事生动、直接而真实。经过一段时间，我被自己读过的东西所感化，觉得有必要通过成年洗礼来正式确定我对上帝的重新承诺。我出生后曾在楠伯的圣约瑟夫教堂受洗，但作为成年人，我的信仰从未被肯定过。对我来说，这次洗礼是单纯对信仰的确认。

* * *

与此同时，除了上帝之外，还有人类社会的小事要述说一下。我在当地的坎特伯雷医院找到了一份护理员的工作，每周收入 75 美元，这收入可不算少，尤其是当时我正在为来年的大学存学费。到那时为止，我已经从我的各种工作中攒下了近 2000 美元。

这家医院还没创立，就如同开播了一档电视真人秀：作为一家公立医院，它专门为低收入的移民社区提供服务，因此被悉尼的居民所抵制。喜剧、悲剧以及其他各种剧情轮番在这里上演。这可能是我得到过的最好的生活教育。

医院的一切被作为护工的我们尽收眼底。我记得一个护士长把我叫去，冷静地告诉我她的两个病人不见了。一个是阑尾被切除的 22 岁男性，另外一个是腿折了的 23 岁女性，他们的病房挨着。我和护士长很快得出了一致的结论，最后我在停尸房后面发现了他们，画面相当香艳。在这种情况下我能说的只有"小心伤口缝线裂开"。但是缝线已经裂开了，护士长对此很不开心。

还有很多各种各样的悲剧：分娩中死亡的母亲、死胎、到急诊室时已经咽气的年轻男子（没有外伤，原因是饮酒过快加上酒精过量，致使内脏器官爆裂）、因为伴侣没能活过来而呜咽的老年妇人。悲痛欲绝的家人甚至试图从一个穿着护理员制服的小孩子那里寻求安慰。有的病人死后，家人尚未找到，或者家人不愿意过来，我需要守在死者跟前，这也许是我所有工作中最沉重的一件：把帘子拉上，然后准备清洗和包裹死者，通常只有一名初级护士会在旁边帮忙。在把死者拉去停尸房之前，我会默默地为这个素未谋面的灵魂祈祷，我能做的也只是如此。

虽然这可能不是我过得最为波澜壮阔的一年，但在这一年我学到了很多东西，而且开始为我的人生设定方向。我找到了信仰，尽管当时它还不够成熟，但直到今天这个信仰还在陪伴着我。

《毛主席语录》引发了我对政治的初次探索，华人长老会教堂第一次动摇了我的宗教信仰，还让我对中国产生了浓厚的兴趣。我想掌握它的语言，想去理解几千年来孕育这门语言的文明。这种热情也在我的生命中一直延续下去，正如后来中国对世界的影响力呈指数级增长一样。因此，当我决定未来要学习的课程时，我选择了澳大利亚国立大学，因为我相信这是澳大利亚唯一一个可以把我培养成汉学家的地方。

chapter 4
In Search of the Middle Kingdom

第四章

追寻中土之国

我当时选择研究中国的原因很简单，从我小时候起，这个国家就让我神往：幅员辽阔，历史悠久，与众不同。我遇到的中国人不多，但我喜欢他们，而且我认为中国对澳大利亚和世界的未来都将产生很大的影响。我想改变人们对中国的认识，还想着有朝一日去中国工作，但具体从事什么职业我并没想过。从那时起，我的这个想法就没怎么改变过，虽然与"文化大革命"末期的中国相比，今天的"中国问题"更值得全世界关注。

刚上完大学时，我读了澳大利亚汉学之父费子智（本名C.P.菲茨杰拉德，C.P.Fitzgerald）所著的《为什么是中国？》（*Why China？*）。这本薄薄的小书在20世纪80年代初期出版时，费老差不多已经80岁了。大约在第一次世界大战结束时，13岁的他就决心要去中国看看，21岁时他达成心愿。他一生都致力于研究西方对中国的了解。在中国现代史上最为动荡的年代里，他在那里生活了约30年。费老为什么选择研究中国呢？在某些方面，他代表了他之前和之后的几代汉学家，追随着在400多年前于明朝末年踏足中国的伟大西方汉学之父——来自意大利的耶稣会传教士利玛窦（Matteo Ricci）。

费老写道：

这是一片历史悠久的广阔世界，可我却对它一无所知：连学校课程都不会涉及它。在历史书中，除了对鸦片战争和义和团运动有片面、失准的只言片语外，中国就好像不存在一样。事实上，中国的国土比巴尔干更广阔深远，外部世界对它了解甚少，却深深地被它吸引……
从我第一次在父亲的图书馆中阅读有关中国的书籍开始，中国便一直
是这种形象。

几个世纪以来，中华文明的悠久历史、连续性、复杂性和巨大规模甚至
让西方最有文化的人也为之惊叹。史料证明，中国历史上拥有完整独立的哲学、
政治、伦理和审美体系，它完全以自己为参照，仿佛世界其他地方根本不存
在。总之，中华文明的主要特征已经让一代又一代的西方知识分子得出结论：
中国那尚待发现的心灵世界对人类社会本质的看法和我们截然不同。它和埃
及一样古老，但与埃及不同的是，它保留了 4000 多年前流传至今的文字，留
下了地球上最大规模的文学遗产。

从土地面积来看，中国和整个欧洲差不多，但和欧洲不同的是，这么大
的面积只属于一个国家。从哲学体系来看，中国和古希腊一样历史悠久，某
些方面甚至还要更古老一些。除了吸收印度的佛教外，中国的主要哲学流派
代表了只属于中国本土的思辨，而且它的发展演化也从没有超出中国的边界。
它的主要问题、内部框架和结论在基督时代之前就早早确立了。这些都和西
方形成了鲜明对比。西方哲学体系糅合了古希腊、古罗马、犹太－基督教和
启蒙运动的信仰和习俗，稍显杂乱无章，但却非常有创造性，特别是启蒙思潮，
最终演变成现代所谓的西方思想。

不同于西方，中国是从一个统一的、开化的国家发展演化而来的，而非
源自一个跨越不同文化、民族、宗教和政权的政治结构。正是出于这个原因，
研究中国所涉及的领域非常广，而且和西方传统有着天壤之别。它需要研究
者对中国文化深深尊敬，对职业充满热情，常常意味着学者要把它作为一生
的事业。正是因为中国文明的统一性和复杂性，外国学者尽管非常迷恋，却
很难轻易弄明白，这让他们深感难堪与受挫。

虽然汉语令人生畏，可一旦这道文化的大门慢慢打开，汉学家往往会为

之痴迷，多种分析模式便随之展开。其中一种就是来自西方的对中华文明的批判逐渐被一种敬畏所取代。根据这种分析，中国和它的文明都是完美的。这些学者认为他们的使命是向无知的外国"野蛮人"解释、传播中华文明视角的独特性。被文化或意识形态俘获并不是研究中国所独有的，但随着时间的推移，对中国的研究在这方面表现得尤为显著。

另一种学术模式与前一种迥然不同，它认为中国除了市场的货币价值之外，对世界的贡献很小。中国文化并没有那么伟大。换言之，在西方汉学这个广阔的世界里，我们看到了西方对中国在意识和情感方面的全部反应：既有不加批判的崇拜，也有深刻的失望。

过去的400年中，中国吸引了一批西方传教士，他们有的世俗，有的神圣，有的两者兼具。世俗的传教士试图理解中国，然后向西方其他国家解释中国；而神圣的传教士则试图向中国解释西方和上帝，试图以自己为模板重塑中国。尽管英国、美国、法国、德国和澳大利亚的汉学家、学者和官员以及他们的中国同行都努力弥合着两者之间的鸿沟，尤其是在中国第一次完全向西方开放之后的150年间。但4个世纪之后，两大文明传统之间的相互不理解依然存在。

有少数西方人实际上充当了明清宫廷和中华民国政府的官方顾问。如果读了他们的记述，你会了解这些外国顾问中的许多人慷慨而富有同情心，他们致力于中国的政治、经济现代化事业，帮助中国作为引以为傲的文明古国能够再次站起来抵御外辱。也许这些顾问是被自己的悔恨所驱使——他们看到了各自国家对中国造成的破坏。

西方对中国的蹂躏始于鸦片战争。随着第一次世界大战之后，西方国家在凡尔赛背叛年轻的中华民国，拒绝归还之前由德国占领的土地，西方对中国的破坏达到顶点。这些怀着善意的外国传教士无力阻止日本的侵略，宣告了他们未能完成自己的使命。1949年中国共产党胜利，直到30多年后，邓小平才决定再次有保留地向西方寻求合作，议定中国如今成功的经济现代化计划。但是，这次中国没有来自西方的顾问，而且它对东西方世界观的相容性深表怀疑。

　　作为一个不知情的中文本科生，这就是我开学第一天就走入的复杂雷区，即中国和西方的中国史学相互矛盾。很快我便忍不住大声问自己："我到底在干什么？"

　　在当时，了解中国及其语言与上文提出的任何讨论都没有多大关系。这些主要代表了1976年以来我对中国研究的概括性思考，也是我在接下来5年的中文学习中所处的学术环境。

　　历史证明，对中国政治而言，1976年是不平凡的一年。1月，周恩来去世；4月，纪念他的自发集会在天安门广场举行；7月，唐山大地震造成几十万人的死亡，中国广大农民担忧大灾也许预示着有大事将要发生；9月，毛泽东去世；10月，"四人帮"被打倒；随后在年底，持续10年的"文化大革命"正式结束。所以说，当我们在语言实验室努力学习中文语调时，中华人民共和国正经历着自成立以来最重要的一年。在语言实验室外，毛泽东支持者、毛泽东反对者和中间派进行了大规模的公开辩论，我们坐在那里看着，看教员们之间的分帮结派如何结束。那个时候，我们还在努力学习怎样才能正确念出毛泽东的名字，根本不可能了解他。

　　事实上，当时我们没有一个人真正知道中国政治发生了什么。想要了解彼时中国的国内政治，难度非常高。一名去过中国的学生带回来一段1976年4月天安门游行的录像，那是他用隐藏在解放军大衣纽扣间的柯达Super8相机拍摄的。我们眯着眼睛看着，它激起了我们的兴趣、想象力、参与感和兴奋感。发生在中国的大事件与我们的学术有些许联系，也让我们稍微靠近了那些以汉学为终身职业的教授。我们正在努力成为真正的"中国观察者"（China-watchers）。1976年作为我们研究中国的第一年再好不过了（1977年比较起来简直差远了）。作为大学生，我们都想知道更多，有些人头脑发热地以为我们开始了一项伟业。

　　我们在澳大利亚国立大学的课程绝不比世界上其他地方差，只是当时我们还没有人意识到。来自前总理本·奇夫利（Ben Chifley）工党政府的远见者根据议会法案特别创办了澳大利亚国立大学，并决心让该大学服从"二战"后澳大利亚国家建设的中心需求。法案条例特别要求大学开设"对澳大利亚有持久重要性"的学科。在其创始人的心中，这所大学将建立一所澳大利亚汉学院，或者从更广泛的意义上说，是培养新一代的亚洲学者，通过与英美不同的视角来看待中国和亚洲地区。如果说这场战争让澳大利亚外交政策界明白了一个核心现实，那就是，依赖英国人分析我们自己半球正在发生的事情是多么荒谬。新加坡的沦陷和战争期间整个澳大利亚陆军第 8 师的被俘就是为此付出的代价。澳大利亚是美国的战时盟友，20 世纪 40 年代后期没有人知道美国在太平洋地区可能采取怎样的战后政策，或者美国的利益是否总是与我们自己的利益一致。因此，针对亚洲复杂多样的国家和文化，澳大利亚战后政府着手建立我们自己的人才库是正确的。

支撑我们亚洲研究的核心原则是学者们所称的"地区研究"，它不仅要求大学能够培养该地区主要国家的一流语言学家，还要求毕业生系统地研究包括中国在内的这些高度文明国家的历史、哲学和文学。我们的目标是培养全面的亚洲专家，能通过他们自己的观点来理解这些文化，而不是满足于西方概念机制的产物。这些研究可以一定程度上和政治学、国际关系、战略研究、历史、经济学、法学、社会学或人类学相结合，但其核心是保持文明本身。就中国而言，这意味着学习现代汉语（普通话）、文言文（用于中国 20 世纪以前的大部分文学），以及包括古典哲学、文学和美学在内的中国、日本和韩国的历史；甚至还有一门名为"中国书画的理论与实践"的选修课。这些课程的初衷是为了培养一批喜欢亚洲文明古国的语言和文化的毕业生。

关于我们第一堂现代汉语课，我最清晰的记忆是我们的老师洪博士给每位同学起中文名字。她从姓氏开始，当时只有有限的 100 多个中文姓氏可供选择。与英语中的姓氏一样，汉语的姓氏也没有特别的意义。路德（Rudd）在中文中没有发音一样的字，因此洪博士选择了姓氏陆。还有其他字也发陆的音，我这个陆字具有陆地或大陆的意思。和姓氏相比，更重要的是你的名字。和西方一样，在中国，名字是可以任意选择的。洪博士帮我选择了和凯文（Kevin）音相近的"克文"，"克"有征服或克服的意思，"文"则有文学、学习或经典的含义。所以从一开始我就被赋予过于自信、过于雄心勃勃的名字——"经典的征服者"。不用说，近40年后，希望和成就之间仍存在着相当大的差距。

作为一名学生，我发现中文很难学，不得不为此加倍努力，每天在语言实验室花费几个小时练发音。这就像回到学前班，用各种从未想象过的方式扭曲你的舌头和嘴巴，来产生一种听着极为别扭的声音，只为了发出四声的"饿"字。这种进展极为痛苦和缓慢。与此同时，其他学生正在深入研究霍布斯、洛克、米尔，或者研究宪法、微观经济学，我忍不住羡慕他们。他们谈论哲学的时候我只能发出一些叽里咕噜的中文，虽然这些声音是完全正确的。

尽管如此，我还是坚持了下来。学习现代汉语的过程中，最让我感激庆幸的就是在澳大利亚国立大学的语言实验室持续几个月的强制学习。也正是在此期间，我记住了几千个汉字。让我魂牵梦绕的语言实验室是亚洲研究院大楼后边的几间利用战争剩余物资搭建的小屋——我总觉得它们随时可能倒塌。

文言文则完全是另一回事。拿文言文来对比现代汉语，颇有些用拉丁语来对比意大利语的感觉。虽然文言文的"词根"意思可能相对更清楚（指相对于现代词语经常以两个字出现但实际只偏向其中一个字的含义的情况），但几个世纪的间隔可能会让意思大为不同。正如我们的一位老师在入门课上所说的，阅读中国的古体诗就像把7个意思不同的汉字抛到空中，在它们落地时试着弄清楚它们在讲什么。但我相信，中国人也会说出如伟大的拉丁诗人卢坎（Lucan）、霍勒斯（Horace）和奥维德（Ovid）说出的话。没有什么能比得上学完《论语》或《孙子兵法》所带来的成就感。你会发现，无论多好的翻译，都不及原著作者的母语。老师强制我们背诵《三字经》，这是中国古代为儿童编写的儒家教科书，每3个字为一个节奏单元，有点儿像战前新教主日学校教的《圣经》引文。35年后，在北京胡同里的聚会上，几杯酒后，张口背一段《三字经》，仍然是我的招牌。我现在仍然觉得通过一些有名的古文本来学习中文非常有趣。这就像打开了一个通向遗失世界的大门，而且我们经常发现中国古代的学者、官员面临的复杂挑战在其他时代和其他文化的政治生活中也是常见的。

我们学了3年东亚历史，亲切地总结该课程为"尧到毛"。尧和舜是史前中国的传奇创始人，而毛就是毛泽东。换句话说，我们要学习从史前到当代的中国历史。我的第一篇作文和中国甲骨文相关，谢天谢地，现在已经找不到了。从公元前2000年左右开始，中国古代的占卜者把他们的预言刻在龟甲和牛骨上。那些象形图或原始文字今天仍然可以辨识。还有一段历史是公元前8世纪到前5世纪的春秋时期，它涵盖了中国儒家的黄金时代，有点儿像"亚瑟王传说中的圣城卡美洛"（the Camelot of Arthurian Legend）。伟大的圣人生活和奋斗在这个时代，最重要的是他们留下了文字作品。然后，中国历史上第一个皇帝秦始皇实现了全中国的统一。秦始皇的名字在中国历史上就是暴政的代名词，他所推崇的政治哲学是有着"中国马基雅维利主义"（Machiavellianism）之称的法家学说。接下来中国大部分的历史都在描述朝代更迭、好皇帝和坏皇帝各自的特点、好大臣的尽职尽责、坏官员的自我放纵。这样的只言片语当然不能讲尽中国历史的全部内容，但即使是对中国文明史的轮廓有基本了解，也足以引发人们对另一种传统的尊重。

在澳大利亚国立大学学习的最大乐趣之一就是去上李克曼（本名皮埃尔·莱克曼斯，Pierre Ryckmans）的课。他出生于比利时，生活在澳大利亚，身上有欧洲和中国最优秀的传统知识分子的特点，精通现代汉语和文言文，而且对中国传统美学很有研究。他的中国书法和绘画课是我大学里最难忘的课程，我很珍惜他的课堂中记下的笔记。面对我们这些什么都不知道的本科生，他还是充满热情，一心一意带我们领略中国古代画家、诗人和书法家的风采。正是李克曼向我介绍了"气"的概念。"气"一般被解读成精神、生命力或能量，是中国美学的核心。有时候学生碰到真正有兴趣的学科时，研究和书写都会变成一种单纯的快乐，让人沉醉。我学习书法的情况与之有异曲同工之妙，以蘸着现磨黑色墨汁的毛笔为媒介，把灵动而深刻的精神注入创造对象中。然而，偶尔闪现的审美狂喜却总是与现实格格不入。李克曼就曾毫不客气地说："陆克文，你是一个非常勤奋的学生，你很努力，但你的中国字写得更像是澳大利亚的绿头苍蝇。"我这时已经明白了一个残酷但普遍的真理：欣赏艺术的能力与你自己的艺术创作能力完全无关。

介绍了"气"的概念之后，李克曼博士接着在午餐时间邀请我们在教学楼外的草坪上学习太极拳。当时，太极拳还没在西方流行起来。我们学会了"揽雀尾""抱虎归山"以及"左右倒撵猴"。这些课程在众目睽睽之下进行，让很多人大为吃惊，引来他们对中文系特别是李克曼的很多评论。他在早些时候还在课堂上教授中国革命歌曲，包括"文革"中非常流行的《东方红》。李克曼很早就是毛泽东思想及其作品的研究者，也是"文革"最早的主要批评者之一，他绝对不能被称为"左"派。他让我们收集一系列革命歌曲，解析歌曲为政治服务的活泼和世俗的一面，但是，很少有人能够轻易理解他对某些歌曲深邃的讽刺意味。有一位中文比我学得好的学生有一天问李克曼对于中国国歌的看法，他回答，就像所有的国歌一样。他似乎困惑于有人竟然会有其他想法。对李克曼惊人的思想、才能、学术能力来说，堪培拉提供的舞台太小了，他是澳大利亚有史以来最好的知识分子之一。

* * *

在澳大利亚国立大学，我住在伯格曼学院（Burgmann College）。该学院是一所以前英国国教主教欧内斯特·亨利·伯格曼（Ernest Henry Burgmann）

的名字命名的新教学院。保守派总理孟席斯将伯格曼称为"红色主教"（the Red Bishop）。因为长期以来建立的规则认为英国国教只不过是做祈祷的保守党而已，而伯格曼拒绝接受这一点。伯格曼是奇切斯特主教乔治·贝尔（George Bell）和坎特伯雷大主教威廉姆斯·坦普尔（William Temple）的同路人，他主张基督教福音应与英格兰和澳大利亚大萧条后的社会现状和解。他们都致力于基督教社会主义运动，都是坚定的国际主义者。伯格曼热衷于研究澳大利亚在世界上的地位以及研究亚洲。

我早年在澳大利亚国立大学的时候是否学到了伯格曼的包容性精神？恰恰相反，在我成为伯格曼基督教团契的成员后，我对世界的看法变得越来越狭隘，开始向福音派（Evangelical）倾斜，有时甚至快要触及原教旨主义的边界。后来我成了澳大利亚国立大学福音派联盟（ANU Evangeliacal Union）的秘书，这一点更得到了加强。澳大利亚国立大学福音派联盟是澳大利亚基督徒学生福音团契的一部分，是世界各地的福音派学生团契的成员之一。我们做了很多祷告，开展了很多《圣经》研究，唱了很多圣歌，这些都很好。但是，基督教对社会或政治行为产生作用的激进思想与我渐行渐远——我进入的这个基督教让我感受深刻，但这里完全只和个体相关，公共责任在这里几乎不存在。

我逐渐不再参加除伯格曼团契、福音派联盟、中文系之外的社交活动。我经常表现得一本正经，不喝酒，也不吸毒。我在大学里从没有接触过毒品，所以我更倾向于出现在"来吧来吧"（Kumbaya）之类的派对中（这对我的孩子们来说非常恐怖，因为他们害怕第一手资料、照片或视频证据可能会对他们自己的社交生活产生不利影响）。这可能就是我喜欢《辛普森一家》中的内德·弗兰德斯（Ned Flanders）的原因，这也正是孩子们不时地亲切称我为他们自己的"内德"的原因。

在这些年里，我参加了当地的奥康纳卫理公会（O'Connor Methodist Church）。在哈里·韦斯科特（Harry Westcott）牧师的领导下，这里是堪培拉基督教的温床，有很多很棒、很热情的人。查尔斯·卫斯理（Charles Wesley）的卫理公会赞美诗与 18 世纪英格兰的民间旋律融合在一起，也只有在这里你才能听到。卫斯理基督教（Wesleyan Christianity）有一种激荡人心的特质，基督徒生活的热情和新鲜感仍然能够激发现代兴趣。并且，我阅读过大量关于查尔斯的兄弟约翰·卫斯理（Jonh Wesley）的资料，认识到了一个人和时代精神以及社会条件之间的相互作用。约翰·卫斯理是 18 世纪英国伟大的宗教复兴运动的领导者，他在城乡贫民的教育和医疗保健中活跃起来，而且他的社会训导随着时间的推移影响了正在形成的反奴隶制运动，最终促成了 18 世纪末威廉·威尔伯福斯（William Wilberforce）和废奴主义不可逆转的势头。令人遗憾的是，在堪培拉的近郊，奥康纳卫理公会所实践的 20 世纪后期的卫理主义完全没有其创始人的社会改革热情。它更多关注的是"个人的精神生活"，除了传福音之外，对于整个世界的责任感微不足道。

哈里·韦斯科特是一个有魄力、极具个性的传教士。他站在讲台上，根据他自己的意愿援引经文，然后质问群众是赞同上帝还是反对上帝，再到赞同哈里还是反对哈里，后者就像前者的自然延伸一样。我在奥康纳度过的两三年时间里，这一切开始发生变化。当哈里邀请尼日利亚传教士本森·爱达荷萨（Benson Idahosa）来堪培拉传教时，高潮来了。哈里预测会有数万人参加集会，为此他预订了当地的足球场，还预言这将是一场充满奇迹的盛会，大量病人将康复，我对此深感怀疑。最后只来了几百个人，在寒风凛凛中聚集在偌大的足球场。据称，在他们的帮助下，一名贫穷的移民妇女的左眼视力恢复了！但是当我和这位女士聊天时，她告诉我她的左眼几十年来都是一只玻璃假眼，现在还是！但是，他们的"奇迹"还在下一位候选人身上继续。我非常生气地冲出去，跳进破旧的甲壳虫，开车回了大学。

我和哈里·韦斯科特的关系日益恶化。到了 1978 年，我开始参与重新安置越南难民的社区运动。1975 年后的几年中，这些难民陆续抵达澳大利亚。澳大利亚和盟友美国一起直接参与了战争，因此，我认为我们要对此负责。

当时，柬埔寨正在发生的事情吓坏了我，美国撤走，新政权屠杀了数百万民众。沮丧中，我开始撰写文章介绍我们地区正在出现的人道主义危机，呼吁采取行动，并将文章贴在布告栏上，包括教堂的布告栏。哈里不高兴，在布道坛上把这些文章谴责为"左派宣传"并将其撕碎。从那以后，我就再也没去过奥康纳卫理公会。

在大学时代，我的神学思想继续快速发展。作为福音派联盟的秘书，我曾说服过一位并不十分热心的主管在1978年春天举行了一次大学布道。毕竟，比利·葛培理（Billy Graham）就是因为这样的布道皈依了基督教。但为此，我们需要一位演讲者——比利太忙了。我找遍全国，但那些人都没有时间。最后，我找到了一位来自悉尼的浸信会（Baptists）教徒——约翰·希特（John Hirt）牧师。

于是，约翰开始了为期一周的布道任务。布道在午餐时间露天进行，我做介绍，其余都由约翰负责。我亲自选了约翰，原本想着他会给我们一个标准版的福音布道，但实际上我听到了一个关于拿撒勒人耶稣的政治、经济和社会福音。演讲如此扎实，让我颇为吃惊。对约翰来说，这些世界是无缝连接的。一天又一天，人数慢慢增长。我坐在那里听讲道，但是似乎这些讲道越来越多地不是指向"他们"，而是指向"我"。大三结束时的这次聆听布道经历极大地改变了我。因为我终于开始将我早先对工党的爱和我后来发展起来的信仰融合在一起。我开始得出结论，我可以在这两个世界中工作，而不仅仅是其中一个。

* * *

然而，在我的大学生活中，有一件重大事件将超越中文学习的日常需求以及我自己在神学方面的原始尝试。我在大学遇到了泰瑞莎。

在大学的第一周某一天早餐时，我在伯格曼学院的餐厅里看到了她。之前我就注意过她，所以当几天后我看到她独自坐在窗户旁时，便迅速端着自己的早餐托盘走过去，抢在任何潜在对手之前，坐在了她旁边的座位上。她柔软白皙的皮肤、乌黑浓密的卷发和腼腆的微笑深深吸引了我。

泰瑞莎能清楚地记起我们第一次谈话的内容，而我对她的第一印象则主要是视觉上的——我第一次见她就完全被她迷住了，但她并不是。尽管如此，我们还是聊了很多。

她的家人都是自由派，我这边则不是。她来自墨尔本湾边的郊区博马里斯（Beaumaris）；我来自尤姆迪，楠伯就算是邻近的大都市。她的父母都是专业人士，她的父亲是一名毕业于悉尼大学的航空工程师，母亲是昆士兰大学的理疗师；我的父母都没有上完小学。泰瑞莎上的都是当地富人才去的私立学校，如阿德莱德（Adelaide）的圣彼得（St Peter）和威尔德内斯（Wilderness）等，后来她又去了墨尔本的弗班克（Firbank）；我的小学和高中则颇为普通。

但是，当时最重要的是，她是一位温和的中间派英国国教徒，而我显然不是，虽然我当时不能确切地知道自己到底忠于哪个教派。尽管如此，在接下来的几个月和几年中，我让她明白了我"知道"在大的神学问题上我的立场是什么，而她绝对不知道，所以她只是沉溺于英国国教那安抚性的、无威胁的教义中。

所有这些都表明，实际上在各方面，泰瑞莎和我站在完全的对立面。她对此并不认同。当我们在1976年夏末从伯格曼学院那顿稍微尴尬的早餐回过神来后，是时候分别了。她说："你知道，你是我遇到的第一个叫凯文的。"

这些一点儿也不浪漫。在接下来的3年里，虽然我们都住在伯格曼学院，但我们的关系非常冷淡。我们有共同的朋友，会一起去穆兰比吉河（Murrumbidgee River）游泳，在堪培拉的旧木屋里跳舞，看我们能负担得起的电影。当天气允许的时候，我们甚至在大学草坪上玩槌球。

这对我们所有人来说都是快乐的日子。我最亲密的朋友是一个叫亨利·克洛德·爱德华·巴伯（Henry Claude Edward Barber）的家伙，大家都叫他哈利（Harry）。哈利是一个有爱心的人，就像我对上帝的狂热一样，他非常喜欢意大利语，并且花费大量时间翻译但丁晦涩难懂的文字。哈利向我诉说了他在意大利翁布利亚（Umbria）度过的那一年里所发生的美妙故事。他还学习英语文学，并向我介绍了伟大的伊丽莎白时代诗人多恩（Donn）、斯宾塞（Spencer）和米尔顿（Milton），我对他们一无所知。哈利也非常婉转地向我暗示，我的昆士兰口音非常重。我第一次听到这种话，之前一直觉得我的英语和其他人的一样。

哈利拥有一辆亮黄色的利兰迷你轿车，他坚持我可以不用见外，尽情使用。拥有一辆这样的车在当时的校园里非常拉风。大学假期，我去了他位于墨尔本东郊的家，周边都是郁郁葱葱的树木，环境怡人。我在这里听到了很多富有异国情调的故事，这是因为他的父亲在上次战争期间曾担任英国驱逐舰的舰长，而他的母亲是澳大利亚首位驻巴基斯坦高级专员的女儿。

哈利和我还在大学假期一起打工。我记得有一个夏天，我们决定乘火车去维多利亚州西北部的米尔迪拉（Mildura）摘葡萄，因为有人告诉我们这个可以赚大钱。尽管我们都很向往托斯卡纳（Tuscany）和普罗旺斯（Provence）的葡萄园生活，但我们很快就发现采摘葡萄这件工作非常单调，只能让我们腰酸背痛，摧残我们的灵魂。晚上闭上眼睛时，我所能看到的只有数百万颗葡萄，哈利也是如此。最后，我们变得非常讨厌这件差事，于是告诉雇主我们家人要我们回墨尔本去。两周辛苦劳动的酬劳不到200美元。这可能是公平的，因为工钱不是按小时而是按采摘葡萄的重量算的，我们显然不是摘葡萄的好手。

第二年即将结束、第三年将要开始的时候，泰瑞莎和我之间的关系开始发生变化。我们有更多时间单独相处。最开始是因为泰瑞莎的腺热让她身体非常虚弱，甚至不能走到餐厅用餐，所以我找了几个人轮流给她带饭。轮到我值日的那天，我给她带来午餐，还用勺子喂她。但她一直没有恢复过来，于是她母亲过来把她接回了墨尔本。那个学期接下来的日子，她再也没来学校。

她不在的时候，我有了一个好主意。很明显，如果我不想仅仅把泰瑞莎当作神学讨论组中一个有趣的合作伙伴，那我还需要做得更多——不是关于头脑方面，而是关于自己的身体！接下来，"书呆子凯文"就要变身成"型男凯文"了。

我开始在大学健身房接受训练，一些教练邀请我加入大学的举重队。他们说我的表现很有潜力。对此我简直受宠若惊，从来没有人对我的运动能力有正面评价。但是，我只坚持了大约一周时间，因为我练挺举时，对周围3米范围内所有人的安全都会构成威胁。不过我还是设法确立了一套健身方法来让自己保持体形。当时健身文化尚未流行，健身者被视作异类，大学体育馆只有拳击台和一些投掷器械。

尽管我在健身房努力健身，但当泰瑞莎返校时，她什么也没有注意到。我感到很沮丧，但是我很快发现我们一起在大学商店工作。尽管我的大学生活得到了惠特拉姆政府高等教育援助计划的支持，但兼职工作还是非常重要。我最初的兼职是清洁工，用吸尘器清理学院配楼的楼梯和走廊，每周可以赚到25美元。与之相比，大学商店的兼职是一份更理想的工作。在泰瑞莎的要求下，就是在那里，商店关门之后我教她传统舞步。这是我们为10月的大学舞会所做的准备。作为彼此舞伴的我们，随着时间的流逝变得密不可分。

泰瑞莎生性善良而敏感，喜欢助人为乐。我们会花几个小时讨论我们的未来：她想当一个心理学家，而我想成为一个"中国通"。她是我生命中第一个与我谈论人类情感的人，她告诉我情感是真实的，不能被理性化；她教会我如何去感受而不是害怕感受；她说我的情感生活和我的理性生活一样真实，应该受到尊重，我不该把它当作无足轻重的低劣东西抛弃；她教会我作为一个完整的人就是要接受这些现实，而我之前只是一个自我满足的理性人。虽然我自己的转变可能并不完整，但我得感谢她唤醒了我人生的另一半。

在我们第三年的学习间歇期，我去了她在墨尔本的家，还带她回到了楠伯。

我的母亲非常兴奋（或许也挺焦虑），她买了新地毯和新家具，好让泰瑞莎觉得我们的房子虽然各方面都简朴如斯，但依然充满了亲切感。我们开车穿过楠伯西部连绵起伏的丘陵，在那里呼吸着太平洋的海风。欧洲人库克（Cook）和弗林德斯（Flinders）就是从这里登上了澳大利亚大陆。我们在当地的餐馆吃饭，喝葡萄酒庆祝生活，并感谢它的恩赐。

在墨尔本，我见到了泰瑞莎的父母约翰（John）和伊丽莎白（Elizabeth）。约翰是一个了不起的人，他是澳大利亚皇家空军的领航员，在帮助把损坏的飞机运回基地进行维修的时候，他的飞机在海德拉巴（Hyderabad）附近坠毁。随着时间推移，他的双腿逐渐失去了活动能力；到了20世纪50年代末，医生决定切断他的脊髓。战争结束后，他在悉尼大学完成了航空工程学业。他与同伴们达成协议，如果他们把他从楼梯抬到教室，他会用自己的1944年款奥斯丁库珀载他们去上课——他在车里安装了一套自己设计的手控装置。

在悉尼协和归国综合医院（Concord Repatriation General Hospital）康复期间，他邂逅了理疗师伊丽莎白。伊丽莎白在战争期间曾担任澳大利亚空军妇女辅助队（Women's Auxiliary Australian Air Force）的电话服务员和密码学家。他们于1950年结婚，为了让约翰接受更好的治疗，他们一起前往英格兰的斯托克曼德维尔医院（Stoke Mandeville Hospital），希望他的双腿能恢复正常。在斯托克曼德维尔，约翰开始接触国际残奥会，后来他代表澳大利亚参加过多届残奥会的轮椅篮球和射箭比赛。回到澳大利亚后，他们搬到了阿德莱德，约翰在武器研究所（Weapons Research Establishment）工作，着手设计法国幻影（French-made Mirage）战斗机的改良版。1958年7月，泰瑞莎出生于阿德莱德的皇家儿童医院（Rayal Children's Hospital）。

多年来，无论我遇到怎样的挑战，只要想到约翰的生活、职业和决绝的态度，就会尽量正确地看待问题。约翰从未放弃过，他坐在轮椅上撑起了一个家庭，过上了正常的生活。这一切都发生在我们的议会第一次讨论残障人士法案之前。他的一生就这样继续下去，退休时还在做兼职，帮助我们照顾孩子，最终在 75 岁时过世。他的经历对一个半个世纪坐在轮椅上的人来说，是非常不可思议的。

大学三年级结束时，我和泰瑞莎已经变得非常亲密了。她 20 岁，我刚刚 21 岁；我们虽然年轻，但却深深爱上了对方。而且，正如生活中经常发生的那样，我们不得不因为工作而与我们所爱的人暂时分开。我要去中国学习——我已经为学习中文吃了很多苦头，如果我要流利地讲中文，去中国是非常必要的。我们经常谈论怎么让异地恋坚持下来，那时候互联网、电子邮件或短信都还没有出现。尽管如此，我仍决定前往中国，并申请了澳大利亚 - 中国委员会的奖学金。该委员会隶属于澳大利亚外交部，其奖学金可以提供机会让获得者在北京外国语学院学习一至两年。但我的申请被拒绝了。我很沮丧，因为在当时，如果没有官方的奖学金，中国大陆根本不接受外国人去中国旅游和学习。

此时唯一可行的选择是中国台湾。去那里学习，只要有钱就行。为了支付昂贵的机票、住宿费和学费，我必须尽可能多地工作。在 1978 年的漫长暑假里，我打扫房屋并为它们上漆，修剪草坪，给园丁和砖匠做小工。我收入最高的工作是清扫一家锯木厂的厕所。这项工作让人反胃，但每周两次的清洁工作可以为我带来 60 美元的收入。在那里工作的 4 个月里，我挣了将近 1000 美元。最终，我攒下了 4000 美元，其中一半用来买机票，剩下的一半通过电汇存入台湾银行的外汇账户。

1979 年 3 月底，我乘坐瑙鲁航空（Air Nauru）飞往台北的班机（途中经停新喀里多尼亚、瑙鲁和关岛加油）前往台湾，最终降落在台北中正国际机场（现为台湾桃园机场），开启了我的首次出国之旅。我完全围绕着我以后的大好职业前景来制定理性决策，却再次忽略了我自己的情绪以及最亲近的人的情绪。我单方面决定出国读书，伤了泰瑞莎的心，也让我自己心碎。这段经历我从未忘记。我记得开车去墨尔本塔拉梅林（Tullamarine）国际机场的路上，我们两个人眼里含着泪。我、泰瑞莎和她的母亲缓缓地朝着出发大厅的大门走去。我甚至希望这扇大门永远不要出现。

我到达那片陌生的土地后，发现自己真的是孑然一身，精神终于崩溃了。那些日子过得艰难而又孤独。

* * *

我在中国台湾遭遇的第一件事是我的汉英词典被海关没收了。为什么？因为它是由中国大陆出版的，并且使用了简体字。

我的心一下子沉了。这是我唯一的一本词典。谁会关心解释汉字的句子是不是在谈论增加当地人民公社的生产配额？谁在乎这是不是会增加 16 号胶水厂的产量？台湾当局很关心。那时的台湾由蒋介石的儿子蒋经国掌权，仍处于戒严状态，而蒋介石在几年前已经去世。

当时在台湾仅有两个澳大利亚学生，我就是其中之一，但我很快与来自世界各地的同学们成了好朋友。我去了台湾师范大学的汉语培训中心，那里有很好的老师。慢慢地，沉浸在汉语母语使用者的环境中，我的中文开始有所改善。日常生活的需要让我被迫讲中文。我也开始用中文做梦，这对所有学习外语的学生来说都是一个好兆头。然而每天在乘坐公共汽车回宿舍的路上，我都会遇到当地的小学生扯着嗓子尖叫："大鼻子毛腿的外国野蛮人又来啦！"我在他们眼里仍然是一个"洋人"。

那时的台北环境污染严重，我发现自己经常生病。更糟的是，由于财务状况不容乐观，我担心自己可能会耗尽资金，于是开始少吃东西，因此体重迅速下降（最低时只有 65 千克）。为了补贴收入，我开始找工作，几乎来者不拒。我还和另外一个澳大利亚学生艾琳·贝恩（Irene Bain）试镜了一款台湾本土洗发水的电视广告，我的台词说得不错，但他们事前没有告诉我还需要穿着全套制服，骑马跨越障碍。在尤姆迪农场的骑马经历并没能让我做好准备，我进军电视屏幕的职业尝试就此结束。于是我选择了更传统的英语教学作为兼职，为那些希望去美国学习的台湾人服务。

这些英语课为我带来了不错的收入。我担心这些孩子最终到美国时会遇到什么，尤其是他们对口的学校是一所地处美国内陆的地区性大学，那里的英语也只是一种方言。为了帮助他们，我给他们另起英文名字，替换他们原来的英文名字。诸如"奔跑熊"（Running Bear）和"蓬松云"（Fluffy Cloud）这样的名字虽然很有创意，但是我担心它们会成为大学新生在第一周的笑料——想象一下，当名叫"蓬松云"的同学用英语自豪地宣布"我所有的朋友都称我为蓬松云"时会是怎样一种场景。

在台湾的日子虽然拥有一些美好时光，但我从来没有真正开心过，因为这段经历毁掉了我和泰瑞莎之间的关系。她写给我的信很美好，但我不知道自己的回信是否也一样美好。我会把记录了日常生活背景声音的磁带寄给她，其中包括了中国葬礼音乐的哀鸣，每当出殡队伍行经语言中心外的和平东路时都会传来这种声音，时常还会不协调地伴随着西式军乐队的演奏。

过了一段时间，我们的信件往来变得不那么频繁了，内容也更加公式化，毫无生气，也无法擦出任何火花。那时我才意识到自己犯了可怕的错误，于是急忙开始修补我们的关系。尽管当时国际长途电话费用高昂，但我还是开始了电话联系，一次 3 分钟的通话费用高达 50 美元，比我每周教学赚的外快还要多，这也让我的积蓄再次开始减少。7 月份，我决定回澳大利亚看看能不能挽回我的爱情。我努力尝试，但我还是失败了。

* * *

1979 年的冬天是堪培拉最阴郁的一个冬天，我陷入了深深的沮丧之中。我精心策划的学术目标完全不知所终。我没有钱回到台湾，也失去了我生命中的第二次真爱。

这也是我第一次失业。这是第二次石油危机时期，大部分发达国家的发展和就业都遭受重创，澳大利亚也不例外。我清楚地记得，那天我去联邦银行的当地分行查看我的第一笔失业救济是否到账。我局促地在队伍里等待，终于轮到我了，我问银行出纳员我的救济金什么时候可以到账。他不耐烦地说："你应该知道，那点儿施舍要到每个月的第二个星期四才会兑现。"这一刹那如同永恒，银行的其他客户都保持沉默，有些人对我表示怜悯，有些人则鄙视我，但大多数人都是一脸的疲倦和冷漠。我被这种羞辱惹恼，回应道，根据澳大利亚法律，这不是施舍，而是失业福利，它是法律赋予找不到工作的澳大利亚公民的权利。

我的痛处再次被触到，这让我想起了多年前无家可归睡在车里的那个晚上，这唤起了我少年时的决心，我决不会再让自己依赖于公共或私人的慈善。这种公开的羞辱还让我作为成年人第一次感到无能为力——面对日常生活的进逼，自己竟如此无助。

学校2月份才开学，在那年剩下的大部分时间里，我每天都去一个名为撒督（Zadok）的地方，这个地方是基督教和社团的"国家中心"，以《旧约》人物撒督的名字命名。撒督是由一个名叫戴维·密立根（David Millikan）的杰出人物经营的。戴维是卫理公会牧师，但他认定澳大利亚教会已经放弃了对关键的社会、经济和环境问题的回应。他心目中的英雄是施洗者约翰（John the Baptist）。听他做关于约翰的布道时，我清楚地认识到，戴维认为约翰是一个真正的革命者，约翰反对他那个时代自满的正统宗教观念，传播一种简单的忏悔和对穷人友好的福音。

我记得，戴维有一天向撒督的工作人员建议，我们应该有午餐阅读。我想当然地认为这意味着阅读《圣经》。对此我有点儿惊讶，因为我认为对于我认识的戴维来说这有点儿过了。但是当我们围坐在办公桌前时，戴维拿出了一本塞万提斯的《堂吉诃德》，皮面装订本，有点儿破烂。接下来的几个月里，我们在一起阅读这本书，体会堂吉诃德的使命感。戴维对我关于基督教作用不断进化的观点产生了深远的影响。他鼓励我在《撒督杂志》（Zadok

Journal）上撰文，该杂志是该组织在全国成员间的月刊，旨在回应当时的政治辩论。我选择了"失业"作为自己的主题。我已经不记得当时写了些什么，而且万幸没有任何副本留存下来。这是我第一次尝试涉及政治的文章。

由此我提名了自己作为一个全国失业青年会议的社区代表，并且被接受了。该会议由马尔科姆·弗雷泽（Malcolm Fraser）保守派政府召集，旨在解决这个国家面临的失业问题。这是我第一次参加这样的会议，讲述自己作为失业者的感受，当时有点儿紧张，也没有笔记。会议结束时，我们都被邀请到总理府与总理弗雷泽分享观点。这对我来说又是第一次：于在任总理的官邸与之会面。

我的头有些眩晕。当然，我没有想到大约 30 年后我会回到总理府担任总理，并且会如同我的前任一样面临一场全球性就业危机，但这次不是因为石油价格失控，而是因为金融市场的崩溃。所有这些经济危机都一样，最终都是正直勤奋的人为它们付出代价，失去工作。他们束手无策，不理解这一切究竟是为什么。当不加约束的市场对无辜民众的生活施以暴行时，政府可以并且必须进行干预，这是我当时的想法，并始终对其坚信不疑。

我最终找到了工作——大学住房服务中心的铺地毯工。我有自己的送货车，1979 年至 1980 年的夏季，我成功地拆除了一片密密麻麻的信报箱，开着送货车穿行于最棘手的车道。我的开车技术甚至让我的雇主感到吃惊。

后来，我在诺斯伯恩大街（Northbourne Avenue）的老奇思拉汽车旅馆（Kythera Motel）找到了一份很棒的工作，在那里我每周都要上两天夜班，上到天亮的那种。直到我大学毕业的那年，我都没有丢掉这份工作，它帮助我支付了很多账单。正是在这里，我才观察到人生百态，尤其是晚上女士们的来来往往，她们也要谋生。我从自己的经历中知道工作机会是多么宝贵，我不能对她们妄加评价。

至此，我最可怕的日子即将结束。我的小金库已经恢复，我开始认真地对待大学的最后一年。最重要的是，在泰瑞莎的主动下，我和她的关系也恢复了。这简直是一个奇迹,当时我和朋友一起租住在福克斯广场(Fox Place),她骑着红色自行车来到后门,邀请我去看电影,我记得我的心脏漏跳了几拍。出于人类自尊和骄傲的需要,我停了几秒,之后飞快答应了她。从此我生命中最重要的爱火重新被点燃。

* * *

澳大利亚国立大学还有一个特点,就是它鼓励学生去思考,就这一点而言,它和牛津、剑桥以及悉尼、墨尔本的砂岩学府(Sandstone Vniversities)不同。澳大利亚国立大学是一所战后新兴的大学,但它具有恒久的国家目标意识。我曾见过澳大利亚历史之父曼宁·克拉克(Manning Clark)戴着宽边黑色毡帽,从霍普大楼(AD Hope Building)走出来,穿过校园。这座教学楼以我们最优秀的当代诗人命名。高夫·惠特拉姆政治生涯结束后也在这里做过研究员。学生们可以坐在孟席斯图书馆(Menzies Library)的中国收藏品中,漫步于约翰科廷医学研究学院(John Curtin School of Medical Research),或者在克劳福德和登曼大楼(Crawford and Denman buildings)中学习。

所有这一切都置于澳大利亚粗犷的风景之中,没有修剪整齐的草木,也不古老。对我而言,一所大学的"理念"与景观质量无关,它在关键性问题上反思的深度才是最重要的,这对于针对中国乃至亚洲以及澳大利亚本身的研究都是一样的。澳大利亚国立大学有一种脚踏实地的精神,它能启发灵感,鼓舞人心。它从未试图成为一所欧洲大学,它就是典型的澳大利亚大学,而且仍然鼓励最聪明、最优秀的毕业生成为公职人员。

澳大利亚国立大学可能并不是约翰·亨利·纽曼(John Henry Newman)所构想的大学,但对我而言,这里是研究中国古今所有复杂问题的理想场所。毕业后,我遇到的唯一的问题是:谁会雇用我?

chapter 5
The Slow Train to China

第五章

乘慢车到中国

在 1981 年的时候，没有人对我这样会讲一些汉语、知道少许儒家经典轶事、对中国稍有了解的中文系毕业生有兴趣。毕竟，"文化大革命"结束才几年，中国贸易萧条，基本没有外国投资。如果不考虑学术工作，我基本上是要失业的，而我永远不会有耐心成为一名学者——建造理想世界的智慧城堡不是我想要的工作。

在大学的最后一年，我无意中走进了为外交部举办的职业介绍会。我不太了解什么是外交，但我是"中国通"，他们专门负责和中国打交道，所以我申请了他们的工作。经过多轮笔试、面试和鸡尾酒会之后，他们录用了我。我惊呆了，一片茫然，那年外交部招入的公职人员有 28 人，只有 4 人来自公立大学。

选拔过程十分艰辛。首先是一轮与中国无关的常规知识测试，接着我们被要求参加为期两天的研讨会，评估团队分坐在房间两侧，分析我们解决问题的方法和技巧。这让我颇为担心，我 23 岁了，但还没有穿过西装。因此，我跑到当地的西装租赁店，花 60 美元租了两套优雅的西装，其中一套是暗蓝色的，另一套是银灰色的。

招聘的最后一个环节是参加鸡尾酒会，这是一个备受期待同时也非常可怕的环节。酒会在外交部秘书长彼得·亨德森（Peter Henderson）家举行。他的另外一个身份是为澳大利亚服务时间最长的总理——罗伯特·孟席斯爵士的女婿。这又让我非常担心，因为我站在工党这一边，澳大利亚的情报部门会不会掌握了这个消息？我会不会在进入外交部之前就出局了？也许我在福音派联盟的服务会抵消一些我的左派倾向——我走在路上还在想着这些。

最后，我发现酒会的目的是观察面对充足而免费的上等好酒时，我们是否还能保持基本的餐桌礼仪，能不能完成对话，始终保持优雅。这对不喝酒的我来说，没有什么难度。但是我在这几天的面试中结识的好朋友就没那么好运了——就叫他布莱恩吧——我拼命想阻止他和秘书长尴尬而冗长的对话。

布莱恩问道："那么你的工作是什么？"

亨德森先生对此很礼貌地回答："呃，我是秘书（长）。"

布莱恩傻傻地继续问道："真有趣，你是秘书？"

亨德森先生冷静地回答："对不起，我是'秘书长'。"

然而布莱恩还是没有意识到他的错误，继续说："我还以为所有的秘书都是女性。"

秘书长眼神稍微有一些异样。我试着委婉地将这个话题转到苏联入侵阿富汗的新闻上。布莱恩最后没有过关，个中缘由就永远成谜了。

* * *

我在澳大利亚外交部的职业生涯从 1981 年 1 月 31 日开始了。在 23 岁的时候，我觉得世界就在我的脚下。当时，出国旅行依然异常昂贵。除了曾在中国台湾短暂停留过之外，这个世界在很大程度上还只存在于我的想象里，由历史、地理和文学描绘而成。而现在，我要亲眼看到这一切了。我很兴奋，甚至有点儿骄傲。尽管我成长的文化环境鼓励谦虚，但我被委托在国外代表我的国家，无论怎么谦虚，内心都会自豪。

首先是为期 3 个月的外交培训课程，教导我们如何在首次出国时不会让自己蒙羞。我不确定自己学到了多少东西，主要是因为那个年纪的大学毕业生总是以为他们无所不知，我也不例外。我还记得当时有一些非常有用的职业提示，包括多边外交官最重要的装备，也就是一副太阳镜，这样你就可以在联合国大会第五委员会某一次无休止的会议期间放心地打瞌睡，而不用担心会给同事带来不必要的冒犯。

在一次关于如何处理大使馆政治部门以外的其他"附属"部门事务的会议上，一位高级外交官提醒我们永远不要忘记"这些附属部门主要就是给我惹麻烦的，所以不要过多搭理他们"。另外一个久经沙场的外交官告诉我们，如果你发现自己的行为让自己陷入尴尬的困境时，你应该大声说："好吧，我该走了，惠灵顿那边会随时打电话过来。"没有人能说出新西兰人和澳大利亚人之间的区别，他向我们保证，这样所有的谴责都会涌向新西兰人。

我们培训课程中更重要的一部分是在澳大利亚各地旅行，这样当我们出国时，我们会对自己所代表的国家的多样性有所了解。广阔的内陆、金伯利地区（Kimberley）的大片荒野、塔斯马尼亚（Tasmania）粗犷自然的海岸，这就是我那年了解到的东西，我们这片土地是如此广阔。

大约就是在这个时候，我开始觉得自己像一个真正的澳大利亚人。一个国家的景观深刻地影响着这个国家的民族意识。以我们为例，广袤的地理环境是澳大利亚的一大特征，因此我们有着开阔的心胸，这影响了我们思考自我的方式。好的一方面是，它赋予我们生活中的开放精神和务实精神，它让我们对发现这片梦想之地的第一代澳大利亚人有一种崇敬之感，并对自然的蛮荒之力充满警觉。糟糕的是，这种地理上的孤立、壮阔和宽广也会让我们产生一定的自我满足感，上帝把这片土地给了我们，而没有给别人，所以我们有时甚至会对快乐海岸以外的世界产生可怕的冷漠。

接下来就没有那么浪漫了——要去外交部的办公室上班了。该部门所在的大楼被我们亲切地称为"列宁墓"（Lenin's Tomb），这倒不是因为我们都被看作左翼分子，主要是因为该建筑物看起来确实像列宁的墓。

我工作的第一站是东南亚司，当时负责我的人丹尼斯·理查森（Dennis

Richardson）教给我在部门食物链的绝对底层生存所必需的基本技能：复印、整理文件，以及给内阁意见书编号。30 年后，由于丹尼斯出任澳大利亚驻美国大使时的杰出表现，我任命他为外交部秘书长。当时我提到，拜他所赐，澳大利亚新总理的复印技术无人能比。

我到东南亚司后，曾短期服务于经济政策科（Economic Policy Branch）。我很快发现，当时外交部实际上和经济政策没什么关系——它今天还是这样——但是，有关系的是它的头衔，这个头衔是该部门在无数跨部门委员会会议中出席的依据，而我的主要工作就是为参加会议的官员倒茶端水。我可以在 10 分钟内为一桌 20 个官员倒好茶，而且一滴水也不会漏。

然而，这些办公室工作都不过是前戏，最主要的是等待上边的外派名单，它决定了我外派工作的第一站会在哪里。名单终于出来了，北京、罗马、巴黎、华盛顿、纽约……斯德哥尔摩，作为该部门在那一年的少数会讲中文的新人之一，我居然被派去了斯德哥尔摩。瑞典没有任何像样的中餐馆，没有任何讲中文的人，和某个叫作亚洲的大陆没有任何关系。他们让我确信这项任务会增加我的技能，我不希望成为没有其他技能的"中国通"，而且和在北京不同，在斯德哥尔摩大使馆，我的职责范围会更宽一些，这对我的长期职业发展非常重要。这就是女王陛下的澳大利亚外交部门要把一个"中国通"部署在斯德哥尔摩的崇高理由。

* * *

与此同时，我生活中最重要的事情发生了，泰瑞莎和我决定结婚。我们定在里德的圣公会施洗者圣约翰教堂（St John the Baptist Anglican Church in Reid）举办婚礼，在 11 月举行完婚礼之后我就去赴职。这是一个非常漂亮的教区教堂，和国会大厦隔湖相望，我从台湾回来之后，和泰瑞莎一直都是来这个教堂做礼拜。

　　说起来容易做起来难。那是泰瑞莎在大学的最后一年，她忙着完成毕业论文。事情变得非常疯狂，11月12日星期四她交了论文，13日星期五进行婚礼彩排，14日星期六举行婚礼，星期天打包去夏威夷度蜜月，然后我去瑞典赴职。

　　婚姻一直是我的许多祷告反思的主题。我那时就相信婚姻是现实和责任，就如同我现在确信婚姻就是终身的承诺。尽管当时我很慌张，但我们有了一个美好的婚礼。我记得结婚仪式及圣餐礼由我们的一位大学朋友西蒙·伍德里奇（Simon Wooldridge）主持，刚被授予神职的他声音清澈而富含穿透力。婚礼上的赞美诗包括艾萨·克瓦茨（Isaac Watts）的《我心仰望十字架》（*When I Survey the Wondrous Cross*）、亨德尔的《小号志愿军》（*Trumpet Voluntary*）。泰瑞莎的父亲约翰坐在他的轮椅上把他的女儿嫁出。我的母亲像春天的百灵鸟一样快乐。泰瑞莎在结婚当天做了卷发，她乌黑的卷发与纯净的白色结婚礼服形成鲜明对比，宛若天上的仙女。

　　仪式结束后，我们在堪培拉郊外一座名为金溪家园的庄园举行了招待会。在夏日傍晚的柔和光线中，孔雀在草坪上漫步，我们听着管弦乐演奏，喝着香槟。对我们两个人来说，我以她的名义代表她发言是完全错误的。所以当时我们坚持让泰瑞莎发表自己的宣言（这在20世纪80年代初期是很少见的）。我已经不记得我们婚礼上的发言都说了些什么，包括我自己的。当我们签署结婚证书时，泰瑞莎保留了自己的姓氏。虽然这在今天很平常，但那时候可不是这样。把泰瑞莎·雷恩女士突然变成凯文·路德夫人的想法过于残暴，我不会对任何人施加这种残暴，更不用说我爱的人了，所以她直到今天仍然是她自己。从一开始我们的婚姻就是平等的。

　　第二天，我们在堪培拉机场向家人道别，大家都哭了。在那个年代，当你离开时，往往意味着久别，你要等到这个任期结束才能回来，通电话的时间也很少，无线电报是最便宜的联系方式。我的母亲去世后，我发现她保存着她收到的每封信，包括我写给她的每封信。

我们在夏威夷的蜜月旅行是我们第一次踏上美国的土地——在火奴鲁鲁登陆，我感觉我们好像来到了一个电影片场。例如，在第一次遇到美国的"吃油车"时，有一种超现实主义的感觉——我不明白为什么人们需要这么大的汽车。我们坐在粉色皇家夏威夷酒店的粉色阳台上喝杧果得其利鸡尾酒，在怀基基海滩平静的海水里游泳。这里还有数以千计的其他蜜月旅行者，全都来自日本。我们在自己的海边"公寓"（condo）里度过了奢侈的一整周。我之前从来没有听过 condo 这种说法，所以最开始过来的时候误以为是安全套（condom），百思不得其解，为什么美国人把这些公寓楼叫作安全套，还跑去盘问前台是怎么回事。这让泰瑞莎感到非常尴尬。

这个语言差异得到澄清之后，我们搬进了公寓。我发现这些公寓都有一个叫电视遥控器的设备，更重要的是，这里还可以看到几十个美国电视频道，我从小就喜爱的动画片和电视连续剧每一部都可以在这里找到，从《灵犬莱西》《丁丁历险记》《海豚费力佩》到《亚当斯一家》《明斯特一家》《铁臂阿童木》。我来到了怀旧的天堂里，但泰瑞莎并没有像我一样兴奋。

这美好的一周过后，我们登上了去世界另一边的航班：从太平洋的美丽海滩来到冬季的北欧。航行非常漫长，好像没完没了，而且此时是 1939 年以来最冷的冬天之一。

飞机在暴风雪中降落斯德哥尔摩。澳大利亚下雪不多，我们对雪也没有特殊的爱好。对泰瑞莎和我来说，来到瑞典就像登陆另一个星球。然后就是黑暗，北半球冬季漫长的黑暗。太阳在南方地平线上偷瞄一眼，还没有在城市的上空升起，就赶在下午 3 点迅速撤退了。

泰瑞莎和我都是向往光明的生物，这里的黑暗让我们很难适应。特别对泰瑞莎来说，她没有工作，只好决定延长睡眠时间。很难描述我们生活发生的巨大变化：新的国家、新的文化、新的语言、新的工作、新的婚姻、新的房子，没有朋友。而且所有这些变化都是在几个星期内发生的。这对我俩来说都极具挑战性。这就是为什么泰瑞莎和我一直对出国在外的年轻澳大利亚人有一种出于本能的同情。

我们搬进了一套美丽的小公寓，就是在这里泰瑞莎发现了她全新的商业头脑。作为已婚夫妇，我们的第一个家位于奥斯特马尔姆区（Ostermalm）东边的巴纳加坦大街（Banergatan）51号，正对着一座小型红砖路德教堂，旁边毗邻一个叫作加尔代（Gärdet）的城市公园。我们花很多时间在公园散步和聊天。我们一起买了我们的第一辆车——一辆红色马自达，这等于是对瑞典的背叛。如果买瑞典车，我们只有两个选择，沃尔沃或萨博。日本汽车则代表着异国情调，是不爱国和便宜的代名词。但它们确实便宜，这就是为什么我们买了马自达——我们当时一起开设银行账户时，存款总额只有5000瑞典克朗，即不到1000澳元。

根据当时的规定，使馆不给外交官的配偶提供工作，所以泰瑞莎几乎不可能在当地找到工作。这些规定显然符合内斯特·萨托（Ernest Satow）的《外交实践指南》（*Guide to Diplomatic Practice*）——在他那个时代，外交官的妻子们都忙于举办宴会，玩槌球，比她们的丈夫更有魅力。但时代在改变，这是在20世纪80年代。大使馆的同事告诉我，进步的瑞典人已经开始与他们选定的国家谈判外交官配偶的互惠雇佣协议，我们就是其中之一。

正是在这个时间节点，我认识了我的第一位大使威廉·凯文·弗拉纳根（William Kevin Flanagan）。弗拉纳根是一个老派的人，他向我提出的第一个问题和泰瑞莎进入外交人员名单有关。有一本由当地外交部门编写的小册子，按优先顺序列出外交使团的外交人员，包括配偶的姓名。我们已按要求提交了报名表：三等秘书凯文·迈克尔·路德先生，陪同人泰瑞莎·雷恩女士。

"这位女士是谁？"他问道。

我做了一番解释。

"你和这位女士结婚了吗？"

我回答"是的"。

"那么，为什么这位女士没有冠你的姓氏？"

我解释说她选择不冠，我也不希望她这样做。

"但这太奇怪了。"他说。

"这也许有些不同，但称不上奇怪吧。"我回答。

虽然弗拉纳根大使对很多事情都不太在意，但他确实关心外交和社会习俗，特别是关于女性的角色，他的观点介于旧石器时代和中石器时代之间。澳大利亚大使和新来的三级秘书之间的磨合没那么顺利。

大使无意与瑞典外交部达成配偶就业协议，这意味着泰瑞莎无法找到任何形式的专职就业机会。她决定去斯德哥尔摩大学读心理学硕士学位，但发现瑞典语是一个先决条件。因此，她决定攻读英国文学博士学位，这是她在澳大利亚国立大学所学的专业。但这个专业的负责人——她名字的英语发音与 P.G. 伍德豪斯（P.G. Wodehouse）小说中的人物发音相似——告诉泰瑞莎，她要想被录取，必须改进"糟糕的澳大利亚双元音"！泰瑞莎的反应也非常有趣，而结果就是我们一起学习瑞典语。我是"兼职"的，泰瑞莎则是"全职"。当我们两年后离开斯德哥尔摩时，她的瑞典语已经说得非常好了，而我的口语与《大青蛙布偶秀》（The Muppet Show）里的瑞典厨师更为接近。

在威廉·凯文·弗拉纳根大使所在的瑞典，泰瑞莎最终找到了唯一可能的工作：在澳大利亚大使馆担任兼职接待员。至少我们有更多的时间可以看到对方，并且我们银行账户的金额也开始慢慢上升。

北欧人非常了不起，我们都知道北欧人的历史。瑞典人、丹麦人、挪威人和芬兰人的现代历史给我留下了深刻的印象。他们从荒芜之地发展为独立的民族和国家——特别是挪威和芬兰，他们在 20 世纪初成为独立的国家，甚至比澳大利亚更加年轻，尽管周围的德国和俄罗斯的大国势力不容小觑。

斯德哥尔摩是瑞典北部的大城市，有着美轮美奂的建筑。自 1517 年瑞典与丹麦分离以来，由于几百年远离战争，它的旧城几乎完好无损地保存下来。令人欣慰的是，瑞典的历史有惊人的延续性，这个国家现在已经发展成为一个现代化的国际经济体。它制定的社会契约，虽然到了今天已经没有 20 世纪

60年代那么淳朴，但仍在世界各地享有赞誉。挪威又有所不同。自1905年独立以来，它已经成为世界上最繁荣的国家之一，积累了大量主权基金，为未来石油和天然气资源可能枯竭做准备；同时它也是养育了易卜生（Ibsen）和格里格（Grieg）的土地。至于芬兰，这个年轻的国家20世纪初从俄罗斯独立出来，后来在冬季战争（The Winter War）期间为了避免与苏联决一死战，与莫斯科达成战后协议。芬兰现在已经成为一个具有全球竞争力的经济体。

三个国家均不认为必须殖民其他地区才能取得成功；相反，它们是世界上对穷人最慷慨的捐助者之一。虽然你遇到的普通北欧人可能没有很好的幽默感——按照盎格鲁-撒克逊（Anglo-Saxon）的标准——但他们都非常善良，认真地承担对这个世界的责任，世界因为他们更美好。

我在瑞典这份公职的优点是，我们在奥斯陆、赫尔辛基以及斯德哥尔摩都得到了官方认可，因而有很多旅行机会。我清楚地记得我们第一次访问赫尔辛基的情形，泰瑞莎和我在波罗的海的大风中从斯德哥尔摩搭乘夜班渡轮前往赫尔辛基。对第一次参加斯堪的纳维亚冒险的澳大利亚人来说，这是一段让人非常不安的经历。我们在半夜醒来，看到这个被设计成破冰船的巨大客轮用力朝冰块上砸去，然后随着海浪浮起，接着再砸下去，再浮起，这样重复上千次之后，终于停泊在赫尔辛基冰冷宁静的海港。20年后，同一艘船载着853名旅客，沉入波罗的海底部。

我和泰瑞莎开车穿过芬兰南部的南卡累利阿地区，一直开到苏联边界，只是为了看看我们能一直走多远，然后继续前往萨翁林纳（Savonlinna）的中世纪城堡。

后来，我作为外交官被派往芬兰，加入澳大利亚议会代表团，访问的最后一站在北极圈的罗瓦涅米（Rovaniemi）。这是我第一次体验午夜阳光。光线是如此不真实，像极了托尔金（Tolkien）和C.S.刘易斯（C.S. Lewis）的笔下神作。然而，我不完全确信代表团所有成员都有这种感觉。代表团由参议员约翰·马特（John Martyr）领导，他是自由派，也是澳大利亚最保守的反共政党民主工党（Democratic Labor Party）的前成员。我告诉他我们这次会议的东道主是共产主义者，他刚刚邀请我们到他距离森林约 20 千米的湖畔桑拿浴室去，在那里我们可以一起喝鸡尾酒，游裸泳。马特参议员非常看重我所提供的信息。

他问我们离苏联边界还有多远。

我编了一个数字。

然后他问是否存在安全风险。

我提醒他 40 年前的冬季战争。

最后他不情愿地接受了邀请。

当我们到达的时候，华灯初上，鸡尾酒已经斟满。是时候洗桑拿浴了，芬兰人扯掉了他们的衣服，我们也扯掉了我们的衣服，其间，芬兰人向我们的"冷战勇士"——参议员先生——保证这没有什么。进入桑拿室之后，所有人都完全赤身裸体，我们的芬兰共产主义东道主拿出他个人从外边森林里收集的桦树条，并鞭打参议员马特（桑拿浴起源于芬兰，有时会用带叶子的桦树条在身上抽打，目的是将汗出透）。参议员尖叫着从桑拿室跑了出去。我紧跟着跑了出去，他告诉我，这可能就是苏联人设计好的。

与此同时，代表团的其余成员在跳进湖里之前，认真地用桦树条抽打自己。这就是澳大利亚在午夜阳光之地的外交。而且，正如芬兰人 1941 年以来所做的那样，我们勉强地牵制着苏联人。

在瑞典，桑拿浴室叫作巴斯图（Bastu）。我和泰瑞莎在瑞典的经历颇具异国情调。记得我们第一次去当地教堂——圣彼得和圣西格弗里德（St. Peter and St. Sigfried）教堂。教堂里有很多不错的人，他们中的大多数都是英国人，因为某种原因（比如嫁给了瑞典海员）留在瑞典，还有一些瑞典人因为一些特殊原因成为虔诚的英国国教教徒。

晚餐在一位教会委员的家中举行。音乐响起，当然是瑞典的阿巴合唱。酒杯里斟满了酒。瑞典政府实行酒精垄断经营，所以酒在瑞典非常贵；而且按照要求，卖酒商必须使用印着健康警告的褐色袋子，以此提醒人们不要饮酒。500年来，北欧人一直是路德派。

桑拿舞会开始了。然后，唱诗班中的一位少女当着泰瑞莎的面坐上我的大腿，邀请我一起跳舞；我拒绝了，说我不会跳。但她又邀请我和她一起去桑拿房；我也拒绝了，理由是还不够热。最后，她模仿玛丽莲·梦露的样子宣称："在瑞典，你必须习惯女人追求自己想要的男人。"我的脸变得通红，泰瑞莎则笑得前仰后合。这是我第一次也是最后一次和一个陌生人搭讪，而且还是和当地教会的唱诗班成员。

瑞典一方面推崇个人自由主义，另一方面又有着严格界定的社会公共规范。例如，它有两个电视台，归国家所有，由国家控制。它有一档节目叫作《公告栏》（*Public Noticeboard*，瑞典语 *Anslagstavlan*），劝告所有瑞典人负责任地行事，比如不要在船上喝酒，因为如果你这样做的话，可能会陷入困境并溺亡。播节目的人绷着脸，面无表情——要是在澳大利亚，这样会被轰下台的。

在挪威的旅行更加平静。路德派文化似乎给这个社会留下了更加浓重的印记，即使在夏季，从奥斯陆乘坐火车穿过冰雪覆盖的山脉前往卑尔根（Bergen），也好像是进入另一个世界的旅行。

挪威拥有世界上最美丽的风景，它的峡湾是如此壮观。正是在松恩峡湾（Sognefjord）的大海岸，易卜生写下了他的不朽名作。这里与世隔绝，意味着统治者很容易变得像神一样。泰瑞莎和我住在一个小屋里，俯瞰着同一个峡湾，一起阅读易卜生。在去卑尔根的另一次旅行中，我参观了格里格的故乡托罗尔哈根（Troldhaugen）——就是在这里，他为诗剧《培尔·金特》（*Peer Gynt*）创作了组曲。1982年夏天的某一天，我坐在室外的草地上，观看格里格歌剧的表演。这是一个奇妙的时刻，但悲剧很快将上演——此后不久，我被送到一个叫作弗拉姆（Flam）的小镇，协助寻找一名20岁出头的澳大利亚男子，他在登山时失足跌落。我在那里待了好几天，努力想找到他。挪威政府全力帮助搜索，但 30 多年了，他还是没有被找到。所以对我而言，那里仍然是一个令人不安的地方。

我们还去了斯堪的纳维亚以外的国家。在瑞典北部的冬季，追寻阳光是至关重要的，因此我和泰瑞莎找了最便宜的旅行套餐。有一年，我们在葡萄牙南部度过了美好的一周；第二年，我们去了法国阿尔卑斯山一个名为瓦勒默莱（Valmorel）的滑雪胜地。问题是，我们漏读了旅行细则中的一条——我们要和一对陌生人共享一间公寓。当我们到达雪屋时，我们遇到了本特（Bengt）和因加-莱尔（Inga-Lill）——来自瑞典南部马尔默（Malmö）的健身教练——他们已经占用了唯一的床，我和泰瑞莎只好睡在起居室的地板上。每天早晨 7 点，当天还黑着时，本特和因加-莱尔会开始他们的滑雪前热身练习，这样他们就可以在滑雪升降机打开的时候到达斜坡。他们一走，我们就去床上睡觉。临到中午，我们会跳下床，穿上我们的滑雪装备，在外面的雪地玩几分钟。这样，当本特和因加-莱尔回来吃他们的健康午餐时，我们可以交流在山坡上取得的"成就"——我们不能丢了澳大利亚的脸。

* * *

我在斯德哥尔摩的时候学到了很多东西，外交部的初衷是对的。由于机构很小，我是新手，所以被要求做许多不同的事情。在 24 岁的时候，我代表澳大利亚出席联合国环境规划署的斯德哥尔摩会议，制定减缓大气臭氧枯竭的公约。

堪培拉给我的指示很少，我有着很大的自主权，这让我发言时难免非常焦虑，但我做到了。氟氯碳化物是有害物质，它们会让大气出现空洞，这使得地球上的辐射更加危险。就我而言，澳大利亚支持具有约束力的公约。以上就是我发言的主要内容。幸运的是，当我事后解释时，堪培拉似乎对我的发言很满意。6 年后，国际社会达成《蒙特利尔议定书》（*Montreal Protocol*），禁止使用氟氯碳化物，成为有史以来成功达成的少数全球环境协议之一。联合国在其成员国同意的情况下取得的成果给我留下了深刻的印象，希望全球气候变化公约也能如此顺利和迅速地获得通过。

在斯德哥尔摩，我还负责代表澳大利亚和瑞典商讨关于澳大利亚潜艇建造机密文件转移给瑞典造船商这一项目的第一份双边安全协议。这在 30 多年后仍然是一个颇具争议的项目，但当时的主要担忧是，瑞典作为一个中立国是否能遵守约定，保证零件和弹药的长期供应，因为在越南战争期间，瑞典拒绝供应瑞典博福斯公司（Bofors AB）生产的野战火炮。

在一个小规模使馆工作的另一个好处是，当大使和一等秘书彼得·弗雷泽（Peter Fraser）不在时，我必须担任临时代办。这对于一个 24 岁的年轻人来说非常酷，这个大使馆基本可以自己正常运作，所以我也没什么机会真的搞砸。但是我必须对全部运作了如指掌，以防堪培拉打电话过来要求做某件事。考虑到澳大利亚与北欧之间不太重要的战略利益，这也不太可能。

不巧的是，在我单独负责期间，还真有事情发生。大使决定不通知堪培拉，与家人一起悄悄溜到挪威度假，他之前也经常这样做。就在这个时候，我接到了堪培拉的急电，是总理发给大使的，要求他立即代表澳大利亚向瑞典议会提交公开声明，声讨瑞典学院针对澳大利亚禁止苏联外交官出席在澳举行的联合国会议的言论。澳大利亚的行为是西方国家对苏联几年前入侵阿富汗的政治抗议的一部分。瑞典学院每年都会颁发诺贝尔奖，被视为全球学术自由的捍卫者，因此不容小觑。

唯一的问题是，我们能提出抗议的大使不在，第一秘书正在休假，而我没有被正式指定为临时代办。在我假装把信息传达给大使之后，很快又接到了很多堪培拉来的电话，要求立即采取行动，但实际情况是我不知道大使在哪里。我和他上一次通话时，他说他正在从卑尔根到特隆赫姆（Trondheim）的路上，他会在第二天再打回来。他确实打回来了，但是正当我准备告诉他发生了什么事以及我在做什么时，他高声叫着他必须离开，让我在第二天同一时间给这个号码回电，接着挂了电话。

与此同时，我向瑞典学院提出了正式而严肃的抗议。我尽量让自己听起来非常严肃，希望会使瑞典王国"不寒而栗"。然后，我给堪培拉发了电报，就瑞典人所有可能采取的行动给出了建议。在第二天的指定时间，我打电话给大使，告诉他我在他缺席时做的所有工作。

我拨了好几次那个号码，最后，一位带着浓重挪威口音的老太太接了电话："你好？"

我用我所知道的瑞典语告诉她我要和澳大利亚大使交谈。

长时间停顿之后，"我很抱歉，"她说，"但是这里没有澳大利亚大使。"

"一定有。"我回答。

"不，这里没有大使。"她坚持说。

我问我是否可以留言。

她回复这可能很难。

"为什么？"我问道，"给前台就行了。"

"但这里没有前台。"

我问她她在哪里。

"在卑尔根以北约 16 千米乡间的一个电话亭里。"她回答，接着又补充说，她正走在去教堂的路上，突然电话亭里的电话响了起来，所以她接了。

当大使后来回到斯德哥尔摩时，他告诉我他之所以决定不返回路边的电话亭，是因为那是一个"非常无聊的小地方"。关于我对瑞典人所采取的行动，他毫无兴趣："伙计，重要的原则是一定别让堪培拉知道我们上班都在做什么，因为那里好事者太多。"

至少在那些日子里，澳大利亚外交部门的风气是伙计们应该互相照顾，尤其是在危急时刻。我已经接受了这个风气，但是我很快就不在瑞典了——我的公职任期已经结束，要回到堪培拉去了。

chapter 6

Living, Working and Playing in the Old Peking

第六章

老北京的生活、
工作和娱乐

我和泰瑞莎在 1983 年 9 月离开瑞典返回澳大利亚。但是，比我下一个任期在哪里更重要的事情，是我们的第一个孩子预计 11 月下旬降生。大概是待在母亲的子宫里太舒服了，我们的宝贝女儿直到 12 月 7 日才来到这世界。我们为她取名杰西卡·克莱尔·路德（Jessica Claire Rudd）。她的到来永远地改变我们的生活。

杰西卡是个漂亮的女婴。我还记得她刚出生时我抱着她，她是那样无助。当时产科医生问我是否想亲手切断脐带——这是在 20 世纪 70 年代妇产科医院新流行的一种做法。我拒绝了医生的好意，告诉他那是他的工作，我也为此支付了费用。

我不知道如何做好一个父亲——我的父亲离开的时候我还太小，而且我的宝宝是个女孩。尽管如此，1983 年炎热的夏天，我们开始了为人父母的伟大冒险旅程。我们要呵护一个小宝宝，这个小宝宝完全依赖我们而生活。突然间，我们的生活中出现了比我们自己更重要的人。

泰瑞莎从那时起一直到现在都是一位无可挑剔的母亲。从瑞典回来后，她面临重新工作的压力，但杰西卡却始终是她的当务之急，她比我更快地适应了为人父母的角色。例如，我怎么也想不明白为什么宝宝在该睡觉时不睡觉，我觉得这很不合理。我们把杰西卡带回家的那天晚上，她哭闹了好几个小时，这种哭闹声真是太刺耳了，我不得不半夜开车到医院寻求帮助。在那里，我遇到了疲惫的夜班工作人员。显然他们遇到过很多惊慌失措的新晋父亲，而我不是第一个，也不会是最后一个。他们给我倒了一杯茶，轻声解释了婴儿痉挛的常见情况。我带着一肚子的怨气打道回府，却发现妈妈和宝贝已经进入了梦乡。

＊＊＊

在杰西卡只有 3 周大的时候，我们带她去了香港。外交部决定把我派往北京，北京这个名字给人的联想就是一座古都，随之便会令人产生一种别样的怀旧感情。对某些人来说，对中国的向往，不是因为中国现在的样子。然而，我的语言技能是个问题。在我去瑞典之前，我的汉语还可以，在斯德哥尔摩待了两年后，我的瑞典语变得相当不错，汉语却落了下来，因此去北京似乎又变得不太合适。

外交部对此的解决方案本身也存在问题，他们的解决办法是在香港为我提供 6 个月的语言进修培训。这当然是件好事，可问题是香港并没有人讲普通话，他们讲的是粤语。虽然书面语言是相同的，但粤语和普通话的口语有着天壤之别。尽管如此，我还是相信澳大利亚外交部知道怎么做最好，所以我还是去了香港，它在当时还受英国殖民统治。

起初，我们住在红磡的一间小公寓，离九龙火车站附近那个巨大的殡仪馆不远。但不久之后，我们公寓下面餐厅产生的油烟成为困扰我们的一大问题。更令人担忧的是，杰西卡开始出现呼吸道感染，我们认为这种感染是楼下餐厅的油烟所致。对一个母亲来说，没有什么比她孩子的健康更重要。泰瑞莎决定搬去一个空气更洁净的地方，远离油烟。香港的富人都住在香港岛的山顶，而我们并不是有钱人。

但这并没有让泰瑞莎知难而退。她知道，由于 1984 年撒切尔夫人决定在 1997 年将香港交还中国，香港房地产市场正处于困境中。虽然回归是远在约

14 年之后的事情，但有些香港的市民还是早早地离开了香港。泰瑞莎明白这种现状就意味着可以搞到便宜房子。几周之后，她设法弄到了一份短期租约。这套公寓位于加列山道的一幢老旧建筑物中，南边可以俯瞰山峦以及低处的深水湾，租金却比红磡的那间简陋蜗居还少。

在加列山道的公寓里，杰西卡开始长成一个漂亮的小女孩。早上，泰瑞莎和我开车下山去香港中文大学，把杰西卡留给保姆照顾。我花 300 美元买了一辆二手丰田车，每天沿着狭窄的山路开车去学校。从山顶开到山下，先穿过从香港岛到九龙的隧道，再穿过通往新界的狮子山隧道，最后才是位于沙田的大学。通勤时间很长，但是我和泰瑞莎会利用这段时间借助卡片来相互测试汉语词汇。我们在香港中文大学的老师是个很不错的人，教给我们的课程也都是很有必要的，但整个过程相当烦琐。我只是想坚持下去，然后去北京。

我还记得泰瑞莎讲的第一句中文"我的马太高了"。她的发音非常优美，但这对训练翘舌音来说显然没太大的用处。在这 6 个月里，我们每天早上练习 3 个小时，然后回到加列山道的家里。我们的小宝宝杰西卡彼时正在学着坐起来，我们在她周围摆满了枕头。

因为当时知道不可能在香港长期生活，我并没有深入了解香港 150 年来的演变如何反映中国现代历史的全貌，以及什么才是推动它发展的深层情感力量。20 世纪 80 年代的香港，英国人仍然处于控制地位，中国人是他们自己土地上的二等公民。英国在 19 世纪夺取的其他白人掌权的地方推行了民主，但他们从没有在香港认真地寻求民主化。中国人似乎是"与众不同"的。

我认为英国人并不完全理解他们在中国人心中留下了什么样的"遗产"，无论对于香港还是内地。首先，中国受到了西方带来的屈辱，不得不把香港割给英国，仅仅因为中国拒绝向英国鸦片开放市场。一个世纪后，毛泽东在天安门城楼上宣布中国终于"站起来了"。以后这片土地将回到祖国的怀抱。150 年后，无论从内地还是香港的角度来说，英国都输了。那一年我们在香港听到了大量相关讨论。

英国人经常把自己看作欧洲殖民列强中最具人性的一员；但事实是，所有形式的殖民主义都是对人类的冒犯，因为它们的核心是种族主义。"优等种族"可以使用武力占领"劣等种族"的领土，然后将当地居民视为自己土地上的仆人和奴隶，这种观念在道德上不论以哪种标准来说都是站不住脚的。欧洲人辩护说，现代殖民主义与人类历史上的古代模式没有什么不同，这充其量只说对了一部分。尽管包括中国在内的一众古代文明大国都有能力建立海外殖民帝国，但它们从来都没有这么做。

此外，中世纪以后，欧洲对于人类平等和尊严的看法发生了很大变化。自启蒙运动以来，改革和革命在欧洲展开，其核心主张就是人民摆脱政治压迫。如果这个主张对欧洲白人是正确的，那么对其他所有人来说也都是正确的。可是，欧洲人虽然在社会文明方面取得了如此巨大的进步，却在19世纪和20世纪前半叶仍对欧洲之外的殖民地采取了一种社会达尔文主义甚至种族主义的做法，而且美其名曰"让西方文明的成果惠及所有地方"。对今天的西方人来说，要了解众多发展中国家，尤其是亚洲地区的先进文明，首先就要认识到，对这些国家和地区的人而言，被殖民统治的经历完全是一种耻辱，这种耻辱感依然让他们心头隐隐作痛——认识到这一层，对我们而言才称得上智慧。

* * *

终于，我们全家要去北京了。从我开始研究中国和汉语，至今已经过去了7年多的时间，现在我终于有机会将所有这些理论付诸实践了。

在香港中文大学放假期间，我曾乘坐慢车去北京，在我即将就职的大使馆待了几天。那次单坐火车就花了两天多的时间。我乘坐的是软卧，这意味着睡觉的小隔间里只有4名乘客。我的旅行伙伴包括一名解放军官员，他之前从未与外国人交谈过，而那时我的中文也还不太顺畅。但由于当时天气还是挺冷的，我们因为一个温暖的共同话题而达成了一致——中国的茅台酒。茅台是中国的传统烈酒，由高粱、小麦等谷物制成。聊着聊着，我们最终一起唱起革命歌曲，这让车厢的其他人乐不可支。但除了我的军人新朋友，我对这列慢车的清晰记忆是，在这整整两天内，每次我向窗外望去都能看到人，不管在哪儿，目之所及，人山人海。这是一件难以想象的事情，这里竟然真的居住着全世界四分之一的人。我终于抵达了北京火车站，那里全是各种各样的蒸汽火车，中国人对此颇为自豪。我知道自己来到了一个超乎之前想象的世界。

泰瑞莎、杰西卡和我在长城饭店度过了我们的第一个月。这里离大使馆不远。我们的公寓位于建国门外的外交公寓，当时正在刷漆。杰西卡当时才9个月大，还没有学会独自睡觉，这让住在一个酒店单间里的生活非常不容易。我们把杰西卡放在她的婴儿车中，轮流带她去酒店的每个楼层转，直到她睡着，但依然要做好准备——她很可能会在30分钟后醒来。

突然间，我遇到了和我童年时代的天主教苦难最接近的东西——无休止的睡眠失调。当我们搬进公寓的时候，我整个人都垮掉了。我想尽快上手使馆的日常工作，可是身体实在不争气——我会在午餐时间流口水，中午还会在办公桌上睡着。我们的公寓虽然小，但贵在舒适。我们选择了一楼的公寓，比其他外交人员的小一些，但是外边有一棵树。当时的北京尘土飞扬，到处都灰蒙蒙的，看不到别的颜色，能有这样一棵树简直是对心灵的慰藉。然而，当冬天来临时，我们发现住在一楼可能不是最明智的选择。在那些日子里，北京大街上有很多老鼠。天冷了，这些老鼠都决定迁移到房间里面，一楼温暖的房间和四通八达的地板夹层正是它们起居和交往的首选。而我们到北京的时候，恰巧是那里最冷的冬天之一。

灭鼠行动在1985年新年后开始。一天晚上，我们躺在床上，杰西卡在另一间卧室里的婴儿床上。刚开始时，窸窸窣窣的声音几乎听不见，但后来声音越来越大。然后，我们的卧室和客厅几个地方的地毯同时都传出了声音。第二天晚上，我们刚把灯关了，这种噪音马上就响了起来，而且这次更大声了。我们打开床头灯，看到一只肥硕的大鼠把它粉红色的鼻子伸进床脚的地毯里。泰瑞莎发出让人毛骨悚然的尖叫，这惊醒了杰西卡，她也开始尖叫。我也想尖叫，但作为一个男人，我要保护我的家人，找到解决问题的办法。于是，我拿来了一根棍子——更确切地说是一个皮掸子，开始在公寓里四处追打这个啮齿动物。

泰瑞莎飞快地跑到隔壁房间，把杰西卡抱回我们的床上，而我继续追捕那只老鼠。还有一个问题是，在当时，据说北京的老鼠带有狂犬病毒。所以，如果能找到这只老鼠，我必须将其一击毙命。最后，我用《牛津英语大词典（简编本）》的第 11 卷（M-Z）击中了这只能量无穷的老鼠。这本词典在随后的几年中都躺在书架上，再也没被翻开过，封面上的浅灰色污迹不偏不倚地覆盖在了"牛津"二字上。

那天晚上和第二天白天，老鼠没有再发出动静——很明显，老鼠知道了我不是好惹的。第二天晚上特别冷，可我们刚关上灯，老鼠马上发动了它们的第二轮进攻。在北京外交公寓的这套漂亮小公寓里突然间发生了狄更斯小说中的场景。地毯变成了一个血腥的战场，敌人力图通过数量取胜。然而，我并没有害怕。泰瑞莎和我制定了协同战略。我坐在床头，手上拿着改进了的木棒作为武器。一切准备就绪，泰瑞莎打开电灯，大喊"开始"。我横冲直撞，大杀四方，棒击了不少老鼠。到了第三天，地毯开始变得类似于《闪灵》（The Shining）中的情景。泰瑞莎明智地决定放弃，让女儿睡在邻居的公寓。这时该搬救兵了，我在公寓门外放置了老鼠夹，但是这些老鼠身强体壮，带着老鼠夹逃跑了。无奈之下，我给堪培拉发了一封电报：求助，公寓鼠患，加急。但是，助攻并没有如期抵达，堪培拉可能觉得这只是一个笑话。

最后，我决定揭开整块地毯，堵上地板上的每个洞。成功了！但有一只大老鼠在我们封锁逃生路线之前逃脱了，我们就叫它格雷（Grey）吧。格雷又过了几天快活的日子，但是最终遇到了它的对手。这个对手不是我，而是我们的厨师老王。有一天，我下班回到家，发现老鼠格雷死在厨房的地板上。喜气洋洋的老王讲述他如何打死了这只老鼠。老王正在做晚饭的时候，格雷爬到厨房的板凳上，大概希望分一杯羹吧。老王施展他的"功夫"，把格雷从板凳踢到地板上。然后，老王拿起了厨房的切肉刀，但混乱之中只切掉了格雷的一条腿。我瞟了一眼刚准备好的晚餐旁边放着的切肉刀。失去一条腿的格雷还试图逃走，一瘸一拐地爬过地板，但是这次它没能成功，老王一脚踩了下去，格雷终于一命呜呼。我原本对这件事将信将疑，直到老王为了证实他的叙述，弯腰向我展示裤子上的一条裂缝，让我赔他 5 角钱，好让他去裁缝那里把它补好。

* * *

那时，生活在北京对外国人而言仍然有一些"冒险"的意味。这是"文革"后不久的中国，对中国人来说，伤痛还未完全褪去。他们有的亲切地称我们为"老外"，也有人叫我们"洋人"。第一个称呼中的"老"是一个表示尊敬的字眼，他们尊称年纪大的人为老人，所以这种叫法会让你感受到友好和亲近；"洋人"则有敌对的意思，字面上看就是来自海洋对面的人，但在更传统的层面上会被理解为"野蛮人"。

在历史上，中国曾一度对外边的世界采取开放的态度。有些时候，当对"野蛮人"的不信任彻底爆发时，排外情绪不断蔓延，此时它便会关紧大门。这两种截然不同的态度为中国史学提供了对立性的叙述观点：一方面，它是国际主义者、新近入局的全球主义者；另一方面，它也是民族主义者，有时还是重商主义者。前者笃信中国在未来的世界中会占有自己的一席之地，后者则担心中国正逐渐被敌对的、追求自己隐蔽利益的外国势力所颠覆。中国的历史为这两种观点都提供了坚实的基础——无论是古代还是现代，都有来自西方的智者,在给中国带来伟大发明的同时,还为中国当时的掌权者出谋划策;但中国也经历了无数的外来入侵,这种入侵给这个国家的人们植入了一种深深的受害者情结。

但我们在30年前体验到的那个中国,更多是积极向上的。当时中国还很贫穷。北京的大街上仍然有马和马车,偶尔还有来自北边的骆驼队,就和几千年前一样。街道上全是骑自行车的人,每个人都本能地知道什么时候减速,什么时候停止,什么时候加速,好像有一只神秘无形的手在给他们打出无声的节奏。倒霉的是开车的人。交警对着过往的车辆挥舞着双手,做出动作是必要的,但却没有期望人们会遵守他们发出的指示。

当时,我的车是一辆破旧的丰田科罗娜。在北京的道路上开车,绝对有必要培养一种直觉,知道什么时候该对其他轿车、公交车、马车以及最重要的自行车海洋表现强硬或者服软让路。这一时期,越来越多的农民来到首都,他们并不知道高速行驶的汽车会把他们怎么样,似乎将汽车视为笨重、有引擎的水牛,会本能地躲避人类。在接下来的几年中,我有好多次差点儿就酿成事故,当我计算事故概率时,结果十分惊人。

街上的主色是蓝色和绿色。对任何收入正常的人来说,也只有这两个颜色可供他们选择。北京从很早就开始暴露在来自蒙古草原的狂风中,自古代以来一直是这种单调的颜色。马克思主义和毛泽东思想简单地加重了这一历史感官现实。我们唯一去的商店是当地的友谊商店。在那里,肉类和农产品似乎都是灰色的。生活在那里时,我们几乎没有意识到颜色缺失这个问题,但几年后,当我们回到澳大利亚后再去逛超市,看到各种各样的颜色杂乱地集中在单一的空间里时,瞬间彻底迷失了。

尽管如此,北京依然是一个前沿城市。就像约翰逊博士的说法(Dr Johnson,指英国作家塞缪尔·约翰逊,原句是"厌倦了伦敦,就是厌倦了生活"),厌倦北京就是厌倦生活。那时的北京和现在一样,一直是全球的关注对象。我们外国人都知道这一点。因为当时与中国朋友交往仍然有所限制,所以我们的社交对象也都是外国人。每个周末我们都去爬长城，尤其是刚对外开放的慕田峪段。爬完长城，我们会在溪边野炊。溪水从北边的山上顺流而下，流经村落，那里的村民几乎没见过外国人。我们在城市西边的明代陵墓附近与朋友们一起度过了一段漫长而慵懒的日子，几乎没有遇到过别的游客。

我成了"北京板球俱乐部"的成员，每年在澳大利亚、英国、印度、巴基斯坦和西印度群岛队之间进行循环赛。其中最值得一提的是"天津杯"，澳大利亚和英格兰这对老对手狭路相逢。鉴于我的板球天分，这将是我唯一一次代表澳大利亚出战。我被选上主要是因为当时在北京也只有十几个身体强壮的男性可供选择。这就是为什么我总是身着 11 号球衣。

我们会在天坛边的运动场上打球，这是一个旧田径场，就在天坛的东边。参加田径训练的中国运动员会围在一旁看我们的比赛，他们对我们的这种"野蛮仪式"感到好奇。我们的投球运动员会把球从天坛这边或者挂着白底红字"马克思主义、列宁主义和毛泽东思想"褪色标语的那边投出去。作为一个古典主义者，极少数情况下轮到我投球时，我总是倾向于从天坛这边投出。妻子观赛团也坐在一旁的看台上观战。

板球比赛成了北京外国人社区夏季活动的一部分，至今我依然清楚地记得 1985 年的"天津杯"比赛，英国和澳大利亚使馆都以非常认真的态度对待这场比赛。每年堪培拉都会派人来北京开协商会，我们把这一年的协商会日期和板球比赛的日期安排在一起，这样就有更多板球人才可以加入比赛。英国人义正词严地对我们这种做法表示不满。

比赛当日，英国人开场顺利，在 40 多局比赛中得到了 256 分。我们的开局也不错，其中大卫·欧文（David Irvine）公使就拿到了 96 分。我们继续着强势的表现，中间阶段仍然相当亮眼，但最后阶段却溃不成军。看着 9/245 的计分以及还剩 10 个球，我的心沉了下去。即将轮到我了，球队的希望都落在了我的肩上，但是我一点儿信心也没有。我的一些同伴开始收拾东西，准备撤离，英国人拔出了香槟的软木塞准备庆祝。

我向场地中心走去，脑海中清楚地知道，尽管每个人都会说这只是一场社交游戏，但我们都知道它不仅仅如此。我设法打到倒数第 2 球，得到了几个单数分，另一端我的搭档做得比我好一点儿。轮到我击球时，我们需要至少 3 分才能获得胜利。我得出的结论是，我需要击出一个直线长球飞过投球手，这样就可以得 4 分。10 年前，在扬迪纳，我的板球教练曾经教过我：提前举起球棒，等球过来，左脚前移，低头，然后重击。我毫不费力地运用了这种练习，但我根本不知道球跑去了哪里。欢呼声从看台上爆发，我这才发现我居然歪打正着，完美地执行了教科书上的"法式格杀"打法，为球队赢得了 4 分。我的队友们惊喜不已，把我高高地举起。这是我在体育方面获得的唯一一次胜利。

* * *

幸运的是，北京对外交人员配偶的态度比斯德哥尔摩更为开明。泰瑞莎在《华盛顿邮报》北京办事处找到了一份工作，为著名美国记者邵得廉（Dan Southerland）工作。在当时的北京，外国新闻工作者的日子不太好过，因为会被怀疑为间谍。中国宣传部门允许报道的新闻覆盖面非常窄，但他们最终还是为记者们办理了签证。

在为《华盛顿邮报》工作期间，泰瑞莎遇到了美国传奇出版商凯瑟琳·格雷厄姆（Katharine Graham），她用铁拳政策统治报纸新闻，能让男人哭泣、政客颤抖。虽然泰瑞莎的工作没有给她和凯瑟琳正式打交道的机会，但凯瑟琳仍然对她印象深刻。随后，泰瑞莎在英国文化协会找到了一份收入较高的工作，该协会隶属英国大使馆。她重新开始图书馆书籍目录编辑工作，她的工作成果会作为远程教学资源，专门提供给偏远地区的英语老师。出于消遣，泰瑞莎和丹麦考古学家一起组建了一个对北京历史感兴趣的年轻母亲学习小组，每周都会一起探索老城区不为人知的地方。在"文革"期间，许多古庙宇和古宅曾被改造成工厂或宿舍，如今这些古建筑大部分已经恢复，但在当时它们损坏较重，并不对外开放。在那些日子里，探索北京是侦探、历史研究和胆识的结合。但她们几乎在每一处建筑物那里都能找到一位老人，告诉她们多年来这里发生的事情，从恭王府直到东华门外的胡同四合院。

我们全家还一起前往北戴河度假。这个海滨度假胜地由西方人在一个世纪之前开发。在那里，澳大利亚大使馆租了几个木屋，专门让待得快要发疯的工作人员来这里放松一下。木屋就在沙滩上，没有通电。我们还带着小杰西卡去渤海湾游泳。

我们还在上海待了一段时间，当时我被派去担任为期一个月的代理总领事。泰瑞莎和我都爱上了上海。那里是中国的商业中心，我和当时的市长汪道涵共进了午餐。上海曾经是"文革"时期政治激进主义的温床，而汪市长则是历经很多斗争的老兵。午餐后，汪市长带我到上海大厦。他站在窗边，指着外滩向我解释道，在改革开放的新时代，"文革"的持久影响力是如何让上海落后于其他城市，而他又是如何在压力之下极力挽救。当时他的眼神充满疲惫。30年过去，如今的上海一定会让他吃惊不小，到处都是摩天大楼，外滩和它们比起来都会相形见绌，当然外滩也有外滩的味道。

我和泰瑞莎还在承德的古代皇家避暑山庄度过了一个复活节，然后乘坐长达6个小时的火车前往东北部的长城。清朝年间，为了让宫廷生活尽可能地远离北京夏季的炎热和尘埃，清政府修建了这个避暑山庄。直到今天，它仍然是个美丽的地方，一个缩小版的紫禁城。

因为正好是复活节，所以我请求导游（由中国旅行社分配，当时外国人不允许单独出行）带我们去教堂。这引起了我们中国东道主的一番恐慌，那时他们不希望中国的宗教界和外国人接触。当地党委还特意为此召开了会议，我很惊讶我们居然获得了许可。所以在复活节第二天早上5点15分，一辆大型红旗豪华轿车接走了我们。穿过承德的后巷，最后我们来到一个完全不起眼的四合院。我犹豫着走了进去，一位70多岁、牙齿已经掉光的天主教神父走出来迎接我们。他领我们入座，然后递过来一本严重破损的祷告书。教众有老人也有小孩，我站在他们中间，凭着记忆用拉丁语和他们一起吟唱祈祷。当念到"基督复活了，他确实复活了"时，教众中的孩子们开始在教堂内燃放鞭炮。旁边的一位老太太不停地用责备的口吻提醒着我要全程双手合十。这让我想起了楠伯的詹姆斯修女。

然后我和老神父坐下来喝茶，他给我讲他的故事。他曾在20世纪20年代在罗马接受培训，说到这个的时候他还提醒我，当时意大利还是墨索里尼执政。他在日本侵华期间回到中国，加入比利时修道会，和教友们一起抗日。在他的面前，我为自己感到羞愧。无论我当时对生活有什么样的不满，从那以后，都变得那么不值一提。

但我们在中国生活的中心始终是我们的女儿杰西卡，她那灿烂的金发让看到她的人都为之愉悦。每次她生病都让我们很担心，因为只有一名澳大利亚使馆医生，而他要向所有外国人提供治疗。当时美国大使馆的医生只为美国外交人员进行治疗，而且当时还没有现代化的医院，所以如果有人病得很重，他们就会被送去香港或者送回澳大利亚。我之前就有过这样的经历，那次我们在颐和园结冰的湖面上进行了板球比赛，之后我就开始发高烧。因为医生认为我可能感染了细菌性心内膜炎，如果再患上感冒，就太危险了。事实上，我只是得了重感冒而已。

然而，有一天我们最害怕的事情还是发生了。那天傍晚，我们的小女儿迈着蹒跚的脚步笑嘻嘻地从浴室走出来，粉色的指甲油从嘴角流出，小手上抓着一个半空的瓶子，把它交给妈妈。当看到自己的小家伙抓着这样一瓶毒药时，年轻父母的那种痛苦是无可比拟的。我们打电话向澳大利亚的家人求助，让我姐姐打电话给中毒热线，看看这款指甲油有什么解药，然而得到的消息让我们很不安。我又打电话给大使馆医生，和我女儿吃指甲油相比，这位医生觉得我在晚上11点钟给他打电话才是更大的问题。他建议我冷静下来，我让他闭嘴。

我们疯狂地给世界各地的指甲油制造商打电话，最后发现这款指甲油并没有毒性。在这期间，小杰西卡一直高兴地在地毯上玩她的积木，对她造成的混乱毫不知情。

* * *

在大使馆工作是非常吸引人的，本质上我们的工作需要我们弄清楚中国共产党的内部运作模式，谁是领导，怎么运转以及为什么是这样——在不像西方那样举行大选的情况下，权威体制的政治生态系统如何运作。

毛泽东的"枪杆子里出政权"对于理解军队在中国的基本职能非常有启迪意义。这一点很重要，因为"中国政治稳定"的结论对于西方关于中国经济改革是否只是一个梦想的假设而言至关重要。

官方媒体上领导人的照片也很重要——出现的次序同样重要。在中国一年一度的全国人民代表大会会议上，我们西方各种代表团有机会观察政治局各成员。我们这些外国人受邀坐在人民大会堂上层看台的角落，有些人甚至带上了双筒望远镜。中国国歌之后播放的《国际歌》是一个重要的信号，这期间，所有坐在主席台上的领导成员必须起立；然后是中国和外国来访领导人的会议。在每周的聚会上，我们这些内部人士之间也会交换信息。就这样，我们试图拼凑出中南海紧闭的大门后到底发生了什么。

法国年轻的外交官尼古拉斯·夏普斯（Nicolas Chapuis）是我们中知识最渊博的人之一。尼古拉斯是一位出色的汉学家，同样重要的是，弗朗索瓦·密特朗（François Mitterrand）在位时，中法关系特别密切。一些法国社会主义者和共产主义者早在 20 世纪二三十年代就开始了解中国共产党，当时还有许多中国人在法国学习和工作。所以，当这样的老同志代表团在 1985 年访问北京时，他们会有机会接触到他们想见的中国高层领导人。结果是他们较早地得知了当年中国共产党的代表会议上领导层更替的细节，以及中央领导机构成员新老交替事宜。尼古拉斯把这些细节传递给了我，然后我将它们传递给了堪培拉，并适当地提到了法国的帮助。当我得到总理办公室的个人表彰时，我确实有点儿兴奋，这是作为"中国通"得到的一点点安慰。

作为"中国通"的危险之一是，人们通常认为你可以兼职大使馆口译工作，这完全可以说是误解。能说中文是一回事，因为你能控制你要说的话；为他人翻译是另一回事，因为你无法控制他们会说出什么。我虽然没有特别的优点，但是因为澳大利亚国立大学的老师在发音训练中非常严格，所以我的英语讲得和英国广播公司的播音员一样标准。也就是说，尽管语法和各种复杂词汇都不是我的强项，但我的英语听起来很不错。

大使馆的当地工作人员向当时的新任大使罗斯·加诺特（Ross Garnaut）保证，我可以胜任他的翻译。罗斯第一次提出这个想法时，我拒绝了；罗斯再次提出的时候，我同意了，这是一个致命的错误。于是我们去了人民大会堂，和当时的中国农业部部长何康会晤。当我们沿着长安街驶向天安门广场时，我一直想着我的翻译工作，心里非常郁闷。中国官方会议惯例是严格按照资历围绕U形桌安排座次。与往常一样，他们比我们人多，人数比例达到1比5。中国翻译人员不在会议桌就座，而是坐在两位官员的后面。我看着中国翻译，他也看着我。当我看到他注意到我额头上涌出的汗水时，我想，他知道我知道他看到了什么，但我装作什么也没看到。

加诺特大使开始发言，用词很平淡："中国和澳大利亚目前正处于前所未有的亲密关系中（experiencing a relationship of unprecedented closeness）。"我心里想，这听起来有点儿笨拙。它需要一点点润色，加入一些经典的词语，提升语言的等级。所以我把它描述为："中澳关系正在经历着一个梦幻般的高潮。"我为自己的第一次努力感到自豪，这会比我预期的更容易。

坐在对面的中国人有两种反应：高层领导不动声色，但可以看到他的脸上掠过一抹红色，其他人则不加掩饰地笑出声来。加诺特大使颇为困惑，不明白为什么他的开场白引起了这样的欢闹。我刚才说的是，我们的关系"正在经历着梦幻般的高潮"。显然，问题出在"高潮"上，我本意是顶峰（high tide），但是在近代中文语境中它也有性高潮（orgasm）的意思，古典中文的学习者无意中会犯下这种错误。这是加诺特大使最后一次要求我做他的翻译。

我还负责澳大利亚与朝鲜的关系。1975年，平壤方面强行把澳大利亚的整个外交队伍拉去火车站，在喧嚣的人群面前把他们送上去北京的火车，而且不给出任何解释。从此之后，两个国家之间就没有了正式的外交关系，所以在1985年唯一的联系渠道是我们各自在北京的大使馆。

每月一次，我会去朝鲜大使馆见一位金先生（Mr Kim），接下来的一个月他会来我们的大使馆。我会邀请他去我们的图书馆喝茶，实际上根本没有什么可以讨论的。但是我和金先生相处得非常好，我也感觉到他对朝鲜并不乐观。大概是北京这座社会主义乐园以其世俗的乐趣影响了他。

有一天，金先生惊恐万分地打电话给我，朝鲜代表团将于下周去澳大利亚参加联合国会议。斯德哥尔摩的回忆又来了。我说我需要看看我们能不能在如此短的时间内签发签证，堪培拉回复说这至少需要一个月。1984年，韩国的内阁成员准备从仰光前往澳大利亚时，很多人被朝鲜特工燃爆的炸弹炸死，澳大利亚情报局对此还记忆犹新。我把这个坏消息传达给金先生。第二天，我们的使馆安保人员打来电话说，有一群朝鲜人已经到了接待处，一位金先生急切地想见我。我下去了，得知朝鲜代表团已经直接飞到了北京，认为他们理所当然可以拿到去澳大利亚的签证。我又一次陈述了我们的政策以及这么做的原因。

一位体格和举重运动员有一拼的代表团成员双手交叉在胸前，然后把我推到墙上，告诉我明天给他好消息，要不下次开车的时候就要小心一些，含蓄不是朝鲜人的强项。

＊＊＊

　　能在这段时间在北京工作是莫大的荣幸。我亲眼见证了一个曾经封闭的国家踏上了引人注目的经济和社会变革之路，我对 21 世纪的中国的理解就建立在这个基础上。在我外派工作的最后阶段，100 多年来世界各国外交报道中的"Peking"最终都变成了"Beijing"。这是一件非常重要的事情。"Peking"是西方人安给中国首都的名字，它承载着那些"中国通"和中国交好的历史，而他们也构造了一个自己想象中的中国。"Peking"这个名字只作为怀旧用途，或者作为一个曾用名存在。

　　现在没有"Peking"了，北京就是"Beijing"，中国人自己说这个名字的意思就是北方首都。中国宣布了自己首都的名字，拒绝使用外国人一时兴起的发明。所以我们在所有的官方文件里做了变更，尽管某些时候我仍然会看到一些信笺的抬头是"Australian Embassy Peking"，提醒着我过去的那个世界。

　　作为一名年轻的大使馆官员，我有幸参加了一些中国高层领导出席的会议。我还遇到了年轻的胡锦涛，当时他还是中国共青团中央书记处第一书记，我协助组织了他对澳大利亚的访问。在鲍勃·霍克（Bob Hawke）1986 年访问中国期间，我遇到了年轻的习近平，当时他还是厦门的副市长。4 个经济特区的成功象征着中国经济崛起的开始，而厦门就是其中之一。

　　泰瑞莎和我都不希望我们的中国外派任期结束，但是在未来几年，我会以州政府官员、商人、议会议员、澳大利亚外交大臣以及总理等不同身份重新回到中国。

chapter 7
Towards a Political Vocation

第七章

步入政界

在我们1986年夏末离开北京的时候，杰西卡快3岁了，而且泰瑞莎肚子里怀的第二个孩子也有8个月了。我们去了香港，在那边的斯坦利市场附近找了一个公寓，等待小家伙的出生。然而，就像他的姐姐和他的弟弟一样，我们的这个孩子也发现他母亲的子宫是一个非常舒适的地方，不愿意离开。最后，预产期过去两周后，医生决定引产。

然而幸运的是，未经过引产，尼古拉斯就顺利来到了这个世界。在当时的香港，产科医生往往收费非常高，5000美元一次，就是放在今天也太贵了！当然，这个时候我肯定坚持用最好的医疗资源——没人想在这个时候冒险。唯一的问题是，我们的医生那天去香港俱乐部（Hong Kong Club）吃大餐，而羊水破了之后，尼古拉斯非常着急出来。尽管我一再请求护理人员让医生赶快离开香港俱乐部，跳上他的车，开到山上的玛蒂尔达（Matilda）医院，但他没有出现。结果，在严肃的苏格兰助产士的帮助下，尼古拉斯·乔纳森·阿尔伯特·路德（Nicholas Jonathan Albert Rudd）——乔纳森取自泰瑞莎的父亲的名字，阿尔伯特则来自我父亲的名字——顺利降生。这个助产士技术娴熟，而且我们只花了500美元，为澳大利亚纳税人省了4500美元。

对一个父亲来说，把他的第一个儿子抱在怀里是一件十分令人激动的事情。父亲对女儿的爱是独一无二的——这种爱本身就是一种保护，一方面是因为他不知道小女孩长大是什么样的，另一方面是因为他还记得青少年时期对女孩子的想法；对儿子则不是这样。我一直是一个非常严厉的父亲。是的，我享受带着儿子参加我一直喜爱的体育赛事：板球比赛、国际橄榄球赛、地方橄榄球联赛等。我们经常去划船、露营和钓鱼，虽然我对这三项都不精通。我猜尼古拉斯和马克斯或许不会为我努力参与这些展示男子气概的活动而感动；但我确信，他们会发现，看到他们的父亲笨拙地试图为他们提供全面教育是多么好玩——他们一直都知道，他们的父亲更愿意和他们谈论历史、政治和哲学。然而当你第一次抱着你的小男孩时，根本不会想到这些。你只是一味地想要呵护他，但你也希望他能够青出于蓝而胜于蓝，成长为比他父亲更棒的人，一个善良、慷慨并能三思而行的人，而不是只有男性的刻板性格特点。

泰瑞莎和我在孩子出生之前不倾向于特意知道孩子的性别——我们喜欢惊喜的那种感觉；而且泰瑞莎生这三个孩子的时候耗时都很长，没有一个生得容易，所以我们就用这段时间来选择名字。其他人可能会觉得这很奇怪，但因为我们的生活非常忙碌，而准备生产的这段日子刚好可以让我们心无旁骛地关注孩子，想着他们会给我们的生活带来什么样的惊喜，以及如何能够为每个孩子精心挑选符合他们个性的名字。

尼古拉斯出生那天我记得最清楚的是，我抱着他坐在床旁边的椅子上，望着下面的深水湾。海鸥飞到医院的窗户边，毫不费力地停在那里，离我们只有一臂之遥，好像大自然也在庆祝这个新生儿的到来。

一个星期后，我们回到了更加忙碌的生活中——整天要面对尿布，还有即将飞往澳大利亚的长途飞行。回到澳大利亚后，我们搬入了我们的第一座小房子。在我第一次外派的时候，我们精打细算，攒下了一笔钱，买下了这座位于堪培拉南部郊区瓦拉蒙加伊奥拉广场路 4 号（4 Iora Place, Waramanga）的小房子。我被派往北京的时候，我们把它租了出去，用租金偿还房贷。

对我来说，生活已经回到了"列宁墓"，或者朋友们所说的"绝望城堡"。

我被分配到政策规划科，世界各国的外交部中都有政策规划工作人员。"二战"之后，美国的政策规划部在乔治·凯南（George Kennan）的领导下制定了对苏联的遏制政策，这个政策对 30 年后苏联最终解体起了不小的作用。虽然我们的规划人员没有如此影响巨大的历史，但我们的任务相似：不仅要面对日常外交活动所面临的直接挑战，还要预测会影响到我们的那些长期战略问题——最好是在这些问题降临到我们身上之前预见到它们。说起来容易做起来难。

外交部部长比尔·海登（Bill Hayden）如果要在他的演讲中表现得很有思想，政策规划科就显得十分重要——这里负责为其拟定初稿。政策规划科的科长给我的第一个主要任务是研究戈尔巴乔夫的政治透明度和改革对未来苏联远东政策的影响。我认真对待这个任务，事实上，用热心形容可能更恰当一些，因为在斯德哥尔摩的时候，我曾经写过一篇论文，主题就是挪威天然气及其在欧洲对苏联能源依赖方面的影响。我打算整理所有可能的材料，鉴于互联网两年之后才出现，这在当时可是个不小的壮举。

3 个月后，我完成了我的巨著。后来的事实证明，我的大部分结论是错误的，因为我没有评估戈尔巴乔夫这场"无声革命"的深度。尽管如此，这篇论文已经正式提交给海登。过了 1 个月左右，它被返了回来，旁边打了一个对号，评语是"做得好"。这寥寥几个字就是对我几个月的脑力劳动的回报，这让我陷入了存在危机之中，让我质疑我实际上在做什么。这不是对海登的指责——他太忙了。后来担任外交部部长时，我自己也是如此。任何部长都不可能仔细阅读所有工作人员递交的报告，更不用说在每个问题上都提供政策指导了；相反，我通过这种经历发现了一些关于自己的事情：我不满足于思考问题，还希望能够将我的结论付诸实践。在我们的政府体制中，对一个低级别的年轻外交官来说，这实际上是不可能的。

到 1987 年底，我开始在政治和商业领域寻找合适的工作。其实外交部此时已经把我放到了超常规晋升的通道中，很快提拔了我，把我分配到内部管理处，帮助制定整个部门的新员工政策。正是在这个角色中，我完成了我的第一个管理课程，帮助我为将来的职责做好准备。

我记得在斯雷德博（Thredbo）度假村举办了为期3天的课程，学习"情境领导"的原则，有很多图表和很多小组练习。基本原则是，如果你有得力干将，你应该给他们自由发挥的空间；如果你手底下的人不够能干，则应该保持对他们的约束。也许没有必要花3天时间去解释这个，但在澳大利亚公共服务部门的管理改革之初，这是一种很不错的方法。我不得不承认，在研讨会的会议室度过漫长的一天后，在按摩浴缸里泡一会儿真是很不错。（这也就是10年后我们所谓的"保持工作与生活的平衡"。）

回到"绝望城堡"，我开始着手制定各种新员工相关政策，包括制定一条针对那些做了错事却假装自己是个新西兰人来脱罪的员工制定的纪律政策。由于预算资源不足，我们在一些地方没有建立全职的澳大利亚部门，为此，我制定了在这些地方任命澳大利亚名誉领事以填补空缺的政策，这是一项创举。然而我很快发现，这份管理工作的好处是它可以提供机会，让你和部门高级管理层密切合作——我不再只是外交部外派人员中的一个名字而已。

努力没有白费，到了年底，我被任命为伦敦澳大利亚高级委员会的情报联络员，定于次年晚些时候就职。这是一个令很多人垂涎的位置，其职能为在澳大利亚国家评估办公室（Office of National Assessments，总理部门下属的政府情报整理与评估机构）和我们在伦敦的各个对口机构之间，就当天的重大战略和外交政策问题进行联络。20世纪80年代后期是令外交政策分析界兴奋的一段时期，没有人真正知道苏联和中国所发生的巨大变化会有什么影响。

泰瑞莎已经5年没有上班了，伦敦的工作前景让她向往，因为那里没有工作限制。作为一个年轻心理学家，她的工作机会很多，但是泰瑞莎也知道我志不在此。虽然从专业的角度来说这是一份诱人的工作，而且对我们这个小家来说也挺不错——我们最亲密的朋友认为傻瓜才会放弃这个难得的机会；但是，我从来都不是一个甘于平淡生活的人。我亲爱的母亲肯定对此感到遗憾。

公平地说，和我一起工作的一些年轻外交官也这样想。我清楚地记得，有一天，我在外交部地下自助餐厅和两名年轻的外交官进行了一次谈话。国家对我们如此厚爱，而我们要对它承担什么责任？我们都想知道。当时的财政部部长——后来的总理保罗·基廷（Paul Keating）——已经开始了联邦历史上最伟大的改革，我们感觉到正经历一场漫长的国家经济危机。在那之前，我们的政治领导人一直认为经济管理只是意味着平衡预算、保持货币利率和汇率稳定，以及维持高关税借以保护澳大利亚的竞争力。结果是，澳大利亚的船舶业在未来 10 年内连续打盹，生产力原地踏步。

通过基本经济改革，澳大利亚首次投入国际竞争的大背景下，实现经济的国际化，同时仍然在国内维持体面和有尊严的社会契约，这是基廷的伟大改革计划。我相信正是通过这个计划，他用缓慢的衰退挽救了澳大利亚经济和社会结构的崩溃。我相信财政部部长基廷和总理奇夫利会作为战后澳大利亚最伟大的人物载入史册。

作为年轻的澳大利亚外交官和公务员，我们经历了所有这一切，并不断思考和讨论它们。因为作为年轻的外交官，我们关心着国家的未来。我并不狂妄自大，但这些经历也激励了我们中的许多人再次思考我们应该为公共事务做出的贡献，无论是在政治方面、在公共服务的其他方面，还是在商业中。然而后来，我们都没有在外交部待很久。

对我来说，这带来了一系列的变故，关闭了许多门，最后只打开了一扇门。1987 年夏天，我飞往墨尔本接受必和必拓（BHP）的面试，应聘驻北京的中国高级代表，但面试没有成功。1988 年的最初几个月，我开始联系悉尼国会山的部长办公室，看看是否有顾问职位的空缺。尽管我在那里没有任何政治关系，但我还是希望能为基廷的改革计划工作。我还鼓起勇气打电话给外交部的海登办公室，因为我听说他的顾问工作人员会有变动，但结果一再碰壁。（当时的我并不知道，总理霍克会在选举前夕免去海登外交部部长的职位，转而提名他为澳大利亚总督，这也解释了他那里为什么会突然出现空缺。）

我还联系了国防部部长金·比兹利的办公室，和他的一位高级顾问休·怀特（Hugh White）进行了一番交谈。他非常有礼貌，但对我完全没有兴趣。事情的进展并不顺利。

与此同时，澳大利亚国立大学接受了我的战略研究硕士学位申请，我计划以此拓展汉学之外的知识和视野。

当时教我的老师是德斯·巴尔（Des Ball）和罗斯·巴贝奇（Ross Babbage）教授，他们都是各自领域的专家学者。我从他们那里学到了中央核平衡的概念框架、核威慑理论和共同毁灭原则（MAD）。我还学习了保罗·迪布（Paul Dibb）教授的澳大利亚国防（DOA）原则。尽管我如此努力，比兹利办公室还是明确拒绝了我。

伦敦的职位变成我们未来唯一的选择。尽管被其他地方拒绝了，我对伦敦和整个部门的感觉并没有改变。虽然澳大利亚外交部门是世界上掌握情报最多的部门之一，但只有中等规模。我们的外交官很好——他们非常专业，对情报非常敏锐，可以对正在发生的事情以及它为什么会发生、它对我们意味着什么进行最好的分析；但是，当时的外交部对澳大利亚政府没有什么实质性的影响，没有做事情的机会。当然后来会有一些例外，比如外交部部长加雷斯·埃文斯（Gareth Evans）制定了一系列政策，采取一系列措施，因此在推动柬埔寨和平进程、联合国制定化学武器公约、东亚区域建设等国际事务中，澳大利亚做出了突出的贡献。

但是当我1988年离开外交部时，我们的部门文化变得非常消极。在关于澳大利亚国家未来的重大经济政策辩论中，我们部门基本上没有任何影响力。也许是无情的经济全球化进程让很多国家的传统外交部门变得多余——当然不是说全部都是多余的。作为一名年轻的公务员，我似乎注定要成为一个政治旁观者——总是观察世界，总是将其落于笔尖（尽管很多时候都无人问津），但从未参与其中。

在去伦敦之前的剩余时间里，企业管理部让我参与下一届毕业生入职部门实习外交官的招聘工作。在外交部工作 7 年后，现在轮到我坐在桌子的另外一边，去全国协助招募新面孔加入外交部——这个我越来越想不顾一切离开的地方。

就像是命运的安排，我被安排主管昆士兰州的招聘活动。这让我有机会和母亲一起度过一个周末。因此，在 1988 年 4 月，我去了布里斯班，在该市的 3 所大学的招聘会上发表讲话，一切看起来和我之前作为学生参加的招聘会一模一样。至少在我 30 岁的时候，它还是之前的样子。我记得乘坐布里斯班市议会的班车沿加冕道（Coronation Drive）蜿蜒前行，然后转入弗雷德·斯科内尔爵士大道（Sir Fred Schonell Drive），最后来到郁郁葱葱的圣卢西亚（St. Lucia）郊区，昆士兰大学就坐落在此。距离我上一次来这所大学已经有 10 多年了。

按照以前的习惯，我买了一份日报，即《信使邮报》（The Courier-Mail）。这份报纸在堪培拉可不容易找到。我认为我应该先熟悉一下家乡当天的事件，然后才能说服这些聪明的年轻人，让他们像我一样把自己的灵魂交给澳大利亚外交部。我习惯性地扫了一眼报纸背面的职位空缺栏，在一个角落看到这样一则招聘广告：国家反对党领袖办公室欲招聘一名私人秘书。

这将成为我职业生涯中最重要的转折点。我之前还不是澳大利亚工党的人，我不明白它的派系，考虑到我对经济的保守观点，直觉让我一直和右派站在一起。我在工会也不认识什么人，也不认识工党内部位高权重的人，因为我这 7 年大部分时间都花在了国外。但那天，在前往圣卢西亚的公共汽车上，我决定申请这个职位。

作为一个昆士兰人，在过去的 10 年或更长时间里，我时刻关注着当地的政治发展。当地的工党已经在野 31 年——比我活着的时间还长。在 20 世纪 80 年代后期，昆士兰州工党政府似乎还是遥不可及的。

工党在 1955 年发生内部分裂，一群人离开后建立了昆士兰工党（后来组建了民主工党）。工党历史悠久，曾长期在昆士兰州执政。工党州长都是改革派，包括 T.J. 瑞安（T.J. Ryan）、"红色泰德"·西奥多以及大萧条之后的领导者威廉·福根 – 史密斯（William Forgan-Smith）。福根 – 史密斯先生在 1936 年成为州长后，读了凯恩斯的《通论》（*General Theory*），这本书成为他的经济圣经，他以此为依据制定政策，缓解大规模失业状况，让国家经济得以恢复。后来的州长内德·汉隆（Ned Hanlon）跟随福根 – 史密斯先生的步伐，建立了昆士兰州的免费公立医院系统。

如今唯一的问题是工党在野这么久了，出现了一连串能力平平的领导人，他们未能撬开保守派对政治权力越来越无情的控制枷锁——弄虚作假的选举制度为后者攫取政治权力提供了保证。

昆士兰州的保守派在国家党州长约翰内斯·比尔克 – 彼得森（Johannes Bjelke-Petersen) 的领导下，在政治舞台上肆无忌惮、不可一世、腐败滋生，很难描述当时昆士兰州的情况。对美国人来说，昆士兰州可能会被视为阿巴拉契亚山脉、亚拉巴马州和阿肯色州的强力混合物，有一点儿得克萨斯的味道。因为"规模"确实很重要，而生活在那里的人通常会有一种不安全感。

30 多年来，昆士兰州的保守派创造了一种主流政治文化，容忍腐败和种族主义，固守性别歧视，并认为教育可有可无。一位昆士兰州保守派政府部长自豪地宣称，他"在桉树下受到了教育"，这样子也没什么不好。对现实环境的任何关注，都会被他们认为是隐秘的共产主义分子作为。在保守派的统治下，昆士兰州已成为一个舒适的小团体，而约翰内斯州长就位于这个团体的中心。对他来说，阿克顿勋爵（Lord Acton）对权力和腐败的格言已经成为他的主题。

但到了 20 世纪 80 年代后期，这种舒适开始不复存在。因为对当地警察腐败的指控，政府被迫接受皇家委员会调查，即菲茨杰拉德调查（Fitzgerald Inquiry）。空气中满是"王朝终结"的气息，但对工党来说，问题不在于政府是否应该被否决，而是他们在野这么久了，这次能否获得选民的信任；如果他们可以的话，他们怎么在不公平的选举制度中占上风？要知道保守派只需要拉到不到 6000 票，而工党则需要多达 36000 票。

正是在这种不太可能的情况下，韦恩·基思·戈斯（Wayne Keith Goss）在 1988 年初成为昆士兰州反对党领袖。韦恩是一位聪明的年轻律师，出生于昆士兰州西部小镇坎纳马拉（Cunnamulla），他的父亲是当地的理发师。韦恩是自半个世纪前的汉隆和福根－史密斯时代以来，第一个来自昆士兰州的工党领袖。韦恩在布里斯班南部郊区的伊萨拉完成了他的中学学业，大学在昆士兰大学学习法律。他毕业后开始在原住民法律服务事务所工作，后来成立了自己的戈斯·唐尼·卡恩（Goss Downey Carne）律师事务所。韦恩已经在州政府工作了 5 年，并通过在州议会抨击警察腐败而声名鹊起。这些年来他在议会出现的日子也不过 12 天，然而他却由此崭露头角。

我第一次见到他，还是在 1987 年的圣诞节。当时我回家探亲，看到参加活动的韦恩，他把这个活动称为"早上 6 点钟的战斗"，这让我印象深刻——我们终于看到了一丝希望的曙光。作为一个昆士兰人，我相信我们可能改变至少一部分澳大利亚历史的进程，最终把昆士兰这个联邦第三大州带回正轨。

令我惊讶的是，韦恩突然打电话给我。我之前从未参与过政治工作，更不用说国家政治了。我接受过外交官、幕僚培训，按照这位党的副领袖在我们仓促的首次见面中的简洁评价，我是一个"光鲜的饭桶（shiny arse）"——花了太多时间坐在办公桌后边，而没有参与民众生活的人。韦恩和我决定在 1988 年 4 月他来堪培拉参加新国会大厦揭幕仪式时再见面。

我对建筑不感兴趣，但韦恩感兴趣，而且有点儿狂热。揭幕仪式之后，他想谈谈建筑和设计，于是开始了我们之后持续多年的巨大分歧。但这次争执也让我认识了我面前的这个人——他比我年长 5 岁，已经是一位有成就的政治家；而且他并不是一个单一维度（mono-dimensional）的人，除了令人窒息的政治生活，他还很有智慧和创造性；最后，感谢上天，我们还有一样的信念！他也许是一个坚定的无神论者，但这对我来说无关紧要。因为他能思考、能感受世界，而不仅仅满足于在他的一亩三分地上围绕着政治拍马屁。

那天，我们的讨论集中在我们如何能够在昆士兰州击败保守派。他说，如果这次选举我们不能把他们拉下马，那么就下次。我对这次谈话的内容记不得太多了，但是它确实进行了很长时间。而且我见到了他富有同情心，非常支持他的妻子罗伊辛（Roisin）——她陪同韦恩来堪培拉参加揭幕仪式。

一两个星期后，当我接到韦恩的电话时，正坐在厨房的阶梯上。在谈话期间，我的两个孩子都在我身边爬着玩。我的直觉告诉我，这次谈话将全面改变我的生活，但具体怎么改变我也不清楚。

韦恩希望我最迟下个月月底去报到。泰瑞莎该怎么办？不去伦敦了吗？难道就这样放弃我舒适的外交生涯？我的孩子怎么办？去哪里上学？我拿不定主意。

过了一会儿，韦恩告诉我，他给我这份工作有两个主要原因。其中一个原因是，我实际上并不认识工党昆士兰分部的任何人，这是一个很大的优势。因为根据韦恩的说法，他们中的大多数人都因为长期以来彼此之间的怠慢而互相仇视，这种互唱反调近乎常态。韦恩想要一个"干净"的面孔，与过去的敌对派系毫无关系。他后来告诉我，他雇用我的另一个原因是，我在面试的时候问他们是否可以周日休息，因为我们家人有周日一起去教堂的传统。

这让韦恩很高兴。韦恩虽然是一个无神论者，但他并不认为所有形式的宗教信仰在科学时代都毫无道理。韦恩具有新教徒道德观，他像我一样，相信好的点子，也相信将其付诸实践需要艰苦工作。对我们俩来说，非凡持久的友谊从此开始。它远远超出工作的需要，有时甚至超出了职业政治生活的窒息氛围。

然而，泰瑞莎有她的想法。她确实为外派做好了准备，但她以为要去的是大都市伦敦，而不是"乡下地方"布里斯班。除了我之外，她不认识昆士兰州的任何人，所以布里斯班对她来说也是异国他乡。当然这不包括她从媒体上看到过关于昆士兰州的报道，并且在放假时也曾和我的家人见过面。就像罗伯特·孟席斯爵士一样，泰瑞莎断定"昆士兰与其他地方不一样"。不过泰瑞莎知道，外交部的工作虽然轻松光鲜，但我并不满意。

但是，如果昆士兰的工作是我真正想要做的，如果我认为这是我实现人生使命的重要跳板，那么泰瑞莎就会跟随着我的脚步去昆士兰。做出这个决定对泰瑞莎来说的确不容易——和伦敦说再见后，她第一次完全靠心理学专业技能找了一份工作安顿下来，作为一名康复顾问帮助受伤的工人重返工作岗位。这是泰瑞莎为我的政治生涯所做出的众多牺牲的开始，我对此深表感激。

放弃伦敦的职位，去一个落后的州，为一个没有名气的领导人做秘书——我在外交部的同事们完全惊呆了，他们觉得我太过鲁莽。尽管如此，我的上司决定纵容我不明智的决定，根据《公务员法》（*Public Service Act*）给我批了公务休假。也就是说，当我清除了自己的"政治病毒（political virus）"，仍然可以作为一个浪子回来，恢复外交生涯。这些年来，我仍然感谢外交部这个时候给我的支持，这让去布里斯班显得不那么孤注一掷，让我感到至少有后路可退。我不知道事情会怎么样，还有两个孩子要养，这可不是小事情。

但我也知道我不可能忽视我灵魂中的躁动——希望去追求更广阔的发展空间——忽视它违背了我的本性。信心是必要的。这不是克尔凯郭尔（Kierkegaard）的基督徒存在主义的传统，而更像路德（Luther）：这是我的立场，我别无选择。或者澳大利亚的哲语用在这里更合适：我从来就不想到死的时候还只停留在想的阶段。

从参加青年工党会议到现在，对政治的向往以这样或那样的形式存在了超过15年，它并没有单纯地消失。正如许多儿时的梦想一样，它并没有因为流年变得迟钝。尽管我在此期间做了别的事情，但它仍然存在于我的潜意识中，现在是时候为它做点儿什么了。只有真正去做了，我才知道我是否喜欢政治。如果你不喜欢，追求它毫无意义，去做是唯一的办法。

＊＊＊

我于 6 月底抵达布里斯班，租了一座大房子，孩子们可以在走廊上骑他们的小车。一个月后，泰瑞莎会带着杰西卡和尼古拉斯过来。我的工作地点位于玛格丽特街（Margaret Street）一栋不起眼的小楼，距离州议会厅有 10 分钟的步行路程。比起我们那栋不起眼的小楼，我们的办公室更糟糕，自然光线和通风条件都非常差。我们的政治对手在各个层面上压榨我们，我们连空调都没有。我被任命为私人秘书——韦恩希望给我的职位是总幕僚长，但其他人认为这个称谓太美国化了。

我们有 2 名新闻秘书，乔·贝格利（Joe Begley）和林赛·马歇尔（Lindsay Marshall），他们都为工党工作多年，忠实而称职；有 4 名机要秘书，他们都没有电脑，只有两个人拥有打字机；然后是司机莫里（Morrie），他从汽车问世之前就开始为反对党领导人服务了。这些就是我们"突击队"的全部人员。而我们的对手则是当时的执政党，拥有 30 年的执政经验，政府全部资源都为他们所用。

工作人员只负责提供一部分"火力"，其余的则依靠州议会党（state parliamentary party）。问题是他们意气消沉，深信自己不可能赢得 1989 年大选——之前他们已经连续 13 次选举失利。他们中没有一个人曾经在政府任职，很少有人真的相信他们能够执政。他们已经习惯了当一辈子在野党的生活方式。

唯一的例外是副领袖汤姆·伯恩斯（Tom Burns）。在过去 20 年里，昆士兰州工党的副领袖换了一拨又一拨，包括艾德·凯西（Ed Casey）、凯斯·赖特（Keith Wright）、奈夫·沃伯顿（Nev Warburton），当然还有韦恩。

汤姆·伯恩斯是一个老派的工党成员，他对工党的事业充满了热情。一开始伯恩斯并不喜欢我，因为我来自南方，是一个不知民间疾苦、只会鼓吹现代化的知识分子。这在他的眼中代表着威胁到工党运动。但伯恩斯最想要的是赢得胜利，组建下一届昆士兰州工党政府，而不是在工党内部分帮立派；我也是这样，我也想赢。随着时间的推移，相互猜疑变成了相互尊重，我们成了最亲密的朋友，分别作为未来的副州长和未来州长的幕僚长形成了个人和政治联盟，这个联盟成为韦恩政府的支柱之一。

但唯一有能力领导工党取得胜利的人就是刚刚雇用我的韦恩·戈斯。他在我抵达前几个月接任了该州工党的领袖职位，当时工党在民意调查中拿到大约34%的份额。距离选举只有18个月，我们需要赢得超过50%的选票才能获胜。挑战巨大，任务十分艰巨。

韦恩没有被吓倒，他的计划非常周密。这18个月的每一天，他都有效地开展了竞选活动。昆士兰州的面积几乎是得克萨斯州的两倍大，他的脚步几乎遍布了昆士兰州的每个角落。他直觉地捕捉到商界的重要性。因为商业在为劳动人民创造就业机会方面发挥了重要作用，而且当时人们被灌输的观念仍然是：虽然工党代表着共产国际的一支力量，但能力有限。

在竞选过程中，人们开始把韦恩看作深陷腐败泥沼的昆士兰州的潜在变革力量。针对警察腐败及其与部分保守政府关系网的菲茨杰拉德调查正在进行中。昆士兰人正在寻找能够清理恶臭的人，而且希望他们在国民经济开始动摇的时候能够掌控政府。这是30多年来第一次，我们有一位有力的领导，可以带领我们走上权力的宝座。

但是，如果不能有效地筹划竞选活动，政治上的成功是不可能的。新任州秘书助理韦恩·斯旺（Wayne Swan）发挥了关键的作用。在其他州，市场研究、战略信息和政治宣传的协调已经成为一门成熟的学科。但在昆士兰州，在政治领域司空见惯的艺术、技巧和科学方法仍然被视为南方的"异国情调"。斯旺全面改革了工党的管理体制和竞选策略。没有他的贡献，我们不会在1989年获胜，或者至少不会那样令人信服地获胜。

我之前从未见过斯旺，尽管实际上我们是楠伯高中的校友，只是我上学比他晚了几年。斯旺是橄榄球联盟队的队长，我则是辩论队的队长；斯旺是一名冲浪选手，我参加了学校的戏剧社；斯旺是所有女孩子的白马王子，而我……好吧，至少我得到了一个女孩子的欢心。我们的家人彼此稍微有些了解，斯旺的父亲莫里是机修工，他曾经修理过我母亲的甲壳虫轿车。

15 年后，斯旺和我成了亲密的朋友，我们的家人也是如此。我们在共同的理想中团结起来，致力于在我们成长的故乡实现政治变革。我们两个，再加上工党领袖——另外一个韦恩，三人在未来的动荡岁月中变得不可分割，共同努力把工党在最保守的昆士兰州带上权力的宝座，并由此改变了澳大利亚的政治历史。

我的贡献是制定政策。韦恩·戈斯除了任命我担任总幕僚长外，还让我成为政策主管。在布里斯班的主管会议上，韦恩宣布我成为他的政策主管，所有这一切听起来都很棒。唯一的问题是参与制定政策的除了我之外，没有其他人了。这让我想起了电影《城堡》（The Castle），而我自己有点儿像律师丹尼斯·登努托(Dennis Denuto)，他灵活地穿梭在业务广泛的律师事务所中，以一当十，一会儿打字，一会儿接电话录音。

政策之前从来不是昆士兰州工党特别关注的焦点。尽管如此，我仍然说服领导任命了两名兼职政策研究人员蒂姆·格劳（Tim Grau）和迈克尔·斯蒂芬森（Michael Stephenson），以便使政策部门不再是一个虚幻的存在。我问韦恩应该遵循什么样的政策指导原则，他会微笑着说："只要你认为是好的都可以。"我想这给了我一个很广阔的工作空间。

因此，我开始全面制定政策文件，内容从国家财务管理到中小学亚洲语言教育、首次购房政策、扩建国家公园（包括弗雷泽岛的伐木工作）、艺术以及同性恋非刑事化。很难相信，就在不久之前，同性恋在昆士兰州还是一种犯罪行为。但是，当时在这个问题上，我们和保守派斗争的焦点在于同性关系是不是犯罪行为，而不是同性之间的婚姻问题。我们的反对者声称，若工党执政，布里斯班的主要大街上到处会是穿着粉色短裙的人，颠覆正直公民的道德架构。颇具讽刺的是，布里斯班的主要大街叫作皇后街。我们每隔一周就制定一份政策文件，试图通过文件的内容打造一种形象，即我们认真对待组阁这件事。

随着我们在民意调查中的地位稳步提升，更多的人想知道我们实际会如何执政。随着选举的临近，愿望已经变得不像之前那么不切实际，韦恩越来越受重视，成为下一任州长的主要人选。我决定制定关于艺术的政策，在整个政治系统中，艺术政策并不是那么重要；但艺术界代表了进步政治的一部分，我们希望借助他们的力量获得选举的胜利。此外，我们决心在政策制定中覆盖艺术界。如果这意味着需要与当地的花边协会（macramé society）坐下来谈谈，那我们就坐下来。

我决定举办一场我认为足以代表艺术界的聚会，这个决定后来被证明很不明智。我们邀请社区剧团、国家歌剧院、芭蕾舞团和交响乐团的人一起参加这场聚会。这是我的第一个错误。晚上的聚会中，几乎没有握手，也没有拥抱——手足相残可能更能形容当时的气氛，因为总有某个团体要求牺牲另一个团体的利益来获得资金支持，威胁我们说，如果我们不答应他们就摔门而去，告诉媒体整个过程是一场闹剧。

我的下一个错误就是告诉那些参会的人冷静下来，但很快就发现这如同火上浇油，结果所有的火力都集中在我身上。我被视为一个麻木不仁、不懂艺术的官僚，不了解创意阶层的需求。当我要求他们将他们关于政策的想法写到纸上时，他们拒绝了，因为这是我的工作，而不是他们的工作。这可不是一个好的结果。凌晨1点，我终止了聚会，备受期待的艺术政策还是毫无进展。几天后，为确保政策文件按时提交，我通宵未眠，这也是选举过程中诸多不眠之夜的第一个。第二天，在我主持的工作人员会议上，我在会议桌上睡着了，鼾声阵阵，口水连连，还惊动了韦恩。

那天，我发誓永远不再介入艺术政治，而且我也一直遵守着这个誓言。但个人好恶对艺术政策没什么影响，我们还是无视大多数艺术界人士的反对意见，成功制定了布里斯班双年展的政策。我们打算以爱丁堡艺术节为蓝本，将布里斯班双年展打造为整个城市的重要艺术节。它以类似的形式延续至今，帮助重新定义了澳大利亚北部地区的艺术鉴赏力。

我喜欢艺术，特别是音乐、戏剧和绘画，但是我对艺术政治的厌恶与对其本身的喜爱相当。直到今天，无论什么时候有人建议我当一个艺术委员会的成员，我都会抓狂。

* * *

我还向韦恩提出了另一个建议：为了和商界以及更广泛的社区站在同一战线上，他应该去中国寻找发展契机。我熟悉中国，我相信有朝一日它会成为我们主要的经济伙伴。这会让他的格局看起来不那么狭窄，提升他的档次。而且，关键是，这会为他谈论未来提供支持。对于政治进步派的任何人来说，中国都是首选。

韦恩非常感兴趣，于是我联系了我认识的中国官员，拿到了需要的签证和邀请，接着我们就出发了。日程主要围绕着贸易安排，使得韦恩回来之后能给商界巡讲，描述新兴中国的经济潜力。

我们在 1989 年 5 月 20 日抵达北京，到达机场后，我们被带到了入住的酒店——位于长安街的北京京伦饭店。

随后我们被告知，由于某些复杂因素，我们在北京的官方计划已被取消。到了周末，我们不得不离开北京继续我们的官方计划，乘坐火车来到沈阳。

之后，我们又到了上海。当时上海市的市长是朱镕基，他后来成为副总理，然后又成为总理和中国系统经济改革计划的领导人。当时上海市委书记是江泽民，他后来成为中共中央总书记、国家主席。

关于上海，我长久以来的记忆都是沿着黄浦江北岸的外滩散步，正对着上海市政府，这些建筑在中华人民共和国成立前是香港楼和上海银行大楼。多年以来，中国已经成功培养了许多有能力的领导者，但朱镕基是最有能力的领导者之一。几年后，当他作为副总理访问澳大利亚时，曾在昆士兰稍作停留。当时作为内阁办公室主任的我是他的东道主，有机会和他讲到一些敏感话题。他轻轻地笑着说，他受过应对"复杂性和矛盾"的训练，然后他开始打盹，没再说什么。

中国官方文化重视与外国客人打交道的重要性，同时我们见证了朱镕基处理压力的能力。朱市长坚持会见了一批不起眼的澳大利亚客人，而且这些客人来自名不见经传的昆士兰州，还不是执政党。作为在野党的我们，与上海唯一的联系就是昆士兰州与上海建立了姐妹州市关系，而昆士兰州州长迈克·埃亨（Mike Ahern）这个时候也在上海。

chapter 8

**Ending Labor's Thirty-two Year
Long Drought**

第八章

工党结束长达 32 年
的在野生涯

　　昆士兰州大选于 1989 年 12 月 2 日举行。和所有的选举一样，长达一个月的竞选活动让人狂躁。我留在玛格丽特街的竞选总部，协调政策发布，协助撰写和编辑竞选广告，策划宣传活动。韦恩·斯旺负责战略沟通，韦恩·戈斯则前往昆士兰州各处有条不紊地开展竞选活动。虽然这是一场看似无法取胜的选举，但韦恩·戈斯依然如勇士般泰然自若；我可做不到这样，韦恩·斯旺也处在无休止的焦虑中。我们都明白，自己的未来以及昆士兰州的未来都已经命悬一线。菲茨杰拉德调查揭露了昆士兰国家党和警察队伍的腐败现象，当地记者，如《信使邮报》的托尼·科赫（Tony Koch）和菲尔·迪基（Phil Dickie）都撰写了调查报告，澳大利亚广播公司的节目《十字路口》（Four Corners）也就此进行了题为《月光之州》（The Moonlight State）的报道，当时的主持人是克里斯·马斯特斯（Chris Masters）。尽管如此，昆士兰州的父老乡亲会不会重新相信保守派政府呢？

　　答案当然是肯定的。在州议会的 89 个席位中，我们只拿到了 29 个，所以我们必须让自己获得的席位翻倍，比如赢得过去从未给工党投过票的选民的支持。选举当天，我从无花果树小区（Fig Tree Pocket）新租的房子出发，驱车进入市区。我把车上的卡带机调到最大音量，播放莫扎特的《加冕弥撒》（Coronation Mass），这是我当时养成的放松习惯。车内音乐震天，我因为超速被一辆没有标记的汽车逼停。对选举来说，这可不是一个好的开始。一位穿着便衣的警察问我要驾照。我给了他州长部门通行证。因为根据当时的政策，反对党领袖办公室实际上是州长以及州内阁的下属单位。这位警官问我为什么要开这么快，我回答说："当然是为选举做准备。"

"加油，先生。"他说，态度突然转变，想必他断定我是在为州长工作。我没有解释。

选举活动进行得很顺利。保守派发现他们所做的一切都无法让他们在政治上获得更多支持之后，便故技重演，重拾起"优良传统"，开始在七情六欲这件事情上大做文章。他们在第三方媒体上发动闪电战，炮制了一个名为"理性基础"（Logos Foundation）的基督教原教旨主义组织，声称工党政府将从同性恋合法化开始，亵渎所有公共道德。保守派迫切希望我们上钩，从而将选举焦点从腐败、未来经济举措、教育、健康和环境的辩论中转移出来。我们在选举总部考虑着如何应对。

我决定从"作战室"给我的一个朋友打电话，他是当地的英国圣公会牧师。我解释了我们面临的困境，婉转地提出由于这是在基督教社区内挑起的辩论，他是否有兴趣回应这种原教旨主义流氓行为，我的牧师朋友同意了。当我放下电话时，围在会议桌旁的无神论伙伴完全沉默了。

"为什么保守派觉得上帝就站在他们那边呢？"我说，"在这次选举中，耶稣并不是被收买的保守派选民。耶稣要么和我们在一起，要么也至少还举棋未定。"

沉默依旧。然后，在韦恩·戈斯的带领下，整个团队都鼓起掌来。

"从我个人的角度来说，"他说，"就宗教而言，我是南方人的忠实支持者，但我以前并不知道上帝也在帮助南方人。"

在竞选活动中，我觉得我们需要一些高雅元素，于是找来了当地的交响乐团，在开场环节演奏贝多芬的《英雄交响曲》，然后以第九交响曲的《欢乐颂》结束。韦恩·斯旺问我们为什么要用这些古典音乐，而不是鲍勃·迪伦（Bob Dylan）和布鲁斯·斯普林斯汀（Bruce Springsteen）的作品。我说我从来没有听说过斯普林斯汀的音乐。而且，最重要的是，要给那些铁杆保守派一个意外，让他们知道我们不是某些人口中的野蛮人。不过，如果我们能够获胜，我会很乐意让斯普林斯汀先生在 1992 年的下一场选举中表演。

大选日终究还是来了。韦恩·戈斯的状态很好，我的精神倒是不太好。过去几天民调支持率下降，因为人们听信了执政政府的狡辩，说什么"与其遇上不认识的新鬼，还不如遇到认识的老鬼"。韦恩的妻子罗伊辛问我，我们能不能赢得竞选；我说，我觉得很难。

然后，根据选举夜的惯例，所有选票都被送去计票房间。我紧张地坐在竞选活动室里，这是历史上第一次，工党中的"怪才"们向我保证他们对结果成竹在胸，因为他们发现了能最早得到投票趋势的门路。我对此持怀疑态度。结果没过几分钟，"门路"就不灵了。虽然我的猜测得到了证实，但关键是我们能否赢得大选。每个投票点的手写计票表都最终出来了。我守在电话旁边，等待结果的到来。

第一个结果来自尼波山（Mount NeBo）投票点。这个投票点位于布里斯班西北部的桑福德（Samford）山谷的高地。我们必须拿到这个席位。投票站的长官看了结果后，宣布："29%的选票投给了工党。"

我说："胡说八道，这不可能。"

不幸的是，当我从计票单上抬起头时，一台电视摄像机的镜头正架在我的鼻子前。我刚对布里斯班郊区一个偏向我们的社区进行了细致的分析。尽管我难以相信，但随着各个投票站点的选票结果相继公布，我们最终取得了压倒性的胜利。大约1个小时后，我在家里打电话给韦恩，向他表示祝贺；这时，我默默地流着泪，告诉他是时候正式宣布胜利了。

* * *

在兼任总幕僚长、首席政策顾问和"政治守门人"大约一年之后，改变的时机终于到来了。因为一方面政策工作太过复杂，另一方面我还要负责日常的政治管理，许多事情无暇顾及。

我建议韦恩·戈斯把我的职责拆分开来，任命其他人担任他的总幕僚长，和他的首席新闻秘书丹尼斯·阿特金斯（Dennis Atkins）一起负责政治运作。

丹尼斯·阿特金斯非常称职，他是一位经验丰富的记者，同时还是韦恩·斯旺的密友。此举使我能够专注于政府的政策，而政策正是我们入主州政府的原因。韦恩同意了。

我们都被新南威尔士州州长尼克·格雷纳（Nick Greiner）引入的内阁办公室模式所吸引。韦恩开始和尼克·格雷纳建立起良好的个人和工作关系。在这种新的模式下，内阁办公室成为政府的中央政策协调机构。因此，与我的同事埃里克·芬格（Erik Finger）和公共部门管理委员会协商后，我们决定在昆士兰州也建立起这样一个机构。于是我们进行了公开招聘，还为此成立了一个遴选小组，格雷纳麾下的新南威尔士州内阁办公室总干事加里·史特格斯（Gary Sturgess）也位列其中。我和其他人一起提交了申请，随后被推荐任命为昆士兰州内阁办公室的第一任总干事。后来，还有一个人像我这样当上了总干事，但那是另一个故事了。

对州政府来说，任用来自全国各地政策机构的专业政策工作人员建立内阁可以带来一些基础优势。它把我从政治中解放出来，使我几乎能够完全专注于政策。这意味着州长办公室可以专注于它最擅长的事情，即通过一个专门的实体向昆士兰州提供重要的经济发展项目，这个实体就是协调员办公室。这是我们在内部设立的一个科室，它可以帮助一些大型项目免于烦琐的政府审批程序。随着政府间改革议程日益拓宽，内阁办公室还让我们成为与英联邦和其他州就政策问题进行沟通的常规联络点，进而成为澳大利亚微观经济改革的新前沿。对我来说，这是一次全新的公共政策方面的大胆尝试，我再一次"执笔而书"，在为澳大利亚皇家公共管理学院（现为澳大利亚公共管理学院）的致辞中解释了这一创新的目的。

正是在这些年里，我清楚地了解了州长和国家总理之间的动态关系，特别是昆士兰州的州长韦恩·戈斯和澳大利亚财政部部长基廷之间的关系——后者后来成了澳大利亚的国家总理。鲍勃·霍克（Bob Hawke）在 1990 年大选中再次当选总理之后，开始了一项名为"新联邦主义"的新政策议程，承诺通过这个项目来合理分配堪培拉与各州所担负的责任，改革我们日益功能失调的联邦，减少被技术人员称为"纵向财政失衡"的问题，即各州相对于他们在联邦中履行的职能而言可支配收入越来越少的问题。他还实行了一系列国家微观经济改革，涉及电力、水资源、公路、铁路、教育和培训，以及新的国家竞争政策。这些都是非常好的政策。由于韦恩当时正值新官上任三把火的阶段，霍克决定于 1990 年底在布里斯班的议会大厦召开总理特别会议。

霍克的财政部部长保罗·基廷也满脸不情愿地出席了这次会议，因为基廷在与州政府打交道时最喜欢的做法是抡起金融大棒惩恶扬善，而不是召开会议。相比之下，霍克认为自己才是主要的调解人。我们刚一落座，基廷便开始盯着天花板的吊灯，一副无聊透顶的样子。

我嗅到了麻烦的味道。在谈判中期，基廷在大楼旁边闲逛的时候，我跟了上去。这成就了我第一次和基廷的对话，他是我最崇拜的澳大利亚政客。基廷对会议不屑一顾，他说霍克赢得了大选，但对如何使用他的权力毫无头绪。后来总理部门的秘书迈克·科德（Mike Codd）过来找他参加一个特别会议。

"这又是个什么会？"基廷说，"改革都改到哪儿去了？"

我给了他一个合乎逻辑的答案，我说要达到我们最基本的目标，即微观经济改革，这个过程是必要的，这是对他过去 7 年的宏观经济政策所做的必要补充。

基廷回了我一个讥讽的表情，然后说出了下面这段话，这其中的智慧我永远也不会忘记。

"凯文，"他说，"我们没有太多时间玩政治。我们是战斗机，我们在这里是为了寻找目标，然后行动，最后离开；我们不是笨拙的兰开斯特轰炸机，优哉游哉地等着被击落。"

会议结束后，便开始了为期 5 年的政府间进程，其间，基廷攻击霍克对各州放权过多，例如在联邦基准税率基础上在全国各地实施不同所得税税率。基廷继续嘲讽"新联邦主义"进程，直到他在 1991 年底取代霍克。但就我而言，最重要的是能够接触到我们国家的一位伟大的政策改革者，尽管他有很多怪癖。

就这样，我们来到了 1992 年，我们的大选年。从诸多方面看，这是一次波澜不惊的大选。我们高效地施政，有效地改革。尽管面临国家经济衰退，我们还是设法连续 3 年实现了预算平衡，保持了州的 AAA 信用评级，降低了州借贷花费。我的同事格林·戴维斯（Glyn Davis）后来写道，这任政府是一个"万能的"的政府。他是对的。

尽管如此，在经济衰退期间参加大选仍然不是一个好主意。我们设计了一个适度的反周期工作计划，帮助维持当地商业信心和就业信心；但随着越来越多公众因为经济衰退对他们生活造成影响而指责基廷，国家政治情绪变得一片黯淡。我们的政治挑战是避免成为联邦政府的"避雷针"，因为我们的选举要比联邦大选早几个月举行。

我的任务是为政府准备大选的政策基石：重建公立医院系统。当时的公立医院系统处于崩溃边缘，某种程度上几乎可以说已经崩溃——X 射线设备无法使用，病房无法维持无菌状态，手术室被外科医生称为"第三世界现场"。几十年来，医院一直缺乏有效的资本预算。有些医院从 20 世纪四五十年代公立医院大规模扩张以来就一直缺乏预算。当时是工党执政后期，州长内德·汉隆建立了该州的第一个免费医院系统，这也是全国首例。

我下令对整个系统进行资本审计。之前的政府没有尝试过这样的事情，因为他们害怕可能听到的答案。他们确实会被吓坏，因为审计的结果确实超乎预想。我们若想继续经营，并且保持预算盈余，唯一的方法就是慢慢地开展重建计划。因此，我们设计了政府 15 年 15 亿澳元的医院系统重建计划，该计划为昆士兰州绘制了直到 2007 年的蓝图，而 2007 年恰恰又是我借助医疗系统改革当选总理的那一年。我为 1992 年的计划感到自豪，许多人都为此做出了贡献，但这个想法基本上是我提出的。这是我的作品，无论好坏，它都代表了我自己的成果，构成了昆士兰州的主要三级医院以及地区医院系统大规模重建计划的基础。我也觉得，在某种程度上，这是我对自己 11 岁时记忆的一种回应。20 多年前，我经历了父亲在布里斯班一家破旧的公立医院里

慢慢死去。1992 年大选几年后，我驾车前往路卢特维奇路（Lutwyche Road）
的皇家布里斯班医院，途中探望了身居楠伯的母亲，看到写着 3C 病房（Ward
3C）的战后建筑已经被拆除，我非常高兴。当年我的父亲就是在那里去世的，
能够有所作为的感觉真好。

* * *

我们在 1992 年大选中获得了胜利。政府人员基本没有变动，我们再一次
赢得了 89 个席位中的 54 个。现在是时候弄清楚我接下来该干什么了。到此
时为止，我已经在昆士兰州度过了将近 5 年的时间。我来这里是为了测试自
己是否真的可以踏入政坛。经历了各种风雨后，我知道我做到了。

我再一次与泰瑞莎长谈。她是最了解我的人，也是最关心我的人。这时，
她已经在布里斯班成功地开创了自己的事业。她任职的康复公司——先在堪
培拉，后来在布里斯班——破产了，她买断了该公司在昆士兰州剩余的业务，
并于 1989 年推出了自己的品牌——澳大利亚工作方向公司（Work Directions
Australia）。为了筹资，她需要向银行贷款。她写下了整整两页的商业方案，
然后带着它去了我们当地的联邦银行分行，申请 1.2 万美元的贷款。银行经
理随后打电话给我，要求私下和我见面。他说，这位"小女人"虽然给出了
一个商业创意，但作为这栋房子里的男人，我必须成为她的保证人，这意味
着要使用我们即将在霍桑区菲利普街（Phillip Street, Hawthorne）购买的房
子作为担保。显然，在昆士兰州，性别歧视仍然存在。

贷款批了，泰瑞莎的康复公司顺利开业。公司的办公室在一间阁楼
上，具体地址位于南布里斯班秃鹰街（Vulture Street, South Brisbane），
旁边是一家殡仪馆。现在这里是昆士兰儿童医院（the Queensland Children's
Hospital）的所在地。公司业务增长迅速，业务范围扩展到了受伤工人康复，
并且开始探索与政府签订合同以帮助长期失业人员重返工作岗位的可能性。
她很快在北码头（North Quay）开设了新办公室。她的工作发挥了她的一技

之长，回报了社会，并且收入可观。她不想搬家，喜欢住在昆士兰州。杰西卡和尼古拉斯都很高兴地在莫宁赛德州立学校（Morningside State School）安顿了下来。简而言之，这个家庭的回答是肯定的。进一步延长我在外交部借调时限的想法开始时碰到了一些问题，但是沟通一番之后他们同意了。剩下的就是和韦恩的谈话。

当我颇为紧张地提到涉足联邦政治的可能性时，韦恩很震惊，但他表示完全支持。他问了所有该问的问题。最重要的是，他想知道，我能否为了真正值得的事情而承受住政治中的喧嚣和荒谬。然后我们讨论了我可能竞选哪个席位，我提到了格里菲斯（Griffith）的联邦选区。本·汉弗莱斯（Ben Humphreys）议员在位多年，深受大家爱戴，但是现在他要退休了。最后，我们讨论了时间问题：1993 年的大选即将到来，但现在参与可能为时过早，这将是一次艰难的大选，因为基廷在昆士兰州并不受欢迎，也许最好把参与大选的日期推迟到 1996 年。这样我就需要继续在州政府工作一段时间，然后才能开始联邦的竞选活动。

然而，在我的心脏科医生对我进行定期年度检查后，所有这些讨论都被搁置了。医生告诉我，他上一次做出这个诊断是在 20 年前，当时我患有儿童风湿热的主动脉功能不全，而现在必须进行开胸手术，更换损坏的瓣膜。如果不做，我最终会心脏衰竭而死。这听起来有点儿极端，但是这位看着我长大的医生从来都不是一个善于夸大其词的人。所以我还是要做最充足的准备。心脏科医生让我保证我不会在 1993 年参加竞选，所以现在的目标就是1996 年。

* * *

我从自己在昆士兰州的生涯中学到了很多东西，其间也付出了很多。现在我有信心在公共生活中做出更多的贡献。韦恩没有教会我相信什么——这是每个人需要自己解决的内在问题。但他教会了我如何提炼出这种信念的核心信息，如何用信念和效果传达信息以及通过实践来传达信息的重要性。他说，人们想知道这些信息真实的面貌，作为他们对你的信任的证据，这绝不是你对他们说几句话就可以搪塞过去的，但韦恩并没有告诉我目标是怎样的。他肯定有目标，我也有。

韦恩还教给了我政治气质、风度和手段，我对此十分感激。同样，昆士兰州和整个国家也要感谢他让这个政治体系得以好转。昆士兰州曾经是政治意识最保守的一个州，但在韦恩的领导下，它所表现出来的创造性为其他州做出了贡献，它也从中找到了自我，而不是去构建、制造和维持一个狭隘的州级身份来让自己与众不同。韦恩担任昆士兰州州长的时间相对较短，但纵观整个历史，他的成就所带来的影响是巨大的。他改变了昆士兰州；他使昆士兰州实现了现代化；他改变了昆士兰人对自己的看法；他带领昆士兰州走出严冬，从国家的笑柄变为联邦会议桌上一个受人尊敬的贡献者。没有韦恩，这一切都不会发生。

在韦恩的领导下，我为自己取得的成就感到自豪，这些成就大到公立医院计划，小到颁布昆士兰州公共服务部门的第一个毕业生招聘计划，用于逐步建立一支政府人才队伍，作为昆士兰州的公务员储备。这也得益于我过去在堪培拉的经历。

我们还留下了一些持久的事物，例如市中心宏伟的袋鼠岬步道（Kangaroo Point Cliffs Walk）——这是我从私人开发商手中争取过来的土地，被我打造成了公共开放空间。1989年大选前夕，国家党授权该开发商建造主题公园和酒店。这导致一桩持续将近7年的法律案件，我被指控为"民事共谋"（civil conspiracy）。现在，它变成了市中心沿河人行道和自行车道交通网络的一部分，供所有人而不是少数富人使用。当我沿着这条步道散步时，我提醒自己，无论如何，政治生涯的最终目的是提供灵魂上的满足和丰盈。对我来说，进步政治是未来，而不仅仅是过去。

chapter 9
The Years of Living Dangerously

第九章

艰难岁月

政治在很大层面上是你的信念能在多大程度上激励你的问题。在你的政治生涯中，会有一段时间似乎诸事顺利，平稳更迭。前方征途看上去是条康庄大道，有时甚至完全没有波折。当然，这纯粹只是幻觉。

政治生活没有大多数人在个人生活中所渴望的那种秩序。如果你寻求有序生活，政治应该是下下之选，绝非最佳方案。这是因为现实世界中的政治虽然会经常处理一些可预测的事件，但很大程度上还是处理意外，比如那些天塌下来般的大麻烦。这就是为什么政治生活需要一种平和的气质，以目标的一致性为基础，辅以必要的道德观，使人在天翻地覆的情况下也能从容应对。无论如何，就是这个道理。公共生活充满了意想不到的东西，有改变世界版图的大事，也有看似微不足道却足以检验你勇气的小事件。

1996 年大选前漫长的准备期间——准确地说是 1994 年底，在最终被预选为格里菲斯选区工党代表前不久，我遭遇了政治生活早期的一幕"荒诞剧"式的下马威。政界中越来越多的人猜测我将从公共服务转移到政治前线，所以我决定从繁忙的日常工作中抽出一点儿时间，接受当时由澳大利亚第一任驻华大使斯蒂芬·菲茨杰拉德（Stephen FitzGerald）领导的亚澳大学研究所（Asia-Australia Institute）的邀请，参加在菲律宾举行的"亚洲年轻领导人会议"。菲茨杰拉德大使一直都是一位有远见的人。正是因为他的鼓励，我和其他人连续参与了澳大利亚和亚洲融合的国家项目。他是一位汉学家，也是澳大利亚的外交官，在 20 世纪 60 年代后期，曾经为了抗议当时保守派政府在台北设立大使馆的决定而辞职。1972 年，澳大利亚与中华人民共和国建交之后，他当即被澳大利亚工党总理高夫·惠特拉姆任命为驻北京大使。

斯蒂芬让我做主题为"澳大利亚在亚洲的未来"（Australia's Future as Part of Asia）的演讲。我决心给人留下好印象，所以花了一些时间在房间精心准备。我的房间在度假村的尽头，大概因为我总是行事匆匆，所以等不及他们派车来接我去会场，我就穿上我最好的西装，拿起公文包，决定步行过去。我在度假村的后面找到一条捷径，只需要 10 分钟就能够提前到达会场。途中我想可以顺便用我那结实的"砖头"——也就是后来被称为"手机"的科技产品——打电话给家里的泰瑞莎、杰西卡和尼古拉斯。

就在那时我遇到了大麻烦。在昏暗的灯光下，我穿着西装，拿着公文包和手机径直走进了游泳池深水区——演讲稿只有一份，就在公文包里。

在这种情况下，保持冷静已非易事，维持礼仪就更难了。我从事外交工作多年，但从未遇到过这样的挑战：西装革履地在黑暗中落水，摸索着政府发的手机，然后倒出公文包里的水，拯救里边的文件。最重要的是，我赶紧拉直了领带，以防这时有人打开灯，想看看这里发生了什么。

回到房间，看着镜子中的自己，我知道我摊上大事了。我看起来像一只在下水道中待了一整天的老鼠。唯一的备用西服送去干洗了，除了大裤衩、颜色不协调的运动衫和一双沙滩凉鞋，我别无选择。演讲稿湿透了，有些墨迹已经开始模糊，我还是试着逐页吹干。还好，我的手机奇迹般地幸存下来，让我能够打给前台，要求他们派车接我，然后打给斯蒂芬，解释我的演讲稿遇到了一些问题，我会迟到 10 分钟。

15 分钟后，我到了，会场里坐满了衣冠楚楚的亚洲年轻领导人。即便是一贯过于随意的斯蒂芬，也在打量了我的衣着之后皱了皱眉。他把我介绍给了听众，并指出我来自澳大利亚北部地处热带的昆士兰州，该州因不拘小节而闻名。我走上演讲台，看到我的"高级定制套装"后，整个会场一片沉寂。

于是我大胆地宣布我这身装束是为了响应会议组织者的要求，因为这是一次旨在建立友谊的会议，并且因为"东南亚国家联盟（ASEAN）"素以蜡染衬衫、卡拉 OK 和擅长人际交往而闻名，我希望所有与会者都能像在自己家里与朋友和家人聚会一样放松，这就是为什么我穿成这样。随之而来的是热烈的掌声。

我的演讲时间比往常短些，没有我预期的那么流利，而且逻辑也没有想象中那么严密——因为吹风机的处理，几页演讲稿粘在了一起。

* * *

接下来的几年，一直到我 1998 年进入议会，时时充满着意想不到的事情。

我的 1993 年以 1 月的开胸手术拉开序幕。我无法宣称对此毫不担心——这个手术意味着我要戴着呼吸机在手术台上躺 8 个小时。心脏外科医生会锯开我的胸骨，将主动脉瓣从左心室切断取出，然后装上一个匿名捐赠者的家人慷慨提供的新瓣膜；此外，还会有所有移植手术都有的"排异反应"风险。

我选择不去了解手术的细节。查尔斯王子医院的护理人员把我带到一个房间，观看关于手术的演示视频。我站起来离开了，因为我觉得了解自己完全无法控制的手术步骤并没有什么用。我只想知道，在将来漫长的康复之路上，我需要注意些什么。泰瑞莎则和我截然不同，她看了完整视频，还说觉得演示视频"令人着迷"。后来我问比尔·克林顿，为什么他要坚持看完自己心脏手术的完整视频，比尔回答说，那是他看过的最吸引人的一部电影，通过那部影片，他得以探索人类心脏系统那了不起的运行机理。我只想说，比尔和我显然有着截然不同的电影品位。

我主要是为家人担忧，特别是孩子们：当时，杰西卡 9 岁，尼古拉斯 6 岁。很久以前，我就已经为他们购买了额度尽可能大的保险——我父亲离世的时候没给我的母亲留下多少东西，这段经历让我刻骨铭心，所以我已经在经济上做了适当的准备。我担心的是他们的情绪。我有可能在 35 岁的时候离开，留下两个没有父亲的小孩。我自己有过类似的经历，尽管有一位慈爱的母亲竭尽全力地对我好，但我总是有一种情感上的缺失与空虚。父亲留下的唯一纪念品就是挂在我卧室墙上的一张身穿澳大利亚军装的年轻人的老照片。我不想让小家伙们担心，所以我告诉他们我要去医院做一个小手术，一周后就可以出院回家了。然后我和杰西卡、小尼克一起开始在后院造一所小房子。这事儿花了我们好多个周末（我天生不是做手工的料，不得不寻求我哥哥马尔科姆的帮助）。终于在我去医院的前一天，我们造好了这所房子，并把它刷成亮蓝色。我想在孩子们的童年生活中留下一些贴心的东西，能让他们想到深爱着他们的父亲。我给同僚、伙伴留下了亲笔信，也给泰瑞莎写了一封信，他们至今没打开过这些信。回想起来，这一切都有点儿戏剧性。这类手术的成功率超过 90%，但我习惯上做到有备无患。

记得被推进手术室时，我在心中默默地祈祷。我还记得在手术室和我的外科医生马克·奥布莱恩（Marc O'Brien）说过话。接下来能记得的就是手术后在康复病房和泰瑞莎交谈了。她说，我的第一个问题是悉尼对西印度群岛测试赛的第二局比分是多少，这让她欣喜若狂。然后，我进了所谓的"观察病房"，在那里我断断续续吐了 48 个小时，这是手术前用的强效麻醉剂的副作用。最后，我被带到了和其他 5 个患者共用的普通病房，在那里的一周我没有正常入睡过。我对任何噪音都变得高度敏感，不仅仅是打鼾，我周围的人还会发出很多其他声音。我甚至半夜从病房里逃了出来，躺在候诊室走廊的地板上，第二天早上再被换班的新护士带回去。这时，他们才决定让我这个"问题病人"出院回家。大功告成！

医生建议的恢复时间是 3 个月，太长了，我直接拒绝。但是在回家之后的康复初期，走 20 米到房子前面的信箱都会让我筋疲力尽。医生让我放心，告诉我这很正常。

渐渐地，我可以走得越来越远，慢慢恢复了力量。耐心从来都不是我的强项，这个漫长的康复过程令人沮丧。另一项挑战是恢复正常的睡眠模式，侵入性手术对睡眠的影响可能会长达几个月。然而，还有一个我没有认识到的问题是，心脏手术后得抑郁症的概率很高，因为大型手术中用到的"涡轮增压麻醉"会对生理和心理产生影响。我的术后抑郁症经历完全改变了我对抑郁症患者的态度，这是我第一次了解抑郁症的生理原因以及如何有效治疗。

到了复活节，我完全康复了，但做过心脏手术这点对我的政治生涯不利。如果你的同事得知你有心脏问题（更不用说你曾经进行过开胸手术），他们一般会认为你已经有一只脚踏进了坟墓。因此，除了我的上司韦恩·戈斯州长、他的妻子罗伊辛和一两个亲密的朋友，我和泰瑞莎没有告诉任何人，大家都以为我去休假了。

*　*　*

1993 年虽然动荡不安，但也见证了巨大的惊喜。10 月，我们欢迎小马克斯加入我们的家庭。他比杰西卡小 10 岁，比尼克小 7 岁，是我们的小惊喜。是的，我很乐意承认他是在我心脏手术的早期恢复过程中孕育的。事实上，心脏病专家经常将这些惊喜称为"心脏病儿童"，我想别人应该也有相似的经历。我清楚地记得他的出生过程，正如我清楚地记得我的前两个孩子是怎么出生的。和他们不同的是，马克斯出生得更快、更轻松。马克斯·亚历山大·托马斯（Marcus Alexander Thomas）出生在万灵节早上 5 点之前。我们选择马克斯这个名字是因为它蕴含着力量和高贵感。亚历山大是为了纪念泰瑞莎来自天空岛的母系祖先，托马斯这个名字来自我的祖先，我这个祖先是一个罪犯，但设法在第二舰队中活了下来。虽然马克斯现在声称他的名字灵感源自马可·奥勒留（Marcus Aurelius），但我试图提醒他，第二部福音书（指《马可福音》）的作者有着比罗马皇帝马可更温和的灵魂。罗马皇帝虽然写了《沉思录》，但这并没有阻止他继续迫害 2 世纪的基督徒。

马克斯的到来给泰瑞莎带来了相当大的挑战：母乳喂养新生儿，照顾两个学龄儿童，同时还要辅助处于艰难过渡期的我。内阁办公室负责人是州政府最高的公共服务职位之一。当时，我通过预选成为联邦政府的政治候选人，将在一两年之后参加竞选。她在用自己的智慧、事业心和勤奋完成所有上述工作的同时，还打理着自己的公司。那时，她已经雇用了数十名员工。她坚忍不拔，成功地同时处理了许多复杂的琐事。至少在我看来，她的成就足以让很多男人相形见绌。

* * *

1994年底，澳大利亚工党1996年大选的预选开始。回到昆士兰州将近7年之后，做出选择的时刻最终还是到了，我是做一个高级公务员，还是做一个政客？前者可以提供安全、可预测、往往具有建设性的职业生涯，后者则充满了不确定性。

党派预选是勇敢者的游戏。它可能会变成一桩非常丑陋的交易，如果涉及一个被认为"安全"的席位，它可能会变得更加丑陋。格里菲斯的联邦选区自1934年成立以来多次在主要政党之间轮换，工党只以8%的优势取胜，但仍然被认为是安全的。我的主要竞争对手是诺尔玛·琼斯（Norma Jones），她与丈夫林赛（Lindsay）是真正的党派忠诚者，林赛经常担任工党的活动组织者，他们夫妇是工党的左派好人。我不是社会主义者，也从未为工会工作，因此不能被称为工人阶级。到这个时候，我的政治哲学已经明确。我首先相信所有人的内在尊严，相信自由市场的经济逻辑以及自由企业在经济增长、就业和提高生活水平方面的基本作用。我从根本上致力于机会平等而非结果平等，支持社会为那些并非因自己过错而无法在自由市场上有效竞争的人提供安全保障。我接受了市场失灵的现实，认为国家应进行有效的市场调控，而不是像保守派那样幻想所有市场都会自动进行自我调整。我认为州政府应该致力于本着最高标准提供卫生、教育和环境方面的普遍公共产品，不管这些产品是否由州机构提供。我承认每个州对国家安全和宏观经济稳定负有最重要的责任，安全、经济增长、减贫和环境可持续性的国家责任使我们成为国际公民。

这些信念使我成为澳大利亚工党的中右翼。在昆士兰州，主要的右翼派系是由比尔·路德维希（Bill Ludwig）领导的澳大利亚工人联盟（AWU），他对世界的看法介于穴居人时代和新石器时代之间。然后是位于右派和左派之间的工党联合派（Labor Unity），这个派系是最小的。在昆士兰州，工党联合派不时被戏谑地称为"老近卫军"（Old Guard）。但是我觉得他们的这个称呼和拿破仑的精锐部队没什么关系。拿破仑的老近卫军在奥斯特利茨表现得非常出色，但是后来在滑铁卢失手。工党联合派与主要工会也没什么联系，而是从当地社区中获得力量。

由于这些原因，也因为我要接替的退休议员同样来自工党联合派，所以我加入了他们。"老近卫军"怀疑我的忠诚度，他们是对的。但对我来说，他们肯定是三个派系中最好的选择，通过他们我遇到了许多优秀、诚实、敬业的人，他们的唯一兴趣就是改善普通人的生活。我过去13年在工党一直坚持不结盟，但现在为了这个决定，我放弃了我的坚持，但这同时也是在艰难的政党预选过程中遭遇最小抵抗的途径。

然而，由于人口迅速增长，澳大利亚选举委员会重新划定了昆士兰州的选民界限，并且决定有必要为该州的某个地区设立新的席位，如此就跳过了预选过程，但这样做的代价是牺牲了南方某州的一个席位。最后的决定是把格里菲斯的议会席位减少一半，从原来的8%减少到不到4%。在澳大利亚选举条款中，如果席位少于4%，这个地区会被认为是边缘化的。突然之间，我发现自己所争取的联邦选举机会将会变得十分渺茫。重新划分席位的唯一好处是从选民中切除了几乎所有党的左派分支，这意味着那些最有可能在预选中投票支持左派候选人的选民会被安置到邻近的布里斯班，那里在任的议员阿奇·贝维斯（Arch Bevis）尚无退休的打算。最终结果是，我的预选会变得比较容易，但接下来的大选则会变得非常艰难，因为保守派现在正在发动一场针对我的重大运动，以便在一位德高望重的老议员退休之际最大限度地赢得席位。

工党总部的朋友给我打电话，告诉我席位重新分配的"好消息"。从那天开始一直到12个月后大选，我一直面对着一场艰苦的战斗。尽管如此，泰瑞莎和我决定将这些变成所有活动的开始，因为这意味着一个崭新的机会。我们已经走过了人生的三分之一，这是我们这些年来所有想法、思考和理想的落实过程。这条道路很难，你不能三心二意，更不能心生畏惧。虽然从来没学过拉丁语，在后来的几个月里，有句话一直在我脑海里滚动: 抓住今天（拉丁语 carpe diem）。我们做到了。

但首先我们必须要处理一些实际问题。马克斯的到来让我们在菲利普街的小家更加拥挤，我们需要更大的空间。于是我们找到了一座大房子，这座房子有着100多年的历史，四周走廊环绕。它位于诺曼公园（Norman Park），地处一片斜坡树林中，占地800多平方米，山下有街区，这成了我们的家，我们在这里住了20多年。我们在澳大利亚和世界很多地方都生活过，但这里是最让我有家的感觉的地方，它让我们远离喧嚣的人群。在做出重要决定之前，我们会在这里召开家庭会议，例如，孩子们应该上哪所学校，我要不要竞选工党的领袖，然后是我要不要竞选国家总理。所有这些事情，不论大小，每个人都表达自己的观点，通过讨论做出决定。会议地点通常是我们那张超大的床，泰瑞莎和我靠在一端，3个孩子躺在另外一端，这是我们温暖舒适的家。考虑到公共政治生活的变化无常，在现实和情感中能有这么一个叫作家的地方，对维持心态的平和在重要了。

购买诺曼公园的房子需要38.4万澳元，对我们来说这是一笔巨款。菲利普街的房子只值这个价格的五分之一。而且根据泰瑞莎公司当初的借贷要求，那里的房子已经办了抵押。此外，由于公司仍在扩张，我们也不得不抵押新房。银行最终同意了，但条件是，一旦我最终辞去公务员的职位，参加竞选，我必须用我之前的养老储蓄来偿还诺曼公园住宅抵押贷款的剩余部分。大概用了一年时间，我们付清了剩余的抵押贷款，同时这也是公司未来财务需求的最终担保。这就是泰瑞莎和我一直非常尊重小企业创业者的原因之一，这些小企业创业者白手起家，除了为成功而冒险，他们别无选择。

被选为政治候选人之后，我难以继续担任州政府中央公共服务部门负责人一职。州长不同意我的看法，转而让我担任州长办公室总干事一职，这是内阁办公室的一个职位。此时距离联邦大选还有一年多的时间，然而，对我来说，这构成了最基本的利益冲突，因此根本不可持续。在过去的 5 年里，我已经帮助整顿了昆士兰州的公共行政体系，但我并没有让州公共服务过度政治化而使这些改革蒙羞。联邦和各州的公共服务法案明确规定，公务员可以自由竞选政治职位。事实上，如果他们失败了，他们有权自动返回原来的职位。尽管如此，我要求被重新分配到内阁办公室的一个较低的职位上，专门负责联邦—州政府关系方案，那里有过去几年我一直在做但尚未完成的事情。资历上无可挑剔的格林·戴维斯被独立遴选小组正式任命为总干事。

在负责联邦和州政府关系的新职位上，我的下一个重大政策尝试是高等教育在昆士兰州等各州的分配名额。在惠特拉姆政府于 1974 年接管负责公立大学的拨款之前，这些公立大学是由澳大利亚各州拨款的。在昆士兰州，经历了将近 20 年的保守派政府的管理后，该州几所大学的资金基础已经居全国人均最低之列。昆士兰州 25 岁以下的人口数量占全国的 15%，但联邦政府接管资金投入之后，该州所得的学位比例只占全国的 12%。这种不公平的分配比例在大学学位分配中的影响根深蒂固，他们说，如果昆士兰州现在要求大学名额按人均比例分配，那其他州的名额的绝对数量必然会减少。到 1995 年，由于州际移民较多，昆士兰州青年人口比例到了 19%，但它的大学学位配额仅略高于 15%，这意味着每年我们的大学名额少了约 1 万。南方人仍然想知道为什么昆士兰州是这个国家中最保守的州，但事实是，这30年来，因为大学名额分配系统的不公平，大约有25万昆士兰人失去了上大学的机会。这还助长了澳大利亚第三大州的反智文化，反过来又对国家政治辩论的性质和昆士兰州的地位产生了深远的影响。

当然，不是每个人都会任由事态继续这么发展。

1994年8月，联邦政府高等教育资源分配报告发布，特别强调了昆士兰州的不公平现象。此后，我们要反对的事情变得十分清晰。南部各州一片怒吼，墨尔本莫纳什大学当时的副校长公开表示，昆士兰州并不需要更多的大学学位，因为澳大利亚的地区差异意味着某些州天然应该拥有更多的知识文化，而其他州的人则可能就是做体力活儿的命。对我来说，这就像是挑逗公牛的红布。我想到了我在高中时遇到的孩子，他们如此聪明，但从未梦想过上大学，部分原因是他们来自昆士兰州，因为名额较少，这里的竞争更加激烈。这种状况必须改变，我会坚持斗争，直到发生改变。

这就是我和当时的联邦教育部部长西蒙·克林首次见面的契机。见面以文明的方式开始，但结果则没有那么文明，还是公务员的我选择坚持到底。我深信这是正义之举，更重要的是，保罗·基廷站在我这边。

西蒙在确保最终结果方面发挥了积极作用，在1995年的联邦预算中，昆士兰州的大学获得近4200个新名额，我为这一成就自豪，而且这也让我在即将举行的联邦选举中可以给昆士兰人传达一些积极信息。但最重要的是，我想到了所有那些从中受益进而上大学的昆士兰孩子，否则他们就注定成为体力劳动者。

随着1996年联邦选举越来越近，我的联邦—州政府间政策工作也即将告一段落。我们在墨尔本与州长和首席部长进行了最后一次会晤，杰夫·肯尼特（Jeff Kennett）代表所有人发表了即兴演讲，祝我在未来的政治生涯中一切顺利，感谢我为这个集体做出的贡献，并敦促我到堪培拉之后继续效忠于各州与联邦政府对垒的伟大事业。然后，他赠送了我一瓶葡萄酒，上面贴着他的亲笔签名。在我多年的政治生活中，这是自由党给我的第一个也是最后一个礼物。在我接下来的 20 年的职业生涯里，他们将尽其所能诋毁我。我家里的架子上仍然放着这瓶葡萄酒，它不时地让我想起杰夫以及他离开政治舞台以后的事情，特别是他对抗抑郁症的情形。这瓶葡萄酒现在应该完全不能饮用了，但我怀疑它一开始就未必可口。

* * *

与此同时，总干事陆克文正在转变为候选人陆克文。这个过渡过程并不像许多人预测的那样痛苦。当时的副总理金·比兹利晚些时候来到布里斯班，启动了我的竞选活动。当我开始征求格里菲斯的市民对台海危机的看法时，他公开说想知道市民在接受上门访问时是如何对此做出回应的。我不确定比兹利多年来有多少上门拉票的经历，但我发现政策方面的书呆子也可以和公众相处融洽。对我而言，在真实社区中处理真实问题时就是一种解放，特别是我职业生涯的大部分时间都是在处理公共政策中的深层抽象问题。真实的社区生活对我们来说并不陌生，我和家人长期以来一直都去布林巴（Bulimba）当地的英国国教教堂——施洗者圣约翰教堂做礼拜。这是一座建于 100 多年前的白色木质教堂，小巧而漂亮，马克斯曾在这里接受洗礼，3 个孩子在这里领取了他们的第一次圣餐。圣约翰教堂是一座古典的教堂，共有 100 多个教众，他们关心彼此、当地的教堂和更广泛的教区。在过去的 25 年里，它一直是我们的教区教堂，我们在那里经历了美好的时光。

我有一段时间担任莫宁赛德州立学校家长和公民协会（the Parents and Citizens Association of Morningside State School）的秘书长。我们的 3 个孩子在这里上过小学。大约就在这个时候，莫宁赛德被联邦政府列为条件差的学校，这意味着尽管是州政府主要承担其运作资金，学校也有权申请适度的联邦补助，用以改善学校的运营。1 年级 3 班是学校的一个特殊问题班，一个小男孩有一天拿起打字机扔向老师。我们决定申请联邦补助金来测试整个班级的基本行为管理问题以及识字和算术水平。我们还着手为后进生设计了一项干预计划，并聘请几位校外专业教师参与其中，为孩子们提供一对一的服务。结果非同寻常：班里共有 26 个孩子，却有 14 人没有通过 3 年级的基础考试，但特殊的阅读恢复计划贯彻一整个学期后，这一数字减少到 2，学生们的课堂行为也有了极大改善。这激发了我对小学识字和算术测试深入而持久的兴趣，在我当选为总理之后，尽管许多教师工会极力反对，我还是首先在昆士兰州推行，然后在全国范围内普及。当时，我与帕特·韦勒（Pat Weller）进行了多次对话，进一步加强了我的决心。他是一位非常有资历的公共政策学者，我们任命他为昆士兰州惩戒服务委员会主席。他告诉我，在当时，有 60% 的监狱囚犯是功能性文盲或数学盲，或者两者都是。我决心将此视为未来的主要挑战。

我还在学校之外进行了拓展，完全基于个人经验和当地需要建立了我们自己的邻里联防队。1994 年初的两周内，我们家被盗了两次。第二次时，我处理完一个接一个的危机，深夜回到家中，却发现一个盗贼从后窗逃跑。我吓坏了，因为这时泰瑞莎和孩子们正在家里睡觉。因此，在接下来的周六早上，我复印了一些传单，以邮件的方式询问我们街区的其他人是否有相同的经历，并于周日礼拜后在我们的前廊上召集了一次聚会。令我惊讶的是，大约有 40人参加了聚会，于是我成了霍桑南邻里联防队的首任主席。

我真正面临的挑战是在当地社区建立我的声誉。美国前众议院议长蒂普·奥尼尔（Tip O'Neill）有一本很薄、可读性很强的政治经典著作，名为《一切政治都是地方政治》（*All Politics is Local*）。在现代政治阶层有可能被自己的后现代竞选技术所吞噬的当代社会，这本书再次探讨了一条古老的真理。所以，泰瑞莎和我展开了选区地图——这里约有 12.5 万人生活在 5 万到 6 万个家庭中——制订了一个登门拜访计划。

很多朋友都认为我们完全疯了。我们确实是疯了，但就是要抓住一切机会，要么你为了赢得选举而去战斗，要么你不去，想象一下全国范围内对基廷政府日益增长的怨恨，你就不会感到身不由己了。我请了3个月的长假，全力投入澳大利亚议会的选举工作。泰瑞莎也请了几周的假。在1995—1996年澳大利亚漫长的夏日里，我们一起拜访了3.6万户居民，这是全部选民数量的一半。

如果你是初次上门拉票的新手，那登门拜访就是一部加长版的《奇闻轶事》（*Tales of the Unexpected*）。有时你可能会从开着的窗户窥见别人在傍晚的亲昵；有时也会遇到一些好客的女士，她们会邀请你进屋喝上一杯清凉的饮料，告诉你她们的人生故事。有一位这样的女士感谢我的演说，最后告诉我，虽然她一直是保守派的支持者，但她会投票给我。正是这些小事，在艰难的竞选活动中给我以鼓励。

然后，当我离开时，这位最新的保守派立场转变者无辜地问道，年轻的孟席斯先生这些日子过得怎么样。这位亲爱的老太太精神显然有问题。

"不是那么好。"我犹豫片刻后回答，不忍心告诉她孟席斯先生已经去世将近20年了，然后再次确定我还是有很大机会拿到她的选票。

但是以上经历都比不得我现在要讲的这个——这是在1996年1月的一个傍晚的一次登门拉票，地点位于科奥帕鲁（Coorparoo）大街，当时距离投票日还有一个月左右——这不是美好的一天。当人们不明确说他们会不会投票给你时，经验丰富的活动家通常能根据他们在门口感受到的遗憾或者愤怒而知道结果。

这天，我去拜访山上的选民。山越来越高，风景越来越好，房价越来越高，选票也越来越难拿。但是，带着埃德蒙·希拉里（Edmund Hillary）攀登珠峰般的决心，我继续往上走，坚定地认为我的运气会改变。突然间，一只小狮子狗从一扇敞开的大门里跳了出来，一口咬住了我膝盖后边的软肉。血流出来了，我感受到剧烈的疼痛。这一刻，房子的主人开着一辆新款沃尔沃在旁边停了下来。"发生了什么事情？"她用带着浓厚法国口音的英语询问。

我说确实有一个问题，我刚被她的狗咬伤了。

她回应说这根本不可能："我的狗不会咬人。"

由于担心我突然走进了彼得·塞勒斯(Peter Sellers)的电影场景，我抗议道，她的狗确实咬了我一口，所以我的裤子才会滴血。

这时，她火冒三丈，说她不相信我，没有证据表明她的狗咬了我。

"没有证据？"我反驳道，"你认为这些红色的东西是什么？"

"我不知道，"她说，"除非你脱掉裤子。"

"但我不能这样做，我正在大街上，而且我正在竞选！"

"我郑重地告诉你，这不是我的错。我是一名医生，所以你在我面前脱掉裤子是完全正常的。"

这时，一小群邻居已经围了过来。我努力维持着自尊，拒绝脱掉裤子。她得出结论："因此，没有证据表明狗咬了你。"然后抱起狗，大步离去。

在多元文化的现代澳大利亚，这就是面对面竞选活动中的潜在风险。

在1996年的选举中，还有一些非常特别的昆士兰因素。韦恩·戈斯1995年6月上旬决定进行民意调查，工党以十几张选票之差在整个选举中失败，我回去协助开展州选举运动。由于种种原因，昆士兰州的工党政府多年来一直在稳步倒退。交通规划者说我们必须建一条新高速公路连接布里斯班和黄金海岸，但当地社区不欢迎这项举措，也没有被说服，反而设法将每个郊区和环境保护团体联合起来对抗，韦恩政府所依赖的关键席位就这样流失了。而且我们的公共服务部门对政策和结构变化的步调越来越不满意，永远不要忘记公务员也是选民。然后是不受欢迎的联邦工党政府所引发的溢出效应。在我自己的竞选中，这也在地方层面产生了影响。基廷长期以来把我视为韦恩的势力，这一点尽人皆知，这使我在联邦选举中的竞选活动更加复杂。而在公众心目中，我则是基廷改选团队的"付费成员"。政治生活中总是有很多讽刺。

在1995年6月的大选中，工党好不容易赢得了选举，但保守派就汤斯维尔蒙丁布拉选区（Townsville seat of Mundingburra）选票接近的结果向昆士兰州选举争议法院提出上诉。保守派认为，如果将在索马里开展行动的士兵的选票计算在内，结果会不同——尽管根据《选举法》的规定，他们的选票递交时投票已经截止了。在一项极具争议的裁决中，保守派法官下令该选区于1996年2月进行补选。

在为期4周的竞选活动的最后一周，韦恩政府在民意调查中仍然以54%对46%领先于自由党。就在那时，基廷出于某种他自己才明白的原因，决定在一个星期后在蒙丁布拉率先举行联邦选举，这时工党在昆士兰州政府的选举中命悬一线。不要忘记联邦政府在昆士兰州已经极度不受欢迎，而联邦竞选必将占据新闻版面也是不争的事实。到了周中，工党在民意调查中以46%对54%落后于保守派。工党就以这样的方式毫无悬念地失去了席位，昆士兰州工党政府也失败了，尽管可以说昆士兰州有着有史以来最好的州长，而这名州长也有可能成为未来的国家总理。

昆士兰州工党政府在联邦大选前不到一个月的时候垮台，这对工党的联邦竞选活动来说无疑是一场灾难。保守派突然苏醒，占据上风。他们也开始了他们后来所谓的"斩首运动"——在昆士兰州和其他地方尽可能多地打倒未来工党议员。这意味着将分配更多的竞选资源来针对新南威尔士州的迈克尔·李（Michael Lee）和昆士兰州的韦恩·斯旺。而且，令我非常惊讶的是，我也被包括在内。因为商业社区采取一贯的立场站在保守派那边，保守派现金充裕。

我们发现自己在格里菲斯的竞选活动愈加艰难。在每个街道、每个郊区、每个投票站，我们都感觉如此。难度确实变得非常大。或者正如我的朋友——一个略显干瘦的苏联退休学者——当时对我说的："同志，作用力并没有朝着进步的方向发展。"

我知道我参与了一场孤注一掷的竞选运动，而且失败了。在昆士兰州，工党28名候选人中的26人都输了。在全国范围内，我们只剩下不到三分之一的席位。

一直到选举日的傍晚，我和泰瑞莎一直守在竞选办公室。随着每个投票站的结果先后被统计出来，我们慢慢意识到不会有奇迹发生。到了这个时候，不论是那些已经赢了的人，还是那些已经输了的人，以及那些还不知道输赢的人，都会感到身不由己的麻木——就像是身心同时被掏空，因为太痛了，所以失去了感觉。我在州议会的一位朋友曾经告诉我，参加选举就像被扔到一堵砖墙上，输赢的区别在于，你赢得大选就是你撞开了这堵砖墙，如果你输了，就是撞上砖墙然后被弹回。无论如何，你都会狠狠地撞击这堵砖墙。

但你还是得在忍受伤痛之余换上一副笑脸，来面对你的支持者。这些支持者在很大程度上和你一样有一种麻木的感觉，也和你一样非常需要鼓励。唯一的区别是他们相信你就是那个负责鼓励他们的人。

因此，泰瑞莎、我、两个稍大的孩子以及被抱在怀中的小马克斯，参加了由来已久的民主政治仪式。我们一起走进科奥帕鲁澳大利亚足球俱乐部，向聚集在那里的人们发表讲话。摄像机嗡嗡作响，我不记得我说了什么。几个月后，参加聚会的一名记者给我发了该演讲的录像，他说，如果我将来还要参加政治竞选的话，我应该再看一遍，因为这里包含了人们迫切想要的真实的东西。我的原则是，永远不要回头看，包括过去的新闻报道和录像。也许在某个时候我应该再看一遍，也许以后我会那么做，但不是现在。当你因疼痛而麻木时，你不可能再去伪装，因此那时你会看到赤裸裸的自己，原始而本能的自己。政治中的，或者至少是现代民主政治中的永恒之战，便是日益机械化的竞选纪律要求和竞选人的血肉之躯及其缺陷之间的斗争。政治运动及其对参与者施加的束缚，会给一个人的灵魂、理想和思想带来毁灭性的危险。

那天晚上我唯一清楚记得的是一位老人，一位名叫萨米·比尔德莫尔（Sammy Beardmore）的退休老人，他在我发言后站起来，挥舞着一张50澳元的钞票，说下一次我们一定会卷土重来，他很自豪能成为我下一次竞选活动的第一个捐助者。最终结果出来了，我获得了48.53%的选票，与之前的竞选活动相比，丢掉了大约7%的选票。之前的那次竞选，我的胸骨还用线连着，刚刚做完开胸手术，但那时我担任竞选经理，完成了一次明显更成功的竞选活动。也许我错过了真正适合自己的职业——一个智囊。

＊＊＊

泰瑞莎和我在1996年的竞选活动中拼尽了全力，我们绝对没有遗憾。如果政治实际上是一种职业，那么绝没有自动获取政治成功的保障。没有什么比失败更能让你坚定。在这几年里，我们所做的就是接受这样一个原则，即最值得过的人生永远不是没有风险的人生。如果寻求无风险的生活，无论是在政界、商界还是社会上，往往意味着不同程度的平淡无味。

chapter 10
And When the Phone Stops Ringing

第十章

当电话铃声停止时

1996年选举失利后的几天内，我接到的电话寥寥无几。我拿起电话，首先打给外交部，并与负责人员配置的副秘书长金·琼斯（Kim Jones）交谈。我们讨论了我的情况，在我借调给昆士兰州政府期间，我向联邦公共服务部门正式告假。我仍然可以行使合法权利返回外交部并恢复外交生涯。我们像家人一样详细讨论了这一前景，一起讨论所有选择中的最佳方案。

离开7年之后再飞往堪培拉，感觉就像公开承认失败一样。在布里斯班，我帮助竞选的政府现在落败了，我努力成为议员的行动也遭遇了相同的命运。现在，我灰溜溜地回到外交部大楼，寻求自己的新未来。

根据我的经历以及我在更广泛的公共服务中获得的进一步技能，我在缺席的情况下被部门晋升为部长助理。在昆士兰州内一个办公室的4年里，我成功地领导了一个中央政策机构，在接下来同样差不多的4年里，我负责执行联邦—州关系方案，他们认为，我的这些方案和技能，外交部在未来也可以继续使用。（他们也提供给我担任首席部长助理的机会，但条件是我立即回堪培拉，这让我别无选择，只能拒绝。）

琼斯表示，部门急需服务于中国外派职位的高级中文发言人，他还说尽快派驻外国是明智的，通过去国外一段时间给自己"清洁一下"，比马上出现在新政府的面前，向部长们介绍澳中关系曲折状况要好。琼斯邀请我考虑3个职位，这些职位要么现在就可以提供，要么很快就会出现：上海总领事（我之前曾经短暂代理过该职位）、驻北京大使馆副大使兼部长（我曾经在那里担任了一年的一等秘书）以及台湾地区涉澳事务主管。

这一切让我感到振奋，至少有人认为我做出了贡献。然后泰瑞莎和我带着孩子们去了我们在阳光海滩购买的小公寓。那里距离努萨岬（Noosa Heads）不远，可以俯瞰太平洋。对我们这个年轻的家庭来说，这个地方就是天堂；对我个人来说，它带回了许多童年的回忆，因为这里距离我长大的地方尤姆迪只有十几千米，附近的努萨河是父亲曾经教我游泳的地方。当年，在水中度过一个下午后，我们买来炸鱼和薯条，用旧报纸包着，坐在岩石上大快朵颐。而我的母亲总是留在海滩上，察看是否会有鲨鱼出现。过去的10年，我们总是回到努萨度过我们的家庭假期。在此后的近20年里，我们每年暑假还会继续返回这里。这个地方一直以来都在给我们提供安慰，是我们避难和恢复的地方。我们从努萨国家公园北部的海角出发，沿着广阔的沙滩一路向南，一直到25千米外的库伦（Coolum），我们家的很多决定都是在这段旅途中做出的。

经过深思熟虑后，我们得出的结论是，虽然政治是一场伟大的冒险，但我仍然可以通过外交服务在国际层面上进行积极的变革，特别是现在我已经具备了一定的资历。泰瑞莎认为她可以在堪培拉和国外生活，扩展业务，她不是必须待在布里斯班经营她的公司。我们也仍然和中国保持着各种联系，有时中国会让我们沉醉其中——无论古典的中国还是现代的中国。因此，经过深思熟虑，我们对部门任命我担任上海总领事的提议表示赞同。

我还记得我在傍晚的灯光下眺望海洋的岬角，致电堪培拉。在中国金融和经济之都经营自己的小职位可以获得很多不错的机会。我认为，在一个非常实际的层面，以及在经济刚刚开始起飞的时候，我可以帮助政府扩大澳大利亚与中国的经济交往。我很了解上海，可以马到功成。

琼斯终于接了电话，他说自从我们上次通话以后，他那边发生了变化。即将就任秘书长的菲利普·弗勒德（Philip Flood）——同时也是总理约翰·霍华德的长期心腹——告诉琼斯，现在一切都变了，因为我最近的职业生涯过于"炫目"，我应该"自愿离职"。

但其实我不是自愿的。琼斯说他无能为力，我说我会向公共服务委员会就政治歧视提出上诉，他知道我是有法律依据的。许多保守派，包括新任外交部部长亚历山大·唐纳（Alexander Downer），已经从该部门进入议会，失败的保守派候选人也通过预选回到了该部门。我惊呆了，多年来第一次真正动摇了。

直到今天，我还是不知道弗勒德是为了取悦他的新领导而自己决定将我"赶尽杀绝"，还是唐纳甚至霍华德授意他采取的行动。当记者问他时，弗勒德总是否认这么做过，琼斯则一直保持沉默。具有讽刺意味的是，在我去昆士兰州之前，我一直为弗勒德工作。当时他担任负责人事配置的部门的副秘书，而我在人事政策部门工作。在世界各地的官僚机构中不乏菲利普·弗勒德之流。事实上，菲利普·弗勒德是我决定继续政治生涯的核心原因，为此，我感谢他。当筹码越来越少时，他让我别无选择。其余的都已经成了过去。

同样，他的政治靠山约翰·霍华德的故事也是如此。

作为政府服务方面的从业者，我的第一直觉是在更广泛的公共部门寻找工作。我转向新当选的反对党领导人金·比兹利，寻求政策制定方面的职位。韦恩·斯旺也失去了他在利利（Lilley）选区的席位，并在比兹利的办公室谋得了一个职位，这使他能够在堪培拉和布里斯班两个城市通勤。唉，比兹利这里没有我的位置。就像 1989 年我第一次试图离开外交部一样，没有人需要我多年来发展的政策技能或我刚开始获得的政治技能，更没有人需要一个失业的外交官。

我唯一拿得出手的商业技能是我关于中国的知识，可以让我穿行于政治、政策和商业的迷宫之中并进行谈判。1996 年的中国是一个快速兴起的经济体，但要变成全球主要经济体，还要再等 10 年。我询问了泰瑞莎，弄明白了如何建立自己的公司，澳大利亚中国顾问公司（Australia China Consultancies）及其姊妹实体中国咨询公司（China Consultancies International）就此诞生，这是我为了应对国际客户而建立的，我乐观地预计会有大量的国际公司鱼贯而来。我是这两个强大实体的董事长、首席执行官和唯一员工。就这样，我义无反顾地成了一个临时资本家。

＊＊＊

尽管我看重商业，但我从未从事过商业活动。20 世纪 80 年代澳大利亚经济调整时，前工业部部长约翰·巴顿（John Button）曾断言，如果工党运动真的致力于社会公正，而非只是说说，那么我们需要认识到，"为了重新分配财富，首先必须创造财富"。我从一开始就本能地认同这个断言，后来它又在逻辑上说服了我，最后我也从经验上对其信服。对一些人来说，这是一个常识，但对大多数人来说，它是一个革命性的概念，无论是在党内还是在更广泛的工人运动中，当时人们都相信经济是一个神奇的布丁，从这个布丁里冒出来好事是理所当然的。

对我来说，商业和劳动力、企业和工人、利润和工资的分歧在现代经济中已经不再有意义。只要资本和劳动力仍被视为零和博弈（zero-sum game），激发创造性的行为都会收效甚微，所有参与现代公司企业生活的人在意识形态层面参与度都会很低。这种新的契约需要基于这样一种简单的认识，即公司和其中所有人将会基于企业共享回报，要么一起沉溺，要么一起游泳。当然，这仍然意味着公司要保证员工基本工资和工作条件，这样过去经济史中出现的那种剥削形式将会被避免。但同样，为了公司的未来和它可能创造的新型工作，员工也需要具备新的灵活性，回应企业领导、新技术和快速变化的市场的要求。

在这三者中，我认为企业是建立新市场、提供新就业机会的核心驱动因素，同时，我承认企业家精神总是具有混乱性，有时也具有破坏性，往往需要政府进行干预，以帮助那些直接受到影响的企业顺利地从旧的、更可预测的生产模式过渡到更不确定的未来。如果没有这种转变，我们就会一起等死。虽然存在一些例外情况，但总的来说，澳大利亚最缺乏的正是这一点，具体体现在缺乏一种普遍的、不安于现状的、强劲的、能够在最基本的层面上推动经济改变的企业家精神。这种缺乏部分源于政府的惯性，出于某种政治诉求，政府始终未能理解培养、鼓励和奖励澳大利亚企业文化的重要性；部分则是因为大部分澳大利亚企业领导层本身的惯性，他们往往扬扬自得，满足于他们已经在澳大利亚范围内取得了成就，并且完全不打算在世界范围内开拓新产品、服务和品牌。尽管我们的税收与GDP比率在经合组织中是最低的，但他们更喜欢抱怨我们的税收制度缺乏竞争力。正如我在随后的几年中写的那样，当时澳大利亚未来的经济愿景是一个两点计划：中国的采石场和日本的海滩。另一个更具挑战性的愿景是通过囊括世界一流的教育、技能、培训、科学、技术、创新和基础设施的七点计划实现经济多元化，而所有这一切都是由国家愿景和企业共同推动的。对澳大利亚来说，企业文化的革命对于我们未来的国民经济生存是至关重要的。时至今日仍然如此。

但鼓励别人建立他们自己的企业和自己建立企业之间存在着天壤之别。我发现这不是容易的事情——寻找客户、准确地研究如何增加价值、尽早展示成功、打造自己的品牌、建立有竞争力的计费率、管理现金流、专业弥偿保险等事务接踵而至。随着我意外地进入私营领域，我很快发现了商业活动的痛苦之源——税收和遵守监管。在我看来，监管现在完全是乱来。

在所有这些中，为我的服务寻找客户并让他们在中国获得新商机是最重要的。或者，另一种常见的情况是，帮企业有策略地撤销在中国的项目，减少损失。昆士兰州成功的商业领袖吉姆·肯尼迪（Jim Kennedy）给我引荐了两个潜在客户：太平洋邓禄普（Pacific Dunlop）以及毕马威会计师事务所。前者是当时在墨尔本拥有多项中国业务的综合性制造公司；后者是全球性会计师事务所在澳大利亚的合伙企业，在美国《萨班斯—奥克斯利法案》

（*Sarbanes-Oxley*）通过之前，它还为世界各地的企业客户提供商业咨询服务。我将永远感谢吉姆在这个时候把我领进门，毕竟这样做不会给他带来任何个人利益上或是政治上的好处。

我走过墨尔本柯林斯街 101 号的大门，来到太平洋邓禄普令人印象深刻的总部，和即将卸任的首席执行官菲利普·布拉斯（Philip Brass）会面。菲利普和他的团队解释了他们在中国的一些经营困难。例如，太平洋邓禄普的子公司奥莱克斯电缆（Olex Cables）投资了中国的铜缆制造业务，但中国国内电信电缆市场正在下滑，部分因为国内竞争，部分是因为中国政府当时已经开始着眼于铺设 21 世纪所需的基础设施，考虑到光缆的流量和速度，他们决定使用光缆连接整个国家。我很快就开始和奥莱克斯的首席执行官伊恩·坎贝尔（Ian Campbell）一起在澳大利亚和中国的电缆制造工厂中穿梭。伊恩·坎贝尔是一位思虑周密的专业人士，也是忠实的托利党（Tory，即保守党）支持者，非常讨人喜欢。在试图弄清楚中国前途未卜的电缆产业的复杂问题时，我又被引到了冰淇淋制造业务上——邓禄普投资了一系列蛋糕工厂，主要生产适合中国人口味的香草奶昔。我对该产品进行了采样，还调查了其在中国各地的分销系统。但最终消耗我大部分时间的业务是太平洋邓禄普另一家子公司太平洋商品（Pacific Brands），该公司的绝大部分袜子都是在中国生产的。

我在太平洋邓禄普内部被称作"袜子之王"，万幸没有被叫作"内裤之王"。我遇到的主要挑战是，一个新建的袜子工厂没运转几天就被烧毁了。我去现场调查了这起大约 3 年前发生的事故。尽管事实清清楚楚摆在眼前，但部分针对中国保险公司的索赔有争议——这是一家位于北京的国有企业。与此同时，一家知名的全球律师事务所代表我的客户正紧锣密鼓地准备诉讼资料，提交给中国法院。

我认为这完全是疯狂的。首先，它会让公司付出巨大的代价；其次，当时的中国法院很可能不会支持外国公司。于是我去北京与这家企业谈判。我终于找到了对应的政府官员并一起去吃午饭。我向她解释了这个案子，告诉她走诉讼程序毫无意义而且代价巨大。她沉默了。然后我拿出我就此事给全球金融媒体准备的事实清单，以此作为中国的国有保险公司不支付他们的账单的证据。她感到很震惊。几个星期后，太平洋邓禄普对中国保险公司的理赔金额做出了适度的让步，事情解决了。单单这个保险索赔就让我为太平洋邓禄普节省了数百万澳元。然而，作为一名商业新手，我没有事先与太平洋邓禄普谈成交费佣金。但我还是很高兴，毕竟，成为公司的"袜子之王"也是一种专业声誉奖励。

毕马威澳大利亚合作企业的总部设在布里斯班。一天晚上，管理合伙人史蒂夫·洛尼（Steve Lonie）和他的副手菲尔·汉尼塞（Phil Hennessy）邀请我去皇后街中央广场一号楼的 36 楼。这场谈话很长，我们聊了对这个世界的看法，还说到了澳大利亚当时的"五大"会计师事务所需要更全面地与中国合作，为客户提供企业咨询服务。史蒂夫和菲尔热衷于聘请澳大利亚中国顾问公司专门为毕马威那些希望扩展到中国的客户提供咨询。我们就财务问题达成了一致，他们在中央广场一号楼为我安排了一间办公室，可以俯瞰布里斯班河、莫顿湾（Moreton Bay）和远处的斯脱布克岛（Stradbroke Island）。昆士兰州的政治环境会让人避之不及，我非常感谢吉姆以及那些给我机会的人们。毕马威会计师事务所的其余合伙人和工作人员也欢迎我这个独一无二的"左撇子"的到来，我会讲过去从政生涯中的故事逗他们开心。

我与澳大利亚的发电和输电公司合作，慢慢成了精通中国电力行业结构、定价政策以及新市场隐患的专家，开始为公司带来可观的业绩。在阅读中国发电厂的可行性报告以及分析中国偏远地区破旧工厂资本重组和翻新方面后，我成了一个内行人。我了解当时中国燃煤电厂的状况，缺少对氮氧化物和硫氧化物等污染物排放的控制措施，以及中国在扩大总装机容量方面的突破速度，这些知识也有助于我后来作为国家总理，与中国领导人讨论气候变化这一我们这个时代的全球性挑战。

但在那时候，地方官员并没有意识到这些隐忧，他们只是根据当地经济增长的速度来评估绩效。这些官员具备一种基本的应对工作之道，我发现了一个数学原理：中国各省、市中，与北京的距离越远，每顿饭的酒精消耗量越大，每杯酒的酒精含量也越高。外国人应该谨慎对待茅台酒（中国白酒）。10年前我做外交官的时候练就了一点酒量，但远远不够，特别是在应对中国西部地区官员的时候。

　　酒水上桌之后，没有什么比一个外国人的到访更能调动气氛的了。晚宴一般都以我和中国东道主放声高歌中国革命歌曲结束，而我的澳大利亚客户则完全惊呆了，他们不明白中国人原来是这么谈生意的。

　　令我惊讶的是，至少在1997年底亚洲金融危机之前，澳大利亚中国顾问公司利润十分可观。这个时候，与区域经济一体化的程度相关，危机影响从东北向东南传递，然后蔓延到中国境内，中国经济增长速度大幅放缓。尽管如此，人口增长的动力、人均收入的快速增长以及一个敢于采取大规模刺激措施的政府使得越来越多的客户开始将中国视为在日益不确定的世界中更安全的长期赌注，我的业务继续为我带来可观的利润。

　　我在此期间最有趣的客户之一来自昆士兰州的黄金海岸。他的商业梦想是向中国政府出售澳大利亚双冲水马桶的知识产权。双冲水马桶的原理是这样的，可以选择放出少量的水进行一次短冲，而当你需要更多的水时，可以让所有的水一次性通过软管，形成一次长冲。在当时的中国副总理朱镕基访问澳大利亚期间，我的客户麦克斯（Max）想了一些办法，受到了朱镕基的接见，从而得以介绍该设备能够为中国节约惊人的用水量。后来我和他一起去了北京，他奇迹般地成功获得了和朱镕基的另一次见面的机会，这次是在人民大会堂。我们的轿车停在人民大会堂的北门入口，这时我看到麦克斯吃力地把一个非常大的盒子搬上台阶。我们进入大楼后立即被护送到一间接待室，麦克斯即将要做的事情令我大惊失色。尽管我提醒他不能这么做，但麦克斯并没有被吓倒。因此，在谈话结束时，中国代表团的成员带着温和的笑容，看着麦克斯展示了后来被我们称为"大茅桶"（Maxi-Crapper）的东西。麦克斯充满激情地向当时的这位副总理介绍了长冲和短冲这种来自西方世界的"奇迹"。朱镕基礼貌地、几乎是怜悯地看着麦克斯的展示，显然想知道这群外国"野蛮人"到底是怎么把这个东西弄进门的。在随后的半个世纪里，我曾一度生活在一种担忧中，担心某一天某个中国官员会就此大做文章，讲述麦克斯、"大茅桶"和这段在中国失败的商业故事，并昭告天下我和这件事之间的联系。

* * *

1998 年，我又要面对工党的预选问题了。这期间，我赚的钱比以往任何时候都多。确切地说，比我从政赚得要多，包括后来当总理的那段时间。泰瑞莎和我第一次感到财务上的轻松，但我还是把视线放在了第二年的选举上，可工党没有特别钟爱我，"老近卫军"也没有。

在左派和右派的眼中，我都不是任意一方的一员。

结果，在"老近卫军"的预选中，我受到了挑战。该投票了，我和我的对手一样，在内部聚会上发表演讲，尽管派系的一些领导人对我有所保留，我仍然成功了，因为当地成员认为上次竞选中我如此卖力，应该给我机会让我再试一次。我以 41 票对 4 票赢得了胜利，这让我在本地和全国各地越来越多的派系敌人非常懊恼，我再次被推选为澳大利亚工党格里菲斯选区正式候选人。派系领导人担心我过于自大，太自信于自己的能力，不会屈从于派系纪律。他们再次说对了，不得不说他们非常敏锐。

1998 年，差不多每个周末我都会去进行竞选活动，跑遍了选区的每个购物中心和每条街道。当地人记得在上次选举期间，我们登门拜访了 3.6 万户家庭。一位居民有一天早上对我说："这次我会投票给你，条件是你不要再来敲我的门。"我说"成交"。

我在竞选牌上宣告了我的新口号，我将在接下来的 15 年继续作为当地成员"捍卫南方"（Standing Up for the Southside）。关键时刻，当地人总是会选择为他们出头的候选人。最重要的是，他们想知道你对他们的承诺是否真实。他们之前听过所有这些话，想知道你具体会做些什么。如果你无能为力，那么他们宁愿你如实相告。

我也有了一张新的竞选照片，这让我看起来不再像后青春期的约翰·丹佛（John Denver），更像我自己——一个严肃的书呆子。在当地的竞选活动中，我们做了可以做的一切，但澳大利亚选举历史的现实是，完成第一个任期的政府总是认为人们应该再给他们多一些时间来证明是非曲直。

当约翰·霍华德于 1998 年 10 月提前举行大选时，我们已经做好准备，开始以施里芬计划（the Schlieffen Plan）般的精准度推出我们的动员战略。全国的竞选活动出现了一些问题，工党中央宣布对四轮车辆全面征税，这反倒帮了对手一把，为了增加微不足道的收入，我们此举一下子失去了大量中产阶层的选票；然后是对资本利得税进行微调。在当地的竞选活动中，我们反对关闭当地医疗保险办公室，但中央通知我们不能承诺重新开放，这对在当地社区建立信誉绝对不会起到好的作用。尽管我们与中央反复"讨论"这些，但堪培拉方面认为他们最了解情况。

保守党利用销售税和资本利得税改革散布恐慌，我们从当地竞选办公室接到的电话中见识到了他们这种伎俩的效力。这种改革带来的收入改变微不足道，但却极大地打击了工党的选举前景。如果这两个基本的竞选错误没有发生，或者，如果它们能够被及时改正，那么工党可能已经赢得了 1998 年的选举，毕竟当时整个国家对霍华德政府已经如此失望。但是没有如果，最后，我们的席位又少了 8 个。

但是 1998 年 10 月 3 日，我最终当选了澳大利亚议会议员。我在格里菲斯的成绩比工党在全国的成绩要好。多么辉煌的胜利！那天晚上的庆功宴没有持续很长时间，因为 5 岁的马克斯在演讲期间绕着大厅乱跑，喝错了东西，马上病倒了。对于一位新当选的议会议员来说，这可不酷，而且第二天一早还要去教堂致谢。

从第一次放弃外交部的安逸生活投身于我当时认可的"政治事业",再到现在的位置,我用了 10 年时间。这需要很强的韧性。对我而言,维持我的政治生活所需的大部分韧性来自我的家庭——尤其是泰瑞莎——以及一种持续的信仰,即我们不应做被动的旁观者,而应积极参与到改善人类状况的共同使命之中。

chapter 11
On Being an Honourable Member

第十一章

成为议员

  成为议会议员是一件非常奇怪的事情。许多人渴望成为一名议员，但只有很少的人能够成功。事实上，在我们联邦短暂的历史中，议员只有不到1000个。尽管它有很大的吸引力，但没有工作说明，没有培训，也没有评估，有的只是周期性的机构和个人之间的博弈，也被称为全民选举。

  当一个地方议会议员既不是一份工作，也不是一份职业，准确地说，它更像是一份长期使命，包含着各种奇异的要求。最重要的部分，却也是最少讨论的部分，换言之，就像一名牧师，你要照顾那些向你寻求帮助的人，对他们来说，你是他们最后的依靠；你要成为他们的代言人，将他们的需求和当地社区的需求传达给那些有能力的人；最终，你要提供解决方案或确定没有解决方案。议员们就在国家首都这里展示他们的美德、邪恶抑或平庸。作为立法者和政策委员会成员，我们需要扮演的一个角色就是国家政治舞台上的炮灰。然后，你在媒体面前还需要扮演"表演者"的角色，向他们解释非凡成就，隐瞒失败，去浇水，去灌溉，去滋养，去哄骗，并在必要时进行安抚。

  最后还有一个被称为"政党"的野兽。以我为例，我的政党是澳大利亚工党。首先，正是他们的支持使你得以进入权力大厅，但随后你便要开始和你的政党展开原则或权益的斗争。成为议会议员就是扮演所有这些角色，同时你还要努力维持家庭、友谊、信仰和健康，并希望自己一路走来看起来还像个样子。正是因为如此，当我们评估一个议员时，我们应该反思我们对他们是否有过高的期望，或许在评估过程中是否需要更温和一些。尤其是在澳大利亚，我们对议员要求非常严苛。

我差点儿成了有史以来议员生涯最短的一个议员。在赢得竞选后的一个早晨，我带着12岁的儿子尼克去了他每周都去的板球场。不幸的是，尽管我经常陪他在周末练习，但尼克继承了我在这项运动中的"天分"，他的技术没有任何明显提高的迹象。但是，这并没有减少他的热情。他是格拉瓦特青少年板球俱乐部（the Mount Gravatt Junior Cricket Club）的10号球员，并以此为荣。这次，他们的对手是英国国教教堂文法学校，格拉瓦特队表现不佳，尼克也再一次没有给得分手带来太大麻烦，之后……接下来的事情我记不清了，当我醒来时才得知，我被掉下来的橡胶树树枝砸到了头。橡胶树生长在球场的一侧，我的父母曾在这里乘凉，母亲早就警告过我断枝的神秘危险。就她而言，房子100米半径范围内不能有树，她无法理解为什么我们在布里斯班教区的房子周边至少有100棵树。尽管我的母亲偶尔有一些20世纪遗留下来的怪癖，但在这些最实际的事情上，她还是有一定智慧的。当我醒来蹒跚而行时，我记得有一个家伙拍了拍我的背，关切地问我怎么样了，说他们可不能这么快就失去他们的议员。他继续说，他实际上并没有投票支持我，但他无法忍受将公共开支花费在补选上。

在堪培拉，我参加了我的第一次工党核心小组（parliamentary party，澳大利亚的政党基本都有一个核心小组，也称议会党团，领袖就是由这些人选举产生的）会议，领导人金·比兹利发表了长篇演讲，然后宣誓就职。议会议员必须做出的第一个决定是通过宣誓礼或是以《圣经》的名义表示效忠英国女王伊丽莎白二世以及她的继承人。无神论者、不可知论者和世俗主义者会选择宣誓礼，像我一样信仰上帝的人则会选择《圣经》，然后是选择《圣经》的版本。我选择了钦定版《圣经》，耶路撒冷《圣经》（Jerusalem Bible）适合那些信奉"唯一真"教会的成员。而对像我这样试图跨越1517年宗教改革带来的分界、自称"无固定教派教徒"的人来说，两个版本没有什么实质上的区别。我选择钦定版《圣经》不是出于任何特殊的神学原因，而是因为这个版本富有诗意、韵律优美，或许还有些许的历史共鸣。澳大利亚议会与英国的 1688 年光荣革命一样具有宪政血统。光荣革命结束了都铎王朝和斯图亚特的专制统治，预示着君主立宪制的新时代。作为一个忠诚的共和主义者，我为澳大利亚的"极简主义"君主制深感安慰。于是，作为日益缩减的工党阵营中的一员，我捧着《圣经》，宣誓效忠于英国和它的王室。

高等法院首席大法官主持的宣誓仪式让人感觉十分漫长。人群里，新当选议员的家属笑容满面，充满了骄傲。他们理应如此，因为他们分担了国家政治生活的痛苦、混乱和忍耐。我能记起我的母亲、我的哥哥和姐姐、我的妻子泰瑞莎和我们 3 个孩子的面孔，他们在竞选期间一直是我的绝对支柱。接着，仪式的庄重感被一个尖厉的声音打破了。这是马克斯的声音："妈咪，你看到爸爸坐在哪里了吗？那边的绿色座位，这是爸爸想要得到的座位吗？"我想，从那天开始，我再也无法假装没有野心。

接下来是议员的"首次演讲"。这时候，议员一般会感谢自己的选区投票给自己，列出他们现在打算为选民做什么，分析对手错在哪里。幸运的是，我有足够的时间来思考这些，因为我们这边有 18 个新成员，按字母顺序我排在名单靠后的地方。工党的党鞭，尊敬的利奥·麦克利（Leo McLeay）进来了，他是睚眦必报的流氓和派系暴徒。同时，他是新南威尔士州瑞士精修学校（Swiss finishing school）的毕业生。利奥在一开始的时候并不喜欢我。事实上，在小组新成员中我代表了他所鄙视的一切：学术界和外交界出身，履历光鲜却没有任何社会实践。而且我来自昆士兰州，那里是"野蛮人"的土地，超出他的派系势力范围，这也让他非常恼火。因此，利奥要给我一个下马威——他是决定演讲顺序的那个人。

就在我准备离开去和家人一起吃饭庆祝的时候，我被叫到了利奥的办公室。他气派地坐在一张古老的木桌后面——大家都说这张桌子之前是奇夫利的——脸上露出一丝诡异的笑容，那笑容意味着西班牙宗教法庭的优良传统，那就是施加惩罚。"路德，你明天第一个。"他说。

"晚上好，利奥。"我回答道。

"明说吧，不要跟我要小聪明。"他说。

"第一个做什么？"我问道。

"你的首次演讲，你这个白痴！"他说。

"但我还没有开始构思，"我抗议道，"而且我的家人从昆士兰州远道而来，今晚他们会帮我庆祝。"

"他们就是从火星飞来，我他妈的也不管！"

"那么，如果我不这样做呢？"我铤而走险。

"那么，"党鞭总结道，"如果你打定主意做一个不合作的昆士兰混球，就别怪我们以后把你当一个昆士兰混球。"

我以为我当选了澳大利亚议会议员，但实际上这不过是做梦。事实是，我已经重新入住了我年少时的天主教寄宿学校，利奥修士举着教鞭，作为纪律老师决定着核心小组成员的生杀予夺。

我要不要顶回去？或者暂时谨慎些意味着更有勇气？我决定选择后者。

"利奥，我愿意明天早上发言。"我告诉他。

"别他妈再耍聪明了，路德，现在你他妈给我离开！"

这就是利奥和我之间精彩的开始。

在议员餐厅和家人共进晚餐后，我和泰瑞莎为准备我的演讲一直忙到凌晨3点。我的办公室位于国会大厦一楼，正对着会议室，办公室很多东西还没有拆封。我口述，泰瑞莎坐在一张小桌子上打字。她很有耐心，始终保持着非常好玩的沉默，生怕扰乱了我的思绪。我决定向小威廉·皮特（William Pitt the Younger）的演讲致敬。

有些人已经发现了我首次演讲的开场白带着挑战的口吻。"政治的本质是权力。"我刚开口就已经感觉到有些人在座位上感到不舒服，显然是担心我即将开始对5个世纪前马基雅维利主义（Machiavelli's musings，主张为达目的不择手段）进行辩护。我的下一句话也没打算消除他们的恐惧："此权力即国家的权力，它影响每个人自身、生活的社会以及工作的经济环境。"这两句话让我像是一个特立独行的、有着斯大林主义世界观的新议员，但是在第三句话结束时，紧张局势得到缓解，人们恢复了正常呼吸："我们在议会中关键的责任，就是如何使用这种权力，不管是为了少数人的还是多数人的利益。"毕竟，凯文·路德是正常的——好吧，虽然想法有点儿奇特。

对我而言，如何使用国家权力仍然是政治的核心问题。然而，优雅的保守派可能会试图软化、模糊或绕开它，这是横在左翼和右翼政党之间的分界线。现代国家是一个强大的机构，比历史上任何时候都更强大，它的权力通过军队表达。国家政权部署它的军队对抗外部威胁，维护海外安全。在国内，国家权力则通过司法系统体现——市场监管；税收的征收和再分配；为社会和经济方案提供资金或拒绝资助，以增加机会平等并减少结果不平等；保护环境免受无约束市场的破坏。因此，国家和控制它的人会影响我们所有人的生活，不管是正面的还是负面的。这就是对我们所有人来说选举仍然有趣的重要原因。选举是关于国家政治、经济权力和资源的分配，它决定我们想要拥有的社会、经济、环境和政体的类型，我们希望成为的那种人，以及我们要建设的国家类型。说到底，权力是关于为多数人还是少数人服务的问题。

我希望我的首次演讲经得起时间的考验。假使我是今天当选的，也只会对它做很少的改动，而且这些改动肯定不涉及它的价值观、哲学和政治派别的理念，更不会涉及家庭对我的影响，特别是我母亲以及泰瑞莎35年来给予我支持和忠告，3个孩子以及我们的孙辈让我变得慈爱。如果你想了解哪些基本原则引导了公共生活中的我，请查看1998年11月11日的《国会议事录》。那天是澳大利亚的战争纪念日，也是惠特拉姆政府解散23周年。

chapter 12
On Representing a Local Community

第十二章

成为地方代表

做地方议员，说是一回事，做又是另一回事。我发现自己竟然热衷于此，这不但让我本人感到吃惊，更让身边的人瞠目结舌。当地人有着国内政界所鲜有的真诚。我好像长期以来一直专注于抽象政治，而且还不得不跨越机器政治（machine politics，指商人筹款支持政党上台，瓜分公职和公共工程，并从中获利）的重重险阻当选。我没见过多少政客能够激情澎湃地在日常生活中改善家庭和社区状况。人生中第一次当选拥有特权的地方社区领袖后，我发现了一个全新的世界，这是我之前作为政治候选人未曾看到过的。我个人觉得，做地方议员很有趣，我很满意，而且很可能取得成效——无论从国家整体计划来看这些成效是多么微不足道。

我一头扎进了地方的社区生活。我觉得一般情况下，只有自己扎根地方社区，才能迅速有效地了解民众生活，所以我兴致勃勃地开始了。我参加了地方的节日庆祝、体育比赛、学校演讲夜、小型企业协会会议庆典、民族聚会、心脏病互助小组、流域保护协会、环境治理活动、周六一早的街角移动办公，以及澳新军团日纪念活动，我必须有像诺曼底登陆日那样精确的时间观念，确保在凌晨4点到中午之间完成这10项服务，几乎马不停蹄。但凡能想到的，我都参加过。这些活动都是无名爱心人士为慈善事业做的善事。据我们办公室统计，前3年我共参加过1000多次社区活动——其中三分之一的时间都在堪培拉。我从未感到厌倦，因为每场活动下来我都能学到很多新的东西，或者从新社区倡议中得到启发，或者真正帮助到他人。我发现自己能帮助当地人改善他们的生活，这给我注入了动力。

我从细节开始入手。为支持教育，我决定向当地的一些民办和公办学校捐赠自行车，作为他们举办重大募捐活动的抽奖奖品。每辆车的造价在 150 美元左右，学校免费拿车，募捐活动每募得 1000 美元，就可以通过抽奖帮当地的一个孩子赢得一辆自行车。没有什么比看到我们当地较贫困社区的一名 7 岁孩子走上前来揽过一辆崭新的红色自行车更让人欣喜的了。这些自行车被称为"路德自行车"。任期结束时，我很自豪能成为布里斯班最大的自行车买家，很自豪能通过这近千辆自行车为当地的学校募得 50 多万美元的资金。不过，捐自行车并不是我的创意，这个创意是我从墨尔本的一位当地的议会议员格雷格·威尔顿（Greg Wilton）那里借鉴来的。我在第一个任期就跟格雷格建立了友谊，遗憾的是，他后来悲剧性地自杀了。他是个好人。

我还在自己选区内的几乎全部 67 所学校设立了外语奖，鼓励孩子们认真学习语言。尽管我一直在尽力推行学校系统语言教学改革（无论是在昆士兰州，还是后来在全国范围内），但是，在我 1998 年当选议会议员时，外语教学仍亟待改善。我花了一年时间制定这项教学改革计划，申请通过 1995 年澳大利亚政府理事会认证的国家计划。不过后来霍华德决定放弃，这个问题并没有得到解决。

我很乐观，也很坚持，因此设法设立了很多外语奖项。我想鼓励当地学校毕业的年轻人投资未来，这样他们就能在世界全球化的潮流中具备高效的谈判技能。尽管我在 2013 年底已经离开了议会，但在过去的十多年里我一直资助这些年轻人，有 1000 多人获奖。跟世界各地的年轻人打成一片，没有什么能比这更让我快乐的了。他们之中有些人现在在联合国工作。他们跑来跟我讲，他们的名字约 10 年前就被刻在图书奖奖杯（或奖牌）上了，一位地方议员还附了句话，鼓励他们掌握一门或多门外语。

我还决定在当地推出一些澳洲国庆日奖，这些奖项跟全国范围内颁发的那些大师奖、优秀奖及鼓励奖毫无瓜葛。我想认识当地社区组织的那些在幕后年复一年默默工作的志愿者，这一大批志愿者大部分都是老年人。我发现，跟我见过的那些人一样，这些志愿者大都内心温柔，天生害羞，并且渴望奉献，因为他们觉得这是对的事。对他们来说，社区服务是他们作为人、作为公民的责任。因此，我们设立了格里菲斯大学澳洲国庆日奖。提名委员会由我们自己从社区指定。奖章由我们自己铸造，上面刻有获奖者的姓名。每个澳大利亚国庆日都有志愿者参与，这么多年来总共都有数百次了。这些志愿者包括当地学校的家长及市民组织、体育协会、送餐服务、教堂及女性安全之家的志愿者、残疾管理工作者以及当地的环保主义者等。这些仪式都很精彩，可以跟朋友、家人和同事一起参与，向多年在幕后默默服务的人致敬。几十年来，人们一直支持着我，当地提名委员会也一直恪尽职守，仔细审核他们收到的众多提名。这个传统一直延续至今，我为此感到高兴。

但是，我们国家的荣誉奖励制度还是未能挑出那些该受到奖励的人，即便在我担任总理期间也是如此，这是我一直无法理解的问题。我们的制度出了问题，这也是我在 2015 年拒绝接受澳大利亚同伴勋章（Companion of the Order of Australia）的原因之一。开始是托尼·阿博特（Tony Abbott）任总理时要授予我勋章，后来特恩布尔（Turnbull）担任总理后在我们的多次私人谈话中也强烈要求我接受。可能有一天我会接受，不过，老实说我自己也不确定会不会有那么一天。但是，如果将来我接受了，也是为了其他人，而不是将其当作担任总理的回报。毕竟，"超越"才是这些奖项设置的初衷，当然也包括超越前任总理。

* * *

有成功就会有失败。我在地方最大的失败是一次长达 7 年的运动。那场运动的起因是布里斯班机场公司（BAC）要建造一条新的平行跑道，供布里斯班南郊的数千个额外航班起降。我并不反对扩建机场，经济发展需要扩建机场。我反对的是，跑道的配置会给布里斯班一些人口密度大的郊区带来极大的噪音影响，而应该选择噪音影响较小的方案。布里斯班机场公司的动机很明确，他们的首选是，建造成本要最低，营业利润要最高。布里斯班机场公司已经被荷兰机场集团收购，他们根本不关心当地人的生活问题。这最终变成了一场拉锯战，他们讨厌我，我也厌恶他们，尤其因为他们在与公众打交道时不够坦诚。

在这个过程中，最终的决策者是联邦交通部部长，由航空安全监管机构澳大利亚航空服务公司提供咨询。到 1998 年大选时，联邦政府推迟批准布里斯班机场的总体规划及相关重大发展计划，这些都是新跑道建设的重要规划文件。让我啼笑皆非的是，这有点儿试图让那位曾在 1996 年击败我并在跑道建设问题上公开保持中立的自由党议员避免在大选中失败的意味。1996 年选举结束后，我鼓起勇气去看了看副总理兼新任交通部部长约翰·安德森（John Anderson）。因为对我的地方社区有影响，我请他不要批准这个计划。安德森看似彬彬有礼，实则目中无人。从政府的角度来看，1996 年大选稳赢，跑道建设几乎已成定局，于是建设规划得到正式批准，或者只是他们认为如此。

一旦决定去完成一项任务，我就变得很坚决。我着手组织布里斯班有史以来最大的社区运动。成千上万的传单，信访运动，数以万计签名的公开请愿，还有近 5000 名当地人前往布林巴纪念公园抗议的公开会议和集会，这些都在一个通常不以政治活动著称的社区开展起来。我在堪培拉机场发表了 20 多份议会声明，要求参议院进行为期两年的调查，以确定政府决定批准跑道的合法性。参议院在布里斯班和堪培拉举行了公开听证会，收集了近 200 份公开意见书，包括我自己的书面报告和演讲。在此之前，我还不是一名律师，不过，我决定勉力学习阿迪克斯·芬奇（Atticus Finch，《杀死一只知更鸟》中追求正义的律师），将澳大利亚政府和布里斯班机场公司告上法庭，以推翻他们批准跑道的决定。他们最终明白我是认真的。

在我彻底崩溃之前，总共有 4 个诉讼案件——2 个提交给了联邦行政上诉裁判所，另外 2 个提交给了联邦法院。联邦行政上诉裁判所是一个了不起的机构，是惠特拉姆与其备受诟病的改革司法部部长莱昂内尔·墨菲（Lionel Murphy）的一项创新，以便公民针对反复无常的行政决策提起申诉，不但程序简单，收费也很低。这项改革是法律和司法合作的一个实例。因为雇不起律师团，我只能自行辩护。尽管从司法程序上来看，这一决定会对整个案件不利，但让在场的所有人（包括我自己）非常惊讶的是，我竟然胜诉了。

直到此时，安德森的团队才意识到问题严重了。接着，政府（而不是布里斯班机场公司）向联邦法院提出了申诉。我再次以个人身份出庭，在法官（后来出任高级法院的首席大法官）苏珊·基菲尔（Susan Kiefel）面前与澳联邦的质控人员及其律师团队进行抗辩。让我更加惊讶的是，我再一次胜诉。恐慌开始蔓延到政府内部，他们对全国性机场总体规划及重大发展计划的审批受到了质疑。

然后，另一场程序诉讼又回到了联邦行政上诉裁判所进行，诉讼围绕我是否有权利把机场规划审批程序案件提交仲裁庭展开。我认为，我实际上有两种身份：首先是作为受影响的当地居民，在新近拟议的跑道上起降的航班会径直飞过我们居住的诺曼公园的上空；第二是作为民选的联邦议员，我代表的是当地可能受到同样影响的成千上万居民的利益。我第三次胜诉！也许我错过了我真正的职业——我应该成为一名律师！律师的假发和长袍竟然开始变得特别诱人……不行，不能这样做！

这似乎造成了政府和布里斯班机场公司所有股东的全面恐慌。他们再次提出上诉，不过，这一次他们明确表示，如果我败诉，澳联邦还会设法让我个人承担他们的诉讼费。当然，联邦政府并不缺我这点儿钱，他们认为财务威胁才是他们的利器，尽管联邦行政上诉裁判所旨在为人们诉诸司法提供简单而低廉的法律机制，但这个案子的诉讼成本已经开始变得非常昂贵。就在那时，我跟约翰·道塞特（John Dowsett）大法官有了一次重要接触。他是新近任命的一位保守派联邦法官，显然，他不喜欢和他面前这位"政治新贵"打交道。我将把这个问题留给法律学者，让他们根据案件记录（而不是最近让他得以当选州最高法院法官的普通法传统）来判断道塞特是否完全掌握了有关法规规定的"诉讼资格"的实际含义。重要的是，他做出了对我不利的判决。在法庭上待了差不多4年，我还没有在法官面前就案件的实质问题进行过申辩：安德森作为交通部部长在批准机场计划时犯了错误，他没有按法案规定做出自由行政决定，而是采纳了澳大利亚航空服务公司的非独立专业意见。事实上，布里斯班机场公司在制定机场总体规划时，澳大利亚航空服务公司曾担任商业顾问。换句话说，有点儿监守自盗的嫌疑，因而让部长做出预设的、抱有偏见的决定，而提供建议的政府机构与咨询监管部门之间也有着巨大的利益牵扯。道塞特判我承担3.3万美元的费用。不过，我不是孤立无援的。当地社区办了次募捐，费用后来都缴全了，对此我一直都很感激。那时候，因为泰瑞莎有自己的生意，而且后座议员（backbencher，也叫普通议员，指不担任要职的议会议员）的薪水几乎完全可以满足选举需要，我们过得很舒适，但没有多余的流动资金。从我在1994年底首次被提名为新候选人，到现在快10年了，我承认，这场为阻止建设跑道而进行的战斗结束了。我输了。

chapter 13
On Becoming a Global Citizen

第十三章

成为全球公民

未来一片茫然，我全力以赴做好所在选区的地方议员工作，但与此同时，我也尽了最大努力，了解更广泛的地区和全世界事务。一直以来，我认为做一名以关心地方社区发展为豪的澳大利亚人与做一名积极的全球公民之间没有任何冲突。对我来说，这就像是同一枚硬币的正反两面。当今时代，国际力量不断介入原本可由国家内部决定的事务，而地方社区也不再能与世界其他地区隔绝。作为一位议员，如果有意与国际脱轨，对他或她的当地选民来说，是有百害而无一益的。如果一位地方议员不能解释那些与当地社区产生碰撞的国际因素，并在可能的情况下采取必要的行动，那么他所能做的就只有尖叫、呼喊或"表达"对当地的关切，在当地选民面前假装在"做着什么"。对我来说，这是最糟糕的姿态政治：假装做某事，而内心知道一切都只是演戏。

当然，日光之下，并无新事。约翰·卫斯理是 18 世纪英国伟大的基督教复兴运动领袖，也是后来卫理公会的创始人，当他被要求说出自己教区的边界时，他了不起的回答一直深深地刻在我的脑海之中。卫斯理用了 60 多年，骑马 40 多万千米，穿越英国以及美国的大片殖民地，他的回答是："我把全世界都看作我的教区。"

对我来说，作为一位新当选的后座议员，作为议会政党国家安全委员会（National Security Committee）新核心小组一员，参与外交和国防政策简报工作也是我的职责。根据核心小组的规定，我们必须仔细审查反对党对这些政策领域中任何政府立法的回应，我们还必须与工党的外交和国防政策发言人接触，研究工党将采取公开立场的事态的发展。这些也是我有着深厚的、长期的个人兴趣和专业背景的领域，我在这些领域工作感到如鱼得水，可以借此努力实现一些我自己认为的外交政策中的优先事项，尽管随着时间的推移，这会开始激怒我周围的一些人。

1999 年，我读了太多关于朝鲜饥荒蔓延的报告，几乎读烦了。各报告对这个神秘国家中受饥荒威胁人数的估计各不相同，但据世界粮食计划署（World Food Programme）估计，在朝鲜全国 2300 万总人口中，该数字可能高达 300 万，真令人难以想象。冷战的结束和苏联的解体结束了朝鲜人和原有的经济互助会（COMECON）之间的易货贸易——那时朝鲜可以用北部工业区的制成品换取东欧和苏联进口的粮食。几年来，形势一直很艰难，但 1998 年至 1999 年的恶劣天气把困难变成了灾难。我开始与中国智囊团和外交部的老朋友们商量在 1999 年议会冬歇期访问北京，然后前往平壤亲自看看那里的情况。1985 年，我曾在北京与朝鲜人打过交道，但并不顺利，当时我还在澳大利亚大使馆工作。鉴于我在那段经历中的强硬态度，我不知道大约 15 年后他们是否会批准我的签证申请。但我的希望是：如果我去了，我可能还能向澳大利亚政府汇报一些有用的情况，或许还能向更广泛的国际社会汇报一下如何进一步提供粮食援助，而不是简单地将责任归咎于他们的政权。

利奥·麦克利又一次展示了他奇特的幽默感，他决定让我坐在众议院前副议长加雷斯·埃文斯旁边。利奥既不喜欢我，也不喜欢加雷斯。他觉得在安排座位时，把议会的"大书呆子"和"小书呆子"放在一起会很有意思。尽管我们有共同的兴趣，但我和加雷斯几乎不认识对方。我刚离开外交部去为昆士兰州的反对党工作，他就当上了外交部部长。

我对加雷斯深感敬畏。那时候我认为——今天我仍然这样认为——他是澳大利亚历史上最有影响力的外交部部长之一，只有战争时期及战后几年的赫伯特·伊瓦特（Herbert Evatt）可与之相提并论。加雷斯头脑聪明，不仅善于分析问题，而且善于制定政策。他不仅仅是一位分析师，还是一位积极行动者，秉持深刻的人道主义精神。在柬埔寨问题、《化学武器公约》和澳大利亚—印度尼西亚关系，包括海洋边界问题等外交事件中，他发挥了建设性的作用。加雷斯还是一位"杰出的立法者"，在基廷政府的辉煌时期，他设法让参议院通过了《原住民权利法案》。在离开议会后的这些年里，加雷斯作为国际人道主义干预和国家主权委员会（International Commission on Humanitarian Intervention and State Sovereignty）的共同主席，一直是最有作为的健在议会成员。该委员会提出了"保护责任"原则，该原则于2005年被联合国采纳，成为时任秘书长科菲·安南（Kofi Annan）改革计划的核心组成部分。加雷斯随后被任命为布鲁塞尔国际危机组织（International Crisis Group）的主席，任期约10年。后来，他又担任了澳大利亚国立大学校监。20世纪最后的25年，加雷斯一直是最受国际认可的澳大利亚人之一，受到世界各国政府、外交政策制定者和知识分子的尊敬，然而，在澳大利亚国内很少有人知道他，这种情况是很糟糕的。作为一个公开的不可知论者，加雷斯和拿撒勒的耶稣一样只有苦笑着承认"先知在自己的土地上永远不受欢迎"。

秋季会议即将结束，有一天，加雷斯问我打算在冬歇期做些什么。

"忙点儿选区的事，"我说，"然后我要去趟平壤。"

加雷斯在提问时间总是忙得热火朝天，每天这项议会程序到来时，他都会拿出发自世界各地的成堆的信件。他总是一步步把我俩埋进废纸雪崩之中——有点儿像上一代《花生》（Peanuts）漫画中可爱的乒乓（Pig-Pen）留下的灰尘痕迹。他突然停下来看着我，然后说出了那句决定命运的话："我从来没有去过朝鲜，我们可以一起去！"因此，我首次建立个人外交荣耀的机会就这么烟消云散了——我本来能成为1975年澳大利亚和朝鲜断交以来访问朝鲜的少数澳大利亚人之一，但现在我只能以加雷斯代表团三等秘书的身份前往。

"那……太好了。"我简直不敢相信。

"好的，"加雷斯回答，"我会立即给北京发电报的。"他急忙赶回办公室。30 分钟后他回来了，手里拿着一张纸，上面的字密密麻麻。

我提醒加雷斯，我们已经不在政府了，只有外交部部长才能发送电报。

"废话，"他说，"电报，传真，这不重要，因为我们要出发了。"

可以肯定的是，开头写的是"感谢大使馆的协助，陆克文决定下个月陪我去朝鲜"，诸如此类。大事已定。

事实上，加雷斯在我们自己政府内部以及朝鲜那边都很有人脉，比我自己可能获得的机会多多了——并且都是很好的接触机会。我们去拜见了外交部部长亚历山大·唐纳和贸易部部长蒂姆·费舍尔（Tim Fischer），听取他们的临行指示。唐纳告诉我们："不论如何，不要提外交正常化，我们会在你们回来后看看我们能在人道主义战线上做些什么。"

我们抵达北京后，收到了里克·史密斯大使（Rick Smith）及大使馆对朝鲜的情况介绍，尽管我认为，由于没有外交关系，大使馆没有人真正去过那个神秘国家。我们从朝鲜大使馆取得了签证。唉，我 20 世纪 80 年代中期的朋友金先生已经不在那里迎接我们了。另一位金先生迎接了我们。然后，我们乘坐了高丽航空公司的飞机，那时每周只有两趟往返平壤的航班。抵达平壤后，我们受到了一位约两米高、一米宽的海关官员的欢迎，他直到近期似乎还是朝鲜摔跤队的队长，是那种不苟言笑的人。然后，在前往首都的长途车程中，我们停在了伟大领袖金日成（Kim Il Sung）的纪念雕像前。金日成 5 年前就去世了，但他仍然是这个国家宪法规定的国家元首，因此他与澳大利亚总督地位相同。他们要求我们在摄像机前向金日成的雕像鞠躬，并献上一个小花环。我告诉加雷斯，我的级别不够，鞠躬献花理所当然是代表团团长的责任。"你这个混蛋。"加雷斯喃喃地说，不情愿地、懒懒地走上前去履行他的外交职责。最后，我们被带到了宾馆，这是朝鲜劳动党（Korean Workers' Party）拥有的一大片别墅的一部分，是专门为接待友好政党的"同志们"设计建造的。显然，也包括我们在内。

我们的保镖都是一些穿着得体的人，几乎全部姓金。宾馆上上下下都是大理石，每个房间都有吊灯。有一台电视机，但只有两个电视台：一个台播放朝鲜人民军（Korean People's Army）男声合唱团演唱的爱国歌曲；另一个台播放朝鲜人民军女声合唱团演唱的同样的爱国歌曲。因为娱乐活动有限，我很快想到可以和保镖多打交道：我们可以用一美元一瓶的价格买到当地啤酒，只要我们多买一瓶给我们的新同志们喝就行了。过了没多久，这种情节轻微的"非法贸易"就让我们成了真正的好伙伴。同志们告诉我们，我们很荣幸能住在齐奥塞斯库宾馆（Ceausescu Guest House），它是以已故的无人哀悼的罗马尼亚领导人的名字命名的。接着出现了一个致命的问题："齐奥塞斯库同志最近怎么样了？"其中一位金先生天真地问道，"他好久没来了。"我停顿了一会儿，然后尽可能委婉、圆滑地回答："恐怕他近来身体不太好，金先生。"通过这件小事，可以看出这个国家词典里"新闻管控"的真正含义。齐奥塞斯库和他的妻子在 10 年前就被送到布加勒斯特城外的行刑队面前枪决了。

然后，我们前去拜见朝鲜外交部部长，令人费解的是，他不姓金，而是白南舜（Paek Nam-sun）先生。我们走进一座建筑物深处，那座建筑物综合了阿尔伯特·斯佩尔帝国总理府（Albert Speer's Reich Chancellery）所有的建筑魅力，我们的鞋子在无尽延展的大理石走廊上有节奏地嘀答作响，一扇又一扇的双开门打开了。最后，我们来到了一间巨大的会议室，那里摆着一张巨大的长方形会议桌，墙上挂着两幅同样巨大的肖像，一幅是"伟大的领袖"（Great Leader），另一幅是他当时还健在的儿子"敬爱的领袖"（Dear Leader）。18 名朝鲜官员非常严肃地远远地坐在桌子的另一边，而我们这边只有两个座位，一个是加雷斯的，一个是我的。如果说这样安排是为了恐吓来访的外国"野蛮人"，那么我们的朝鲜朋友已经成功了。

在发表了长达20分钟的反美宣传言论后，朝鲜外交部部长直截了当地说："要使朝鲜和澳大利亚的双边关系正常化，需要做些什么？"

听到这个问题，我终于松了一口气，因为我知道堪培拉方面已明确指示我们不要牵扯这个话题，我认为加雷斯会告诉会谈者，这是平壤和堪培拉之间的事情。然而，加雷斯似乎对我们与唐纳的会面有着截然不同的记忆。他立即回应说，重建外交关系需要满足三项条件，并清晰地宣布，如果这些条件得到满足，澳大利亚将启动外交正常化进程！加雷斯回到了他熟悉的外交部部长模式。我悄悄地递给他一张纸条，提醒他这是政府的事，不是我们的事。"他们知道什么。"他嘟囔着说。虽然这样做并没有什么不合理的，但事实上，他们在选举中获胜了，他们现在是政府，而我们不是。

两个小时后，我们的工作完成了，澳大利亚前外交部部长和朝鲜现任外交部部长都非常满意。"一切进展顺利，对不对？"加雷斯在离开时说道。我这位三等秘书能说些什么呢？

我们回到北京时，加雷斯已经起草好给唐纳的电报，概述了这一"突破"性访问。说句公道话，我们回到堪培拉时，唐纳并没有惊慌失措。我还向他简要介绍了饥荒的情况，我曾与世界粮食计划署的当地代表一起到平壤和城市西部的农村看过，形势很严峻。有好几次，我看到妇女们跪在地上采摘野草和野花，世界粮食计划署的人告诉我，这些加在当地居民维持生命的清汤里以增添"味道"。我没看到营养不良的孩子，他们不允许我看到，但是流传出去的照片讲述了一个可怕的故事。我公开感谢了唐纳对我的报告的回应：尽管世界粮食计划署针对此问题发出了呼吁，但当时澳大利亚仅仅拿出了最微薄的捐助，在唐纳听了我的报告后，我们额外增加了325万美元，同时意识到与人道主义需要的总量相比，这只是杯水车薪罢了。我向来认为，任何国家的人民都不应该因为我们不认同其政权而被饿死。

的确，可能会有一部分粮食援助被截留——欢迎来到现实世界，但是，世界粮食计划署相信，由于每一批粮食都有标签，分发过程也受到监督，大批粮食能够到达最急需的地方。对当时的我来说，这就足够了。未来也一样，包括我自己执政期间，澳大利亚将成为向朝鲜提供人道主义援助最多的国际捐助国之一。作为总理以及后来的外交部部长，我会不时接到世界粮食计划署主任直接从罗马打来的电话，请求我们为朝鲜或世界上其他一些地区提供紧急资金，因为知道我在面对粮食危机时"耳根子很软"。为此，我会很自豪地承认这一点。

澳大利亚及时实现了与朝鲜的外交关系正常化，尽管我们没有再重派过驻朝外交使团。不过我们的外交官现在可以定期访问朝鲜，要么从我们驻北京的大使馆前往，要么从首尔前往。次年，我带着一个工党代表团又一次拜访了北京和平壤，这一次包括利奥·麦克利本人，他对朝鲜政权有种病态的迷恋，这本身就体现出他对新南威尔士右派的派系管理技巧的一种"迷人"的洞察力。我认为，应该向工党的一些同志展示一下朝鲜的真实一面。这一次，我们从北京出发，一路乘坐慢速火车。我还记得我们的代表团在老北京火车站站台上与中共中央对外联络部（International Department of the Chinese Communist Party）的朋友们挥手作别，时至今日，钟楼的钟声依然是歌颂毛主席的《东方红》的曲调。当火车轰隆隆地缓缓驶出车站时，对外联络部领导廖先生（Liao）大声说他不知道为什么会有人自愿去平壤，然后把给每个代表团成员的紧急食品包从我们车厢开着的窗户塞进来。这时，利奥深受触动，他声音中带着一丝担忧地问道："路德，你到底要带我们去哪里？""去见识社会主义，利奥。"我回答，"这也是晦涩的工党纲领一直给我们提出的目标，伙计，所以我们最好在开始实现自己的梦想之前，先看看它是什么样子的。"

利奥在这次访问中表现很出色。朝鲜边防人员带着有限的幽默感来到我们的飞机上检查我们的护照时，他显得很担心，我们藏在手提箱里的苏格兰威士忌被没收了。然后，在平壤，当我们被带到国家自力更生"主体"思想塔（'Juche' Tower of National Self-Reliance）参观时，他开始出现轻微的恐慌。

我们乘坐一个摇摇晃晃的电梯上到半路时停电了,我们战战兢兢地停了下来,只有保镖带着一支应急的蜡烛。我们在那里坐了很久很久,在一片诡异的烛光中,静静地思考着我们不朽灵魂的命运将走向何方,直到电梯里几位和我们在一起的金先生安慰我们这种事经常发生,因为帝国主义者不断试图破坏这座象征朝鲜本土形成的"主体"思想的光辉纪念碑。电力供应的稳定性似乎已经神秘地超出了他们对自力更生定义的理解范畴。利奥看起来还是很紧张,但当我们最终来到朝鲜劳动党举办的欢迎宴会时,他放松了下来。"你们好,来自我们伟大的兄弟政党——澳大利亚工党——的同志们。"我们胖胖的东道主说道。我认为有必要向他解释一下,与朝鲜劳动党不同,工党是一个通过民主选举获得权力的"议会"党。翻译人员把我这句修正的话翻译成朝鲜文时,显得很紧张。但我们的东道主似乎不以为然。很快,桌上大量供应的米酒开始流动起来,每一次祝酒之后,利奥都变得更加健谈。但后来他试图讲一个笑话——在跨文化交流中,讲笑话总是危险的,更不用说还是不同意识形态间的交流。尽管翻译人员勇敢地尝试翻译,我们的东道主还是没能理解。我们的餐桌对话已经非常尴尬了,当时双方都不明白对方到底想说什么。利奥给这个问题提供了一个"完美"的解决方案:"好吧,让我们就这么定了,把翻译打死吧!"你可以看到热血真的涌上了可怜的翻译的脸,在这个国家,死刑的话题通常不是轻松的晚餐玩笑的一部分。我们的东道主似乎对利奥的要求有点儿惊讶,但并没有过度反应,好像外国客人提这种要求虽不寻常,但也不一定是没有先例的。这时,我赶紧使出外交辞令:"这是我们代表团团长的一个澳大利亚笑话。"我开始断断续续地说:"这不是一个正式的严肃的请求。我们的翻译一直在不知疲倦地向我们的代表团解释你们民族'主体'哲学的独特品质。他是朝鲜劳动党的伟大代表。"翻译迅速准确地译出了这句,话语里带着感激之情。"为翻译干杯!"利奥终于叫了起来,大家都松了口气。最后,宴会结束了。我们都活了下来,才能讲出这个故事。

chapter 14

**As Foreign Policy Spokesman
for the Australian Labor Party**

第十四章

工党的外交政策
发言人

2002 年是澳大利亚外交政策极为动荡的一年。澳大利亚忽然发现自己处于一个全新的世界之中，有关难民问题、恐怖主义和区域关系持续恶化的辩论主导了这个世界。在接下来的 15 年里，这些也成了主导澳大利亚外交和国内政策的主要议题。2001 年，霍华德亲见并抓住了"坦帕"号事件（Tampa affair）带来的机会，轻松赢得选举，但他没有预见到这对我们与印度尼西亚的关系所产生的持久影响。就像霍华德所希望的那样，澳大利亚不可能被神奇地拖到印度尼西亚群岛以南 1600 千米的地方，或者更棒的是，不可能再往东 1.6 万千米，让我们更接近美国。由于地理和历史的综合原因，澳大利亚和印度尼西亚成了邻居，而因为我们有着两种截然不同的文化，要通过合适的外交手段使两国保持良好关系，总是一件颇具挑战性的事情。从战后印尼独立运动的早期开始，工党政府就在这方面做得很好，在睦邻政策的背景下，他们通常将印尼视为合作伙伴和朋友，而保守党则倾向于将印尼视为一个问题，有时甚至是一个威胁。

然而，霍华德在 2002 年面临的实际问题是，如果我们要应对好阿富汗战争之后从阿富汗、巴基斯坦和伊朗源源不断涌入的难民，那么与印尼保持积极的关系是至关重要的。通往澳大利亚的逃难之路几乎总是要经过印尼。但一个更为严重的问题也迫在眉睫：2002 年初，塔利班的失败导致激进的外国武装分子从阿富汗逃到东南亚，尤其是印尼。在那里，他们开始与伊斯兰祈祷团（Jemaah Islamiyah）等当地组织合并，并计划对印尼国内的外国目标发动恐怖袭击。这反过来又给澳大利亚和澳大利亚人民带来了麻烦，因为我们是印尼周边可及范围内最大、最显著的"西方势力"，并且我们还是在阿富汗积极打击塔利班的主力军之一。对这个问题的处理事关重大，因为它将真正威胁到澳大利亚民众的安全，我们需要建立一种功能完善的，与印尼的政治、安全和情报机构亲密无间的关系。但这些人正是霍华德前一年在对"坦帕"号事件的残酷政治利用中疏远的那些人。所有这一切又加剧了他和印度尼西亚共和国总统梅加瓦蒂·苏加诺普特丽（Megawati Sukarnoputri）之间的相互蔑视，从而使事情雪上加霜。

正是在这种背景下，作为闪亮登场的工党新发言人，我一头扎进了当时的外交政策辩论之中。在霍华德和他倒霉的部长唐纳的领导下，外交政策——借用普鲁士军事理论家卡尔·冯·克劳塞维茨（Carl von Clausewitz）的话来说——已经通过其他方式成为国内选举政治的延伸。在霍华德看来，如果国内政治要求他疏远印尼人，那么他就会这么做。同样，如果国内政治要求减少"亚洲移民"，增加"汉森主义"（Hansonsim，极右主义），通过疏远亚洲和亲近欧美来使外交关系"重新平衡"，或者嘲讽联合国，那么他也会照做。如果国内政治日后要求澳大利亚追随美国盲目地进入伊拉克，那么他同样会照做，其中部分原因是为了在支持与美国联盟这一核心选举问题上挑拨工党。澳大利亚面临的问题是，这些外交政策中的每一项决定都付出了隐性代价。虽然这种代价可能不会立即显现，但随着时间的推移，这种代价会逐渐昂贵起来。这些主题成了我在未来5年内抨击政府的核心：霍华德经常为了狭隘的国内政治利益而牺牲国家利益，就仿佛这样做不会付出任何代价似的。除此以外，要着手进行的事项还有很多。

霍华德的另一个问题，也是他自己选择的问题，就是他任命了一只爱摆架子的"玩赏犬"作为他的外交部部长。唐纳并没有选择通过缓和总理在国内政治上的过分行为来维护澳大利亚的长期国家利益，而只是选择了成为霍华德越来越年轻化的"啦啦队"中的一员。这是特别不可原谅的，因为唐纳在进入政界之前曾担任过职业外交官，他本应更了解情况。外交部部长就像财务主管一样，对内承担着其各种独特的责任：提醒他们的同僚，对他国过激的评论或行动会使本国的国际声誉遭到日积月累的侵蚀——就像财政部部长的职责是保护国家的整体公共财政资金免于被国内各部长贪得无厌的消费冲动所侵蚀一样。许多人认为国际声誉只是一种抽象概念，当一个国家的国际声誉受到损害，只会让外交官们在出席一些神秘的鸡尾酒会时感到担忧而已。但事实上，国际声誉比这要重要得多。一个国家如果丧失了国际地位，就意味着它失去了国际政治资本，而这则会阻碍该国在世界上通过有效运作以维护或争取更多其核心国家利益。就印尼而言，在经历了一系列双边政治侮辱之后，在霍华德基于国内政治考量的行为作用下，雅加达在多个方面停止了与堪培拉的合作。而这反过来又给澳大利亚解决难民和恐怖主义问题及实现更广泛的区域合作带来了实际操作上的困难。

霍华德最终的默认立场，更全面地说是保守党的立场，似乎是如果印尼或更广泛的我们的邻国地区出现问题，"山姆大叔"（美国人或美国政府的绰号）总会出手相助。然而，霍华德应该从他在东帝汶的经历以及他对"美国地面部队"需求的恐慌中认识到情况并非总是如此。事实上，他也应该从他"神圣"的保守派前任孟席斯那里认识到这一点。孟席斯本以为美国会在20世纪60年代的西巴布亚危机（West Papua crisis）中支持印尼，结果却发现，我们的美国朋友当时有着更广泛的利益考虑。澳大利亚保守派传统的外交政策之所以持续失败，是由于这种政策一直无法最终让我们国家掌控自己的生死存亡，以及让我们能够独立建设与邻国的关系。我们的盟友可能会帮助我们，也可能不会。当危机来临时，他们很可能有其他的优先考虑，就像1941年丘吉尔所做的那样，很明显他当时将帮助澳大利亚防御日本的重要程度排在了欧洲战争之后。在未来的几十年当中，当澳大利亚真正面临安全危机时，谁知道美国政府会不会在支援澳大利亚这一问题上面临一些来自国内或者国外的阻力呢？这就是为什么工党一直以来总是把国防的自主性和外交政策的独立性放在首位，这些并没有背离与美国联盟的框架，但我们需要被一些声音谨慎地告诫，总有一天我们可能会发现自己已经被孤立了。

正是由于这些原因，在我担任工党官方外交政策发言人的第一年里，我决定是时候为工党制定一个新的外交政策框架了。加雷斯·埃文斯的框架是令人敬畏的，他在1995年出版的《澳大利亚外交关系》（*Australia's Foreign Relations*）一书中对这一主题的明确描述，仍然是该领域的经典。但这本书是写在霍华德、汉森和恐怖主义的时代之前的，并且霍华德已经花了6年时间去重新定义澳大利亚外交政策的核心原则，再次以"孟席斯盎格鲁圈"（Menzian Anglosphere）为方向。在某种程度上，我深深地认为这会危及澳大利亚的长期国家利益，并且与我们长久以来根深蒂固的国家价值观不一致。伊拉克很快就会遗憾地印证这两点。在大选后6个月的2002年5月，我在墨尔本的维多利亚费边协会（Victorian Fabian Society）发表了题为《工党外交政策新方向》（*New Directions in Labor Foreign Policy*）的演讲，并在接下来的一周在《澳大利亚人报》上的一篇评论中总结了其核心论点。后来，当我回顾这些年来的政策文件时，发现其实它们几乎不具有什么革命性，但它们却构成了一个不同以往的概念化政策框架。基于这一框架，几年之后，"国家安全"仿佛成了保守派的自然属性，以至于我需要尝试从他们手中夺取。

我认为我们的外交政策应锚定在五个核心原则上，即承诺维护一个安全和平的澳大利亚，一个有竞争力的澳大利亚，一个有同情心的澳大利亚，一个睦邻友好的澳大利亚，一个全面参与世界事务的澳大利亚。这其中的每一个原则都有它自己的逻辑，尽管后来我才发现，与其他人相比，信奉费边主义（Fabianism）的朋友认为这些原则听起来更为悦耳。

我曾说过，安全问题绝不应该仅被视为保守派的一种主要价值所在，对这方面政治的改进也不应该仅是针对国家基本安全需求的一种令人不舒服的逢迎。我们的支持者和整个国家都认为，这应该是对任何寻求当选的主流政党的基本要求。我们绝不应该对此过于保守，就历史上保守党作为国家执政党在两次世界大战时期的不称职以及工党在此间的强势表现来看，我们完全有底气自信地拥抱工党。在国家的经济竞争力方面，道理也是一样的。基廷的改革取得了引人注目的转变，而他将此前的经济表现描述为保守党执政期间的"瑞普·凡·温克尔（Rip Van Winkle）式"经济疲软。在前任工党政府的领导下，我们费尽心血取得了经济上的胜利。如果我们在这一点上退让，那简直是疯了。我们应该加倍努力地迎接新一代以生产力为基础的改革，以确保澳大利亚未来的经济发展。一个"有同情心的澳大利亚"意味着我们"人人平等"的价值观，并没有像我经常说的那样，神秘地停留在地平线上。减少贫困不仅仅是一个国内问题，这也意味着要阻止澳大利亚为应对全球贫困的共同挑战所提供的援助继续下滑。澳大利亚的援助占国内生产总值的比例历史以来几乎减半，从工党执政时期最高的 0.44% 下降至保守派执政时期的 0.24%。这也意味着我们要为自身区域内外的难民争取达成更妥善的协议，并对我们的国际人权义务做出更有前瞻性的承诺。将亚洲视为一个整体、全面参与亚洲事务很大程度上是工党对其在战后所立下的传统的延续，与之形成鲜明对比的是，我们的政治对手持续将这一区域视为种族蔑视、文化优势和战略焦虑的混合体。至于我们在包括联合国在内的国际机构的治理范畴内对全球事务的全面参与，这在很大程度上依据的是加雷斯·埃文斯提出的伟大的"国际好公民"信条——澳大利亚等中等力量在本质上有兴趣也有责任去支持国际机构来维持全球秩序。我提出的论点非常直接：大国可以在一个无政府主义的世界里自给自足，而中小国家则不能。中小国家在很大程度上需要依赖以规则为基础来确保全球秩序正常运转的机构机制。因此，维护国际体系的完整性对像澳大利亚这样的中等国家来说，既是为了切身利益，又是为了全球共同的利益。而像霍华德和阿博特集团那样总是伺机诋毁联合国等国际机构声誉的做法是极其错误的。

chapter 15
Headlong into the Fray

第十五章

深入战区

外交政策框架是一回事，执行政策又是另一回事。对一个负责外交事务的影子部长（shadow minister）来说，我所能做的事情明显有限。尽管如此，我认为，如果想在澳大利亚的政治辩论中占有一席之地，我必须花时间去走访那些涉及我国核心利益的地区——其中大部分都不怎么美好。在走马上任的几周内，也就是2001年12月，我决定前往阿富汗与巴基斯坦相邻的边境地区，试图了解阿富汗难民的流出率，及国际社会对援助难民的联合国机构的支持是否充足。这是战争开始的两个月后，也是坎大哈（Kandahar）和塔利班在阿富汗南部所控制的最后一个据点被攻陷的两周后。这个地区也是逃往包括澳大利亚在内的世界其他国家和地区的阿富汗难民的主要撤离点。外交部部长唐纳几乎在第一时间公开抨击了我出访的决定，说来奇怪，他还考虑了塔利班渗透到边境地区会带来危险，对我个人安危表示担忧。我提醒部长，他的部门最近刚取消了前往伊斯兰堡的旅行禁令，并且我在前往边境附近的营地之前会在巴基斯坦首都进行进一步磋商。

于是，我去了伊斯兰堡，与巴基斯坦外交部及其部长和联合国在该地区的机构进行了讨论。澳大利亚移民部部长菲利普·鲁多克（Philip Ruddock）最近的访问令巴基斯坦政府哭笑不得，鲁多克前来请求巴基斯坦接收从阿富汗经由巴基斯坦到达澳大利亚后被遣返的大约100名难民。当时巴基斯坦已经收容了120万阿富汗难民。与此同时，联合国各机构迫切需要资金，这些机构为阿富汗难民发出全球紧急呼吁后，响应的国家所捐赠的资金仅占资金总需求的 56% 左右。面对 6.5 亿美元的全球捐款呼吁，霍华德政府"慷慨"地捐出了 590 万美元。联合国驻阿富汗协调员由于边境局势不稳定，当时仍驻扎在伊斯兰堡，他还告诉我，另一个重点是扫雷，因为地雷使得大片地区无法通行。除非人们能够安全返回家园，否则他们仍然会在其他地方寻找避风港，这是合情合理的。他再次呼吁澳大利亚伸出援手。

我还清楚地记得从首都到沙姆沙图难民营（Shamshatoo Refugee Camp）的漫长路程。沙姆沙图难民营距离白沙瓦（Peshawar）东南约 25 千米，距离巴基斯坦开伯尔 - 普赫图赫瓦省（Khyber Pakhtunkhwa）的边境也不远，我们走的这条路最终通往开伯尔山口（Khyber Pass）。难民营收容了 6 万多名难民，其中大部分是从阿富汗北部逃了几百千米来到南方的。巴基斯坦全国遍布着 150 个这种规模不一的营地，沙姆沙图只是其中之一。在混乱中维持秩序的联合国难民事务高级专员公署（UNHCR）和联合国儿童基金会（UNICEF）工作非常出色。在这里，人们有东西吃，有衣服穿，有房子住，能喝到水，还能获得卫生服务，孩子们的教室设在室内，这对有些孩子来说是生平第一次。这使我再次为联合国感到骄傲。年轻的女孩儿在课堂上阅读，她们的脸上洋溢着喜悦。小伙子们——他们中很多人的四肢已被炸残——学到了一门手艺：伐木、冶金或修车。小孩子们——他们中有一些失去了双亲——得到老师的鼓励去画画，他们时常会创作出满是坦克、枪支和鲜血的恐怖画作。显然，他们已然经历过人间地狱。

我回到澳大利亚，开始游说政府把钱花在刀刃上。如果澳大利亚想安置从我们参与的这场战争中逃亡的难民，政府就不该对一切坐视不管。而鲁多克这位移民部部长从未觉得受到了嘲讽，更别提感到羞愧了，他立即发表文章为政府的"慷慨"进行了辩护——用另一种方式表明，他们根本就不在乎。上一年我在东帝汶的诡异经历和这次如出一辙——霍华德政府很高调地在那里部署军队，却迅速对其军事行动带来的人道主义危机进行了异常低调的处理。而这回霍华德再次鲁莽决定参加第二年的侵袭伊拉克行动，这是在以更为骇人的规模重蹈覆辙。一旦"胜利日阅兵"完了，政府将再一次对战争带来的人道主义代价选择漠视。

* * *

2002 年的澳大利亚外交政策辩论不仅仅涉及阿富汗问题。约翰·霍华德成了英联邦主席。52 名英联邦政府首脑按时来到我的家乡——昆士兰州的库伦——举行首脑会议，那儿离我长大的地方尤姆迪仅有不到 16 千米。考虑到"9·11"事件后世界主要大都市会议场所都可能面临威胁，这次峰会被转移到了海滩度假胜地举行。霍华德当然是处在"后帝国时代"（post-imperial）的乐土，他当上了女王的总督。但英联邦俱乐部的问题浮出水面，即在罗伯特·穆加贝（Robert Mugabe）的统治下，津巴布韦的选举程序漏洞被大肆滥用，他成功将自己从一个反对白人少数统治的自由斗士转变为一个独立共和国的总统。如果说英联邦有什么实际作用的话，就是监管其成员国的民主准则，如果这些准则被忽视，成员国就可能被除名。但令人惊奇的是，如果世界上所谓的"民主黄金标准"（democratic gold standard）被打破了，有关国家能在多大程度上避开国际社会随之对其进行的道德谴责。

此次峰会明智地决定派遣以尼日利亚前总统奥巴桑乔（Obasanjo）为首领的英联邦观察团到津巴布韦首都哈拉雷（Harare）去监督 2002 年议会选举的执行，而津巴布韦反对党争取民主变革运动（Movement for Democratic Change）将参与角逐。通常这些任务会交给后座议员，事实上我已被推选参与了前一年的东帝汶观察团——但在这么短的时间内可能什么都发现不了，所以我加入了由来自不同英联邦国家的 43 名成员组成的代表团。我们分头走访了整个津巴布韦，将搜集的证据整理撰写成一篇关于选举是否自由和公平的报告。朱莉·毕晓普（Julie Bishop）是政府的两名代表之一，在议会中，她受到了我们这一方的无情攻击。我们列举了一些带有性别歧视意味的细节（不仅仅是她对名牌服装的兴趣），而且这不仅来自工党的男士们。但我发现她是一个聪明、有魅力、有社会良知的人，在接下来的几个星期里，她像我一样，即将面对选举期间发生的那些暴力事件。

我被派往奇武（Chivhu），之前被派到过恩克多尔恩（Enkeldoorn）。奇武位于东马绍纳兰省（Mashonaland East），是穆加贝领导的政党津巴布韦非洲民族联盟—爱国阵线（Zanu PF）的一个据点，当地民众都知道。当地议员是穆加贝的忠实支持者，当地中央情报局的领导人也是。我对所有选举官员都尽职尽责地进行了调查，但没有人对有关竞选暴力的报道发表评论。考虑到他们受到的政治审查的程度，这并不令人惊讶。于是我决定去当地的医院看看，在那里我和登记员成了朋友，他似乎也是镇上唯一的医生。他告诉我，在过去几周里，参与争取民主变革运动的年轻工人接二连三地死去，他们都是被殴打致死的，其中还有一个是学校的校长。他主动提出要带我去停尸间看看，但我婉拒了。

选举日来临的时候，我们检查的几十个投票站似乎一切顺利。但选民并没有因此感到高兴，他们民主意识淡薄，就像我最近在印度尼西亚和东帝汶所看到的那样。在津巴布韦，民主制度在 20 年前就已经出现了，人们有着一种意兴阑珊的顺从感，因为每个人都知道结果会是什么。民主是一个脆弱的工程，我们似乎已经忘记了，即使在我们所谓的成熟民主国家，民主实际上也是历史短暂并且极其脆弱的。至于像津巴布韦这样的年轻民主国家，培育民主进程的挑战更加微妙。在奇武，我们无从得知在每个投票站的投票箱被密封然后运送到官方统计中心的这段时间里发生了什么。至于计票流程本身，从技术上来说似乎是合理的，来自哈拉雷的争取民主变革运动的工作人员密切关注着每一张选票的统计。

结果，执政党赢得了 75% 的选票，争取民主变革运动反对党的选票支持率为 25%，考虑到镇压反对党支持者投票的暴力行动，这个成绩实为不俗。

这至少可以成为那些参与争取民主变革运动的工作人员小小庆祝一下的理由，他们冒着生命危险在充满敌意的地区尽了自己的一分力。但计票结束后，情况开始变得糟糕起来，许多当地人开始在大厅入口附近转来转去，等待争取民主变革运动团队出现。我感觉到非洲民族联盟—爱国阵线式的、以维持正义为名的暴行即将来临，所以，在我们的车辆准备好之前，我都和争取民主变革运动的工作人员一起待在大厅里。作为英联邦观察员，我们的任务是严格保持中立。我们也没有自己的安保，而是完全依赖当地安保长官的保护，但他们很讨厌我们。但我担心，如果我们把这些争取民主变革运动的年轻人抛在身后，他们恐怕也会步躺在医院太平间里的他们那些同事的后尘。我设法从当地一些富有同情心的农民那里弄到几辆车，雇了几个司机。夜幕徐徐拉开，我们护送他们返回了哈拉雷。当我们离开的时候，我记住了当地议员那张怒目而视的脸，他的情报主管就警觉地站在他身边。如果政府对我的行为提出质疑，我将会说我们是碰巧在同一时间启程去哈拉雷的，我没有向任何一方提供任何"官方"援助。我不知道这些勇敢的年轻人在接下来的岁月里会经历什么。我希望他们能在津巴布韦恢复民主的长期过程中做出更大的贡献。

回到哈拉雷后，我在代表团成员下榻的酒店大堂里遇到了朱莉·毕晓普。尽管我们去的是这个国家的不同地方，但我们都被所见到的景象吓了一跳，并且我们都需要喝一两杯烈性饮料。我想我们就是在那时成为朋友的，在政界交朋友是很困难的，但并非不可能。我们决定，当我们在那天晚上以全程观察员代表的身份去开会时，我们都将正式给出这样一个结论：这些选举既不自由也不公平。后来发生的事情就比较有趣了，我们发现南非的非洲人国民大会（South African ANC）代表有组织地努力保护他们的同志不受非洲民族联盟—爱国阵线的侵犯，而我态度坚决地站在了非洲人国民大会这边。局势变得紧张，谈判陷入僵局。朱莉和她在参议院的同事艾伦·弗格森（Allan Ferguson）不得不返回堪培拉，我赞同他们的行为，但我会坚持到最后，并豪言要起草一份意见不同的报告。

最后，我们取得了胜利，奥巴桑乔总统宣布，这份报告找到了反对非洲民族联盟—爱国阵线政府的证据。穆加贝愤怒地通过国有报社怒斥"姓路德的都搞殖民这一套（Rudd of the Rudd Concession，**Rudd Concession** 指由查尔斯·路德与殖民地当地国王签署的《路德租约》，取得了领地内专有采矿权）"。直到很久以后，当我得知一个叫查尔斯·路德（Charles Rudd）的人是 19 世纪商人塞西尔·罗兹（Cecil Rhodes）在殖民剥削津巴布韦时的业务伙伴时，我才明白这句话的含义。显然，穆加贝并没有对我的家族在殖民地杰克逊港做过苦役的历史做过任何详细的研究。我的结论是，我应该乘下一班飞机离开哈拉雷。作为在哈拉雷的最后一名澳大利亚代表团成员，我确保澳大利亚大使有一份报告复印件，可以发电报告知唐纳。我附上了一份说明，详述了所发生的一切。一想到这一结果实际上于他的政治对手有利，唐纳就非常愤怒，因此政府的反应是指责我哗众取宠，要知道风度从来都不是唐纳明显的优点。

15 年后，尽管穆加贝所在的政党内部发生了叛乱，但他仍然坚持掌权。那么，这一切在更宏观的层面上意味着什么呢？我们的这份由非洲国家代表和非洲以外国家代表编撰的国际报告首次正式提出穆加贝正在摧毁津巴布韦的民主。报告也成了津巴布韦在当月被逐出英联邦的依据。应当树立一种全球共识——反对破坏伟大的国家，反对危害善良的人民，反对扼杀正在萌芽的民主政体，我们的任务就是做出力所能及的贡献。津巴布韦的斗争还在继续。我公开称赞霍华德主持了在伦敦举行的将津巴布韦排除在外的英联邦会议，但接着抨击他拒绝像欧洲、美国甚至瑞士那样对津巴布韦政权实施有针对性的金融制裁。

***

与此同时，印尼和澳大利亚的双边关系仍势同水火。在 2002 年 2 月的一次正式访问中，霍华德曾试图修补与总统梅加瓦蒂·苏加诺普特丽的关系，其目的主要是缓和偷渡和新兴的恐怖主义威胁问题给两国带来的矛盾。事实上，霍华德的一位高级官员在访问结束后愚蠢地对记者说，梅加瓦蒂是"印尼政坛的海伦·凯勒"（Helen Keller of Indonesian politics），暗指她对周围发生的一切视而不见、充耳不闻。这一言论使两国关系进一步恶化。当报道这一言论的文章在澳大利亚媒体上发表时，霍华德与梅加瓦蒂的关系不可避免地下降到了一个新的冰点。更重要的是，两位领导人的个人关系的状态也会削弱所谓的"巴厘岛进程"（Bali process）的效果，这是唐纳和印尼外长哈桑·维拉尤达（Hassan Wirajuda）为共同应对走私而建立的，并且这不仅仅是出于纯粹的双边角度，还上升到了区域水平。如果没有总统府的全力支持，"巴厘岛进程"会受到很大的政治限制，这涉及对难民从本国通过中转国到达目的地国的流动的安排。

那年 7 月，我前往雅加达进行为期 4 天的访问，看看能为扭转两国关系做点儿什么。在这个阶段，我先前已经访问过雅加达，由此和印尼的一些政府官员建立了牢固的职业关系和个人友谊，这其中包括印尼外长和一些羽翼未丰的印尼议会成员。澳大利亚大使馆一直是我们最专业的驻外使团之一，它确实提供了很大帮助。通过维拉尤达和澳大利亚大使，我得以在梅加瓦蒂总统的私人住宅里对她进行礼节性拜访。也许，接待我的印尼官员最终发现，尽管我在东帝汶和西帝汶都工作过，但我确实喜欢他们这个国家、他们的人民及其最近非凡的民主变革。我发现总统很友好，很有魅力，并且很愿意谈论两国关系的基本问题。谈话的基调是积极的，尽管内容不涉及争议性话题，也有些泛泛。也许总统只是很乐于与一个不是来自政府的澳大利亚人交谈。就我而言，我很高兴我们和最重要的邻居之间能搭起一座桥梁，因为我相信，总有一天，这会对我们双方都大有裨益。

在接下来的几个月里，我开始研究基地组织在东南亚的活动。我的印尼同事曾提醒过我，这个组织与伊斯兰祈祷团有着密切关系。我在这一领域没有任何政策背景，但我读了我能找到的一切材料，包括新加坡拉贾拉特南国际研究学院（S. Rajaratnam School of International Studies）颇具争议的学者古纳拉特纳（Rohan Gunaratna）的著作。古纳拉特纳是研究基地组织和伊斯兰祈祷团的专家，他是当时撰写相关内容著作的少数几人之一。2001年12月，新加坡当局逮捕了当地的一个伊斯兰祈祷团成员。随即，当地的美国、英国和澳大利亚外交使团便为防范自身受到袭击做了充足的提前准备，这令新加坡当局感到震惊。所以，当古纳拉特纳警告说，澳大利亚和其他国家都低估了自己所面临的危险时，我开始向公众敲响警钟。10月10日，在古纳拉特纳发表声明后，我呼吁霍华德就澳大利亚人实际面临的恐怖主义威胁水平发表一份完整的公开声明。就在同一天，澳大利亚国防部部长罗伯特·希尔（Robert Hill）就澳大利亚人接受基地组织训练一事发表声明，这与霍华德早些时候说的澳大利亚所面临的威胁的情况相矛盾。令我万分震惊的是，我们的政府拥有安全、情报、外交和国防等各部门资源，竟然无法从容处理一些根本性事务，比如澳大利亚面临的不断变化的安全威胁。

10月12日晚上，伊斯兰祈祷团的恐怖分子炸毁了巴厘岛两家夜总会，造成包括88名澳大利亚人在内的200多人死亡，另有200多人受伤。

我得知这次袭击是在第二天清晨，当时我和家人在布里斯班教堂，我收到了工作人员发给我的短信。我还清楚记得后来我到外面去接电话。在国际安全和情报事务的复杂环境中，时不时会发生一些让人震惊不已的事情，"9·11"恐怖袭击就是其中一件，"10·12"事件是另一件。政府从来没有说过恐怖袭击会针对在印尼的澳大利亚人员和机构。和所有其他人一样，我也在重点关注澳大利亚国内发生恐怖袭击的可能性。

在巴厘岛爆炸事件发生后的日子里，最紧迫的挑战是照料受伤的人（他们中的大多数都遭遇了可怕的烧伤），辨认死者以及寻找、通知和安慰死者家人。印尼新上任的政治、社会和安全事务统筹部部长苏西洛（Susilo Bambang Yudhoyono）割断了印尼当局错综复杂的层属关系，在他的协助下，印尼政府付出了巨大努力，并且将事情处理得很好。澳大利亚人被这些"炸弹"惊呆了。这宣告了澳大利亚与世无争的时代的终结。正如我在同一周晚些时候的议会辩论中所说："……如果我们澳大利亚人过去对自己持有这样的看法，即我们是一个爱玩的民族，一个爱交际的民族……我们对任何人都没有恶意，只有善意，因为我们希望人人平等。那么，我们要问，怎么会有人如此憎恨我们，或者如此憎恨我们的文化和文明，以至于做出此种骇人听闻的行为……"同样，爆炸事件使澳大利亚全国上下都全副武装，也促使我们把任何党派仇恨都先搁置一边。我接着说："总理昨天说得对：恐怖主义这个词太粗浅了，听起来像是国际关系理论的一个神秘分支。让我们更直白一些：恐怖主义就是有预谋的大屠杀……因此，必须用武力以御之。"

我清楚地记得在堪培拉国会大厦大厅里举行的全国追悼会。死者的家属均受到邀请，有几百人出席。我也跟着他们哭起来，不能自已。珍妮·麦克林（Jenny Macklin）说了一句话——"他们是我们的同胞"——这句话从那以后一直留在我心里。她是对的，遇难者主要来自工薪家庭，因为巴厘岛不是国家精英的度假胜地。然而，他们已成了本不应该由他们负责，甚至他们根本无从理解的国际事件的受害者。这是政府的责任，不然人民为什么要选举政府呢？我相信我有责任弄清楚，在前一年"9·11"恐怖袭击发生之后的恐怖主义盛行的时代里，我们国家是否尽己所能，就所面临的新威胁适时发出了警告？

chapter 16

Whither Labor: The Rise and
Fall of Simon Crean

第十六章

工党何去何从：
西蒙·克林的起落

　　2003 年余下的岁月里，我埋头于对外交政策组合的钻研中——可忙的事情有很多，不仅仅局限于主导了政治和议会辩论的伊拉克问题。我继续控诉政府旅游机构在去年 10 月巴厘岛爆炸事件发生前没有研究已经掌握的相关情报，没有及时发出警告。情报与安全监察长关于巴厘岛爆炸事件的报告已于 2002 年 12 月下发，但其有限的职权范围导致了息事宁人的调查结果。

　　我继续进攻。与此同时，我与参议院同僚一起，着手组织一项涉及广泛职权范围的参议院全面调查。这项调查使我们可以从政府的情报机构（澳大利亚安全情报组织 ASIO 和国家评估办公室 ONA）提取他们公开提交给政府的准确而详细的信息。我们从中发现了多个情报机构的警告：和基地组织有关联的伊斯兰祈祷团确实将身处印尼的澳大利亚人当作一个正式的攻击目标。唐纳从来都没有为旅游咨询未能充分反映威胁程度的过失负责，也没有为他在任期间的许多其他政策失误负责。霍华德和唐纳都声称他们当时没有关于巴厘岛即将发生的恐怖袭击的"具体情报"，并且继续藏在这种辩护的背后。但这并没有解释为什么澳大利亚人没有被告知他们已经普遍成为在印尼（宽泛而言，在主要的国际旅游目的地）的袭击目标这一问题。尽管如此，唐纳仍将继续担任 5 年的外交部部长，成为澳大利亚历史上任期最长但影响力最小的外交部部长。

2003 年 8 月，雅加达万豪酒店（JW Marriott Hotel）发生恐怖爆炸，造成 12 人死亡，150 人受伤。巴厘岛袭击引发的问题再次成为澳大利亚政治辩论的焦点。我和许多其他澳大利亚人去雅加达的时候都曾住在万豪。我们的大使馆工作人员会定期使用那里的设施。大约在爆炸的一周后，在女王陛下开始反对一些公共调查之后，唐纳透露，事实上，在炸弹袭击雅加达万豪酒店所在地之前的两个月，一封指向可能发生此次袭击的邮件被拦截了；但再一次，他鹦鹉学舌般地学着霍华德在巴厘岛袭击之后的回应——没有"具体的情报"。然而，尽管广泛的公众辩论仍在激烈地讨论巴厘岛旅行警告是否完备，但政府仍然没有采取任何措施改变对去印尼的澳大利亚人的旅行警告制度。这就产生了一个问题，即印度尼西亚情报机构编制的关于印度尼西亚境内恐怖主义威胁的资料是否转交给了澳大利亚当局，以协助澳大利亚政府向旅行的公众传达有关内容。霍华德和唐纳迅速向公众保证，一切都好，在这一点上是万无一失的。尽管政府几乎不加掩饰地蔑视梅加瓦蒂政府，霍华德信条的持续影响仍在继续：2002 年底，霍华德所宣布的对澳大利亚邻国采取先发制人的军事袭击的新信条卷土重来。澳大利亚联邦警察局局长麦克·凯尔蒂（Mick Keelty）诚实地承认，在澳大利亚和印尼的情报关系中确实存在"脱节"。

这让我可以更广泛地就政府与印尼国家警察（INP）接触的确切性质对政府展开攻击。当美国致力于使印尼国家警察成为专业化反恐力量的项目时，澳大利亚政府在这方面的努力是微乎其微的。然而，根据霍华德政府的说法，这应该是两国关系的新支柱。即使在我们与美国的直接情报关系中，及我们与美国就澳大利亚在东南亚最直接的反恐利益共同采取行动时，我们也不具有以恰当的方式进行协调的能力。我们在巴厘岛爆炸案的主犯汉巴里（Hambali）的例子中看到了这一点，他最终被美国人逮捕。不可思议的是，美国拒绝让澳大利亚情报官员直接接触汉巴里，尽管事实上他要对近百名澳大利亚人的死负主要责任。霍华德还自以为与布什总统亲密无间，这真是匪夷所思。

这些事在国内也得到了证实。例如，政府设法给法国恐怖分子威利·布里吉特（Willie Brigitte）颁发了一个 18 个月的旅游签证。政府擅长制造这样的新闻，目的是让公众处于一种永久的恐惧和焦虑之中，但在这一关键领域，尽管我们的许多官员做出了最大努力，他们的表现却越来越不尽如人意。毕竟，这是政府发起的一场全国性的运动，告诫大家要"保持警惕，不要惊慌"，而这完全可以被解读为我们应该"保持惊慌，必须惊慌"。其潜台词同样明确："无论是在国内还是国外，我们保守派都将保护你们不受外国人的威胁。"保守派的这种政治陈述一直延续到今天。当然，纵观历史，我们曾多次看到过这种俗气的"政治病理学"。但在我们所处的这个时代，像澳大利亚保守派这样如此专注的仇外情绪是很少见的，更别提要以如此无情的战术去执行了。

把恐惧当作灵丹妙药是一件危险的事情，对于它的政治利用则更甚。它否认了一些合理的政治声音，这些声音承认恐怖主义威胁的现实，但足够聪明，不会通过进一步的煽动性言论来火上浇油。它还否认了一些看法的合理性，这些看法认为，严酷的事实是，从床上摔下来致死的澳大利亚人比在恐怖袭击中遇难的澳大利亚人多多了。对我们所有人，特别是对下一代澳大利亚人来说，更大的问题是它会创造一种政治气候，而这种气候可能会导致我们来之不易的民主自由逐渐受到侵蚀。

* * *

那段时间除了参与日常政治的往来，我也尝试去进一步阐述工党的总体外交政策框架。我认为，关键不仅在于要强调政府在 2003 年这个"恐怖之年"中所采取的外交政策的无能，还在于要解释我们的批判如何反映出了一种截然不同的世界观。我首先用三个核心概念阐述了我们的外交政策方针：我们与美国的联盟；我们是联合国成员国；我们全面参与亚洲事务的政策。这三大概念都是建立在我们核心价值观的基础上的。这些核心价值观塑造了我们对世界的态度，我在前一年曾概述了这些价值观：一个安全和平的澳大利亚、一个有竞争力的澳大利亚、一个有同情心的澳大利亚、一个睦邻友好的澳大利亚，及一个全面参与世界事务的澳大利亚。这三大核心概念就是大家所熟知的三大支柱，塑造了我们应对当前特定政策挑战的方式。它们的目的也是为了平衡彼此，因为它们之间存在紧张关系是不可避免的，但处理这种紧张关系是正常政治生活所需的政策判断的一部分。在接下来的几年中，我将一再重申的原则是，我们与美国的联盟并没有要求我们自动遵守美国政策的各个方面。我们将保持对每一个国家的独立看法，而不是继承一连串保守派总理们（其中最著名的是霍华德）的传统，去当美国的受气包。

第二年，在 2004 年 1 月，我将三大支柱（包括对美国联盟的承诺）纳入澳大利亚工党全国大会的正式国家政策纲领。考虑到当时的美国政府因 9 个月前侵袭伊拉克一事对工党仍怀有强烈的敌意，这并非易事。长期以来，美国联盟一直是政党纲领的一部分，却被会议文件中笼统的模糊言语所掩盖。我认为，在一个更广泛、更平衡、更系统的外交政策框架中重新呈现美国联盟，将会促成两件事：首先，帮助维护联盟不受到来自会议层面的基本攻击，原因是美国对伊拉克正在发生的灾难负有责任；其次，要明确的是，与保守派不同，我们在联盟问题上的立场不仅仅是"与林登·约翰逊（LBJ）同行"的翻版，而是我们平衡外交政策的一部分。这三大支柱几年来一直是工党外交政策纲领的核心，直到 2015 年的全国会议明智地决定再列一份清单，使每个参与者（应该叫派系）都能获得奖励。

在这一年里，我发表了有关东北亚安全威胁和东南亚有效反恐战略的政策演讲，还阐明了我们在以联合国为基础的多边体系中应该如何去做，并以此来深入探讨这三大支柱中的每一个支柱。在这个政治季中，外交政策已经从边缘走向全国辩论主流，对于让议会中的其他党和全国各地的党派发表明确的政策声明的需求越来越高。外交政策、国家安全政策和反恐不再是精英们的专利。人们渴望讨论、辩论，并且以一种不同的方式在日益不确定的世界中为自己导航。

我还开始发展其他长期以来具有政策热情的领域，包括我所说的"重建澳大利亚社会契约"。我用最宽泛的术语定义了这一点，即政府为受统治的人提供安全、机会、平等、凝聚力和可持续发展的机会。2003 年，我受邀在费希尔的家乡金皮（Gympie）发表纪念安德鲁·费希尔（Andrew Fisher）的演讲，金皮距离我长大的地方不到一小时的车程。费希尔对我来说一直是一个英雄——他是一个贫穷的苏格兰煤矿工人的儿子，原本是个文盲，后来在长老会主日学校通过读《圣经》来自学；他是澳大利亚首位主要工党政府的领导人，澳大利亚联邦银行、澳大利亚皇家海军和澳大利亚运输铁路等诸多国家机构的创始人，但他很大程度上却未被工党的名流群体所重视。我确实渴望发表一些政治上的正式演说，这是其中之一。另一个是我将于下一年在巴瑟斯特（Bathurst）发表的纪念奇夫利的演说。这两位伟人让我觉得我站在巨人的肩膀上，他们的经历和精神深深地鼓舞着我，让我走向世界去迎接挑战，去实现强硬的先驱们通过行动所树立的更广泛的目标。我记得，在一个寒冷的夜晚，在金皮的一个破旧的大厅里，我在一个朴素的聚会（然而却是一个伟大的聚会）上大声地说，是什么构成了工党沿革的精髓：

> 目前，人们对我们的党和我们的运动均持悲观态度，其中一些人确实是由衷的，而另一些人则是为了赶时髦。他们中还有很多人是宿命论者。然而，我并不认同这种悲观……我相信工党的沿革是一个好沿革。我之所以相信这是一个好沿革，是因为一个多世纪以来，工党秉承要照顾好自己，必须要先照顾好同胞……这是个好沿革，还因为当我们谈论伟大的澳大利亚的"公平"时，我们正在谈论我们的运动嫁接在澳大利亚灵魂之中的东西。让我们明确这一点，公平是一种工党的价值。在最初的囚犯殖民中没有任何关于"公平"的东西……从

我们在 1891 年工业大动荡中的初步运动开始，公平就是我们向澳大
利亚人民所传达的信息的精髓。在此后的几十年里，当保守主义一方
的政党编造出他们对于"公平"的关心时，他们不得不这样做，因为
我们的运动已经把"公平"放在前面，并将其视为澳大利亚政治地貌
的核心组成部分。"公平竞争"是工党运动对澳大利亚政治文化的持
久遗产。

有时我不仅会对自己在公开场合中所说的话感到满意，还由衷地感到自
豪，这个场合就是其中之一。就像我在 1998 年首次在议会所做的演讲一样，
我不会对我的费希尔演讲进行只字改动。演讲是一门结合逻辑、信念和激情
的特殊技能。它必须定义你想要解决的问题，并且必须回答列宁（Lenin）的
基本问题：怎么办？最重要的是，它必须是真实的；它必须用你自己的声音
传达，阐明你自己的概念框架。这些均不能靠别人，这就是为什么在我的整
个政治生涯中，我都是自己来写演讲稿，这让我的雇员感到沮丧。此外，正
式的演讲和公开演说也很重要，尤其是当你试图构建或重组公众辩论的时候。
这绝不可能通过声音片段实现。事实上，正如人们所熟知的那样，"立论"
已经成了一种陈词滥调，即使是在现代政治世界的肤浅庆祝中也是如此。

2003 年，我决定在我的一些演讲中坚持社会契约的观点。这其中包括我
8 月份在议会就澳大利亚高等教育的衰落发表的长篇讲话，这是与人民签订
合法契约的机会议程的重要组成部分。我再次呼吁进行教育改革，就像我在
1998 年的第一次演讲中所做的那样。这也是我在几年后担任总理时将要谈到
的一个主题。到年底，我再次在一个讲话中回顾了受损的社会契约。这一次，
我们在探寻我们这些社会民主党人在政治上是否有能力在全球化经济动态的
起伏中维持社会公正，如果我们有这种能力，我们怎么能把它变成一个击败
保守党并赢得大选的策略：

　　现在摆在我们面前的是一场关于即将到来的选举的重大原则的辩论——关键的原则将是，我们在 20 世纪参与制定的澳大利亚社会契约能否继续存续。但还有一场更广泛的辩论——我们只是其中的一部分——那就是社会民主在全球政治中与中右派和极右的自由资本主义政党展开竞争的未来……今天，许多学者说我们左派已经结束了。我们的核心原则不再是选民关心的核心问题。我们最为信奉的东西不再优于生活的私有化、市场的胜利……社会学家拉尔夫·达伦多夫（Ralf Dahrendorf）都垂下了头，宣称我们"处于社会民主终结的时代"……或者更直白地说，全球变化的根本驱动因素（经济的新自由主义全球化和安全的全球化）是否正在构建一整套新的社会力量，而这些力量已超出了中左派在政治上抓住它们的能力？

　　……全球化产生了巨额的财富，国与国之间的财富，以及国内的财富。这是拜不受约束的市场所赐。但对世界各地的工薪阶层（无论是自称为"工薪阶层"还是"中产阶级"）来说，这影响深远，如就业的不确定性或公司全球化所导致的就业随机化，还有全球化的基本分配效应，即经济全球化中的受益者和受害者之间的收入和资产分配日益形成鸿沟。事实上，这正创造了如今左派政党的政治背景。对市场进行管理的初衷不仅仅是追求宏观经济的稳定，还应该消除粉碎机遇的垄断。在机会遭到破坏、机会变得不那么普遍、有些人有机会但不是所有人都有机会的地方，垄断必须受到抑制。然后，当市场完全失灵时，政府必须毫无歉意地进行干预。这为中左派政党提供了一个丰富的政治项目——如果认真对待的话，这将是一个激进的政治项目。西方民主国家的人们希望左派政党能够停止对我们的时代的妥协，学会如何驾驭市场，在管理这些市场的同时还要维护人们的尊严。因为我们认为，市场是为人类服务的，而不是人类为市场服务。达伦多夫对社会民主的未来的悲观态度，在历史层面和分析层面都是不完备的。

＊　＊　＊

这些美好的情感，在几十年后关于全球化影响的国际政策辩论中仍然是核心，但即将与政治现实发生正面冲突。工党领袖的问题再次消耗了我们所有人的精力。在2003年的后半段，那三只"公鸡"（Rooster，有好斗的意味）——韦恩·斯旺、斯蒂芬·史密斯（Stephen Smith）和斯蒂芬·康罗伊（Stephen Conroy）——继续支持比兹利并协助比兹利替代了西蒙。这是残酷的现实，他们想恢复派系对工党的控制。自从2003年6月的事件发生后，他们再也不跟我说话了，因为我越来越倾向于不按别人说的去做。公平地说，西蒙在向投票的公众有效地传达工党信息方面仍有自己的困难。民调结果继续下滑，这已成为民意调查中人们耳熟能详的"死亡"仪式。每隔两周，民意调查就会在头版上宣告政治灭亡，或者暂时复活，但后者很少见。这将为下周的全国政治演讲设定主题，并且会扼杀就国家未来进行实质性政策辩论的任何真正可能性。对第四等级（fourth estate，指新闻界）的人来说，这个消息也很简单：赢、输、升、降、成功、失败。西蒙的民意调查是已出结果，但是，西蒙并没有等到比兹利的三巨头来敲他的门，而是决定按自己的方式离开，保留尊严，同时最大限度地设法让比兹利在以后的领导中面临真正的挑战。

因此，当西蒙在11月28日宣布他将辞去工党领袖一职时，一切都变得一团糟。在做出决定之前，西蒙曾咨询过他最亲密的支持者，包括朱莉娅·吉拉德和马克·莱瑟姆在内。他们之间的分工很清楚：莱瑟姆将成为候选人，朱莉娅将成为竞选发言人，并且主旨是党内的预选投票不应该以让比兹利重新当选的方式来奖赏"公鸡们"扰乱秩序的行为。因为，他已经有过机会了，并且还证明自己是无能的领导者。相反，工党应该为未来开启一个大胆的、全新的开端。

莱瑟姆当然是"大胆的"，朱莉娅对他来说是一个强大的盟友，并且朱莉娅公开表示，"更多的女性表示会在马克·莱瑟姆的领导下投票给工党"。同时，莱瑟姆在他的"后院"西悉尼推出了他的竞选活动，承诺要战胜贫困，而不是只进行反恐战争。这其中包括承诺新型的儿童早教，通过更广泛的民主参与来重建澳大利亚民主，以及重建定义澳大利亚"身份和独立"的新方法，例如通过使用莱瑟姆自己喜欢用的语言风格来庆祝澳大利亚的传统节日。这对我来说也是一个冲击，因为莱瑟姆的幕后操盘手开始向我敞开心扉，他想让我扮演选角的核心外交官，我需要说着一口"优雅的英语"，更糟糕的是，还要说一口流利的中文。来自尤姆迪的人可能会质疑莱瑟姆的观点，他们总是怀疑那些来自城市的人怎么忽然就变成了"专业的澳大利亚人"，口音比一般的乡下人还乡下人，似乎就是为了证明他们的起源。但是，在爱情和战争中，一切都是公平的。预选投票显然是一场战争。莱瑟姆的新闻发布会并不完全符合一项政策计划，但对议会核心小组来说，这是一个有说服力的演讲，因为莱瑟姆把他自己的粗鄙变成了竞选的优势，而不是劣势。莱瑟姆自称为鄙陋之人，加上许多人认为他说话"直截了当"，不像通常政治辩论那样东拉西扯，因此许多人认为他会成为最终赢家。

突然间，担子压到了我身上。我的十几位议会同事敦促我参选。但即使是昆士兰小学的数学课程也能告诉我，12 张选票和我需要赢得的 47 张选票有很大差距。民意调查是合理的，全国有 25% 的人支持我，其中三分之一是昆士兰人。彼得·贝蒂（Peter Beattie）说我应该成为比兹利的副手。但这个想法存在一个问题：领袖层面没有副职的空缺。在这段时间里，珍妮·麦克林将继续担任这三名工党领袖——比兹利、西蒙、莱瑟姆——的副手，然后又是比兹利的。我决定听取党内的一位长者约翰·福克纳（John Faulkner）的意见。福克纳——戴着他那令人难忘的可乐瓶式的眼镜——是一位令人敬畏的演说家以及沉默寡言的大师。但最重要的是，福克纳是一个好人，他对古老的工党价值观深信不疑。除了派系斗争之外，所有的人都尊敬他。他像我一样，特别厌恶派系争斗。他对装腔作势的人——无论是政治上的还是其他方面——都有着强烈的蔑视。他想知道你是否公正，你是否有可以使工党重回政府的计划，或者你是否有很多这样的计划。

我征询了他的建议。我告诉他，我认为无论莱瑟姆还是比兹利当选，我们都会在下一届选举中失利，尽管失利的原因不尽相同。我概述了我的理论，即我们未能提出一项可信的政策建议，以针对那些渴望过上更好生活的工薪阶层家庭、面临财政压力的中产阶级家庭以及被包括保守党在内的所有人抛弃的小企业。我提醒他，除非我们在昆士兰州获胜，否则我们永远不会赢得全国大选。在我极度保守的家乡，两个主要候选人都不会赢得多数席位，在那里，"南方"这个词仍是一种嘲笑。福克纳耐心地听着，然后陷入长久的沉默，最后他说他该走了。即使我输了，他也认为拓宽领域对工党的未来至关重要，至少可以使工党摆脱各派系的控制。

福克纳的话让我深感不安——尤其是"即使你输了"这句话。我回到办公室，与我的幕僚长阿利斯特·乔丹（Alister Jordan）在最终面对镜头前，就前方的艰难道路进行了长谈。堪培拉国会大厦的设计有一个独特之处：要想逃脱记者的采访几乎是不可能的，尤其是在那些政治阴谋深重的日子里，所有可能的出口都被标记了出来。无论如何，我想发表一份关于西蒙的声明。我需要告诉全国公众，我正在认真考虑竞选领袖。我说我将在周末与我的同事沟通，以评估他们的支持程度。我还将与泰瑞莎和孩子们交谈，寻求他们的意见，并在周一之前让公众知道我是否会成为候选人。

* * *

回家真好。每当我走在通往我们的房子的台阶上时，心情就会极度放松。沿着两旁种着棕榈树的小路，会感觉逐渐清凉，每走一步肩膀就随着放松一些，然后便能看到泰瑞莎、杰西卡、尼克和小马克斯迎接我，紧接着便是我们的猫贾斯帕（Jasper）和我们的狗阿比（Abby）。这里是我的"避难所"，在这里，我可以卸下所有的防备，在这里，我只是一个丈夫、一个父亲、一个普通人。

我们会使用一个巨大的托盘一起喝茶，并且总是使用我们最喜欢的绿白相间的罐子、水壶和配套的杯子，这是我们的家庭仪式。然后，我们会在一张四柱床上准备另一个家庭会议。我不记得那次谈话持续了多久。我的家人表示，无论我做出什么决定，他们都会支持我，他们中比较务实的人建议我停止浪费时间，去打个电话。

我照做了。艾伦·格里芬（Alan Griffin）是维多利亚州左派的一员，他对摆在我们面前的领导人选都感到彻底失望。他表示会给予我帮助，还有一些人也这样表示。但就我们整个周末所做的努力而言，我们不可能把数字拉到 20 以上。到了周日，一切都变得明朗了。尽管我对成为第三候选人（third candidate）很感兴趣，但我可能会被击败。谨慎是勇敢的一部分。我打算退出，殉难也许是有吸引力的，但只有在适当的时候才值得。

利奥·麦克利很快就打电话来了，大概是跟"公鸡们"算过选票，催促我让我的选民站在比兹利这边。我说我不会做这种事；那些支持我的人都有独立的想法，他们会自己决定支持谁。在利奥的建议下，我给比兹利打了电话，告诉他我将在我相对较短的议会生涯中第二次投票给他，那是因为我不想让我的选民分散投票，这样一来，如果莱瑟姆当选，我将背负骂名，因为我相信那将是一场政党灾难。我问了比兹利一个简单的问题：你会赢得选举吗？"没问题，伙计，特别是现在你们都站在我这边。"我告诉他我不能保证这样的事。我还告诉他，我从与核心小组同事的数十次电话中得到的感觉是，他们有一种强烈的情绪，即不去奖励那些破坏西蒙领导地位的人。但他向我保证，核心小组绝不可能支持莱瑟姆这个疯子（Mad Mark）。

我走到媒体面前，坦率地解释说，我不会参选，因为我没有足够的票数，我希望看到核心小组做出明智的选择。然后，回家喝上两杯。

预选投票是在周二之后，我拒绝加入支持者的传统部落游行（customary tribal march），即陪伴候选人走入预选会议室，这和中世纪的战前示威很像。

其实简单的掰手腕可能更有效。西蒙作为议会党团的领袖发表了感人的最后演讲，这对他来说很困难，对所有的领导者来说都是如此，就像我迟早会学到的那样。但对西蒙来说，这是加倍艰难的，因为他生长在工党世家，他的父亲弗兰克（Frank），他的母亲玛丽（Mary）——她本身就是一股力量——及其家庭对他抱有殷切期望。言归正传。在决策会议的这一时刻，一种虚假的友好氛围呼之欲出，成员们排队投票，好像大家在某种程度上都是最好的伙伴，而实际上他们却都笑里藏刀。这是我最讨厌的党派政治虚伪的一部分，在人们向你表示友谊地久天长并且喃喃地说"伙计……"的同时，他们的刀锋其实已经对准了你的肋骨，然后一切都终结了。

选票被统计出来。鲍勃·瑟寇博（Bob Sercombe）宣读了结果："马克·莱瑟姆是新的议会工党领袖，选票结果为 47 比 45。"差距很小。当时，我坐在比兹利后面几排的右边，我记得，当结果被宣读出来时，我看到他的身体开始蜷缩，脸色惨白。屋内一片沉寂，双方都没有预料到会发生这样的事情，至少在所有的"公鸡"中，那些精于计算选票的人再一次极大地证明了他们的无能。

西蒙很满意，朱莉娅欣喜若狂，莱瑟姆惊呆了。我们都恭恭敬敬地排着队向新领袖表示祝贺，然后默默地走出去。回到办公室，我们想弄清楚刚刚到底是怎么回事，及在接下来的选举中我们很可能失去的很多席位。

chapter 17

Labor Lunacy: The Rise and
Fall of Mark Latham

第十七章

工党的疯狂：
马克·莱瑟姆的起落

我记得领袖投票结束后，我直接回到自己办公室，躺在沙发上，头痛欲裂。这时，鲍勃·卡尔（Bob Carr）打来电话。

"太棒了！"鲍勃大叫，他省去了通常的寒暄，"现在工党可以开除他了。"

"在这个阶段，开除党籍会被视为有点儿极端，鲍勃。"我回答。

"不，凯文——当他们最终发现他如此糟糕后，就会把他从系统中驱逐出去，就像消灭病毒一样。"莱瑟姆以前为鲍勃工作过一段时间，但结果并不顺利。

我说："我认为这是一个大胆的假设，鲍勃，考虑到政党会议刚刚选举了他。这就引出了一个问题：在他最终离开的时候，是否还会留下什么东西？"

接下来的 12 个月将会是我们自 1996 年不再担任执政党之后政治上最为动荡的一段时间。这在很大程度上与工党刚刚任命的作为澳大利亚候选总理的领导人的暴躁脾气有关。当一切结束时，我们离执政党的距离将会比以往都要远。

莱瑟姆晋升后的第二天早上，他的工作人员来找我，告诉我领导要开会。当我们聚集在他的办公室时，他说他想让我留在外交政策部门。我说可以，但有一个条件：在他奉行利用政府的伊拉克灾难去破坏与美国的长期同盟的政策时，我不会仅仅是某种政治门面装饰。在我看来，霍华德已经成为布什政府的受气包，这是一个世纪以来最错误的军事冒险之一。当然，莱瑟姆的描述更形象生动——当他把霍华德描述为美国人的"马屁精"（arse-licker）时，登上了各大报纸的头条。我能预见到莱瑟姆的政治"脚本"会把我们带向哪里：先攻击霍华德，随之攻击布什，最后对同盟本身发起总攻。这是危险的，因为我们从同盟中获得的长期战略、军事和情报优势已经超过60年了，而且这样做会损害澳大利亚最深层的国家利益。

莱瑟姆向我保证，他不会让《澳新美安全条约》（ANZUS Treaty）受到威胁。对此我们达成共识。然后，我们就直奔主题，莱瑟姆希望我在第二天与美国大使汤姆·希弗（Tom Schieffer）会面。莱瑟姆知道，如果他在下次选举中被视为反美人士，他在政治上就会很脆弱。他直截了当地说，他希望我帮助他"修补与美国佬的关系"。我们就政策关系的基本规则达成共识后，我安排了我们第二天上午和大使的会面。第二天，即12月4日，我们演绎了一场悲剧、喜剧和闹剧的混合体。我同意莱瑟姆的提议，我们将在会见大使前一小时在他的办公室见面。莱瑟姆迟到了半小时，这不是他的错，那天上午早些时候，纸媒和广播对他的前妻进行了采访，显然旧伤疤被揭开，勾起了一段艰涩的回忆。当莱瑟姆走进房间时，他慌乱不安，几乎要哭出来了。我立刻把他带进了他的内部办公室，只有我们两个人，因为我不想让任何一个工作人员看到这个新当选的领导人是这种状态。我问他发生了什么事，他详细地告诉了我，接着开始抽泣。然后他大声痛斥自己："控制自己，控制自己！"

我说："你这个可怜的混蛋（You poor bastard）。"在此向读这本书的非澳大利亚读者解释一下，这句话是澳大利亚男性对同情和团结的一种表达，因为在我们这种文化中，男人很少被允许承认自己的情感。我用双臂搂住他的肩膀，他哭得让人心惊肉跳，不停地说要"控制自己"，几分钟后他做到了。

最终，希弗大使来了。我问工作人员，大使是否介意等几分钟。我与莱瑟姆讨论了如何最好地与一个他从未见过的人展开对话，尽管他与这个人有着相当程度的相互蔑视。我向莱瑟姆解释说汤姆是作为民主党人开始他的政治生涯的，他当时在得州为竞选参议员的林登·贝恩斯·约翰逊（LBJ，Lyndon Baines Johnson）工作。1972年共和党提名麦戈文（McGovern）时，他已经对民主党失去了信心，主要是因为国家安全问题。莱瑟姆是理查德·尼克松（Richard Nixon）的信徒，他对这一主题有广泛的涉猎。因此，我提出了一个很好的出发点，那就是先谈论一下他们共同感兴趣的20世纪60年代的美国政治。接下来，是时候去请大使来了。

就在我向门口走去的时候，我转过身来，想看看莱瑟姆是否还好——就在那时，我注意到他桌子后面的墙上挂着一幅由《堪培拉时报》（The Canberra Times）的杰夫·普莱尔（Geoff Pryor）设计的政治漫画。这不是一幅已出版的漫画，而是普莱尔私人收藏的一部分。这幅画描绘了乔治·布什在手术室的一张桌子上的样子，看起来像是在做结肠镜检查，外科医生从这位美国第四十三任总统的腹部取出了一个小约翰·霍华德。我大声说出了一个盎格鲁－撒克逊词来表达自己深深的无奈，然后做出了一系列像《卧虎藏龙》中那样的流畅肢体动作：扑到墙上，把莱瑟姆亲自挑选的办公室艺术品从显眼的位置移开，并把它放在了他的绿色长沙发后面，迅速转过身来。接着，我用热情的问候欢迎刚走进门的来客："很高兴见到你，汤姆。我和马克一直都盼望着见到你。"我深感这将成为我们宁愿忘记的经历。

会议本身进行得非常顺利。汤姆是受共和党政治任命来到澳大利亚的，并且他和乔治·布什长期以来都私交甚笃，他们曾是达拉斯棒球队的合伙人。在整场交谈中，他都很亲切和专业。我记得，谈话持续了一个多小时，话题一直围绕着林登·约翰逊和尼克松展开，似乎没完没了。最后是汤姆提出了当前的问题。莱瑟姆向大使重申了他前一天对我说的话，他在政府层面和私人层面都是同盟的支持者，但工党一致反对美国和澳大利亚政府关于伊拉克的政策。然后，我们讨论了汤姆在国会入口处面对等待的媒体时将会怎么说。汤姆非常配合，并说他和莱瑟姆的此次会面友好、积极而富有成效，工党将再次处于同盟的核心。我们终于松了一口气。这之后便轮到我们去发表类似的主张了，我们发表了联合声明。然后，莱瑟姆接待了在政党核心会议室不耐烦地等待着他的大批记者——这是他升任领袖后的第二次记者招待会。

当莱瑟姆和我自信地一起走进房间时，我开始对我们取得的成绩感到相当满意。更难得的是，我认为我们可能已经开始建立起良好关系了……嗯，也许只有一点点。然而，当我们走近讲台时，我的眼睛瞪得大大的，因为我看到在我面前的澳大利亚国旗旁边竟是星条旗。我在内心默默发出一声蒙克（Munch，指爱德华·蒙克）式呐喊的同时，对莱瑟姆耳语道："美国国旗他妈的在这里做什么？"他回答："他妈的，我要是知道就好了。"往小了说，这是画蛇添足；往大了说，这是一种愚蠢的政治机会主义行为。关于谈话内容的问题接二连三，莱瑟姆都一一处理得很好——直到整场记者招待会中最为保守的记者丹尼斯·沙纳（Dennis Shanahan）提出了那个显而易见的问题："莱瑟姆先生，为什么要把自己裹在美国国旗里呢？"或者是其他意思相近的话。当然，莱瑟姆和我都没有给出一个好的答案。

后来我们才知道，美国国旗是莱瑟姆办公室里一个负责组织新闻发布会的愣头青布置的，他认为这将为当天的主题增添一抹亮色，而这一切都是为了"和美国佬搞好关系"。工作人员显然是好意，但这并不能阻止来自媒体和政府的大量嘲笑。这仅是漫长的一年的开始，在这一年里，我代表我的新领导公开地捍卫着这个摇摇欲坠的政策。当然，对此，莱瑟姆永远不会说声谢谢，即使他的大部分外交政策问题都是他自己造成的。

* * *

我与莱瑟姆的分歧并不局限于国外事务，我们在对国内事务的处理上也同样存在很大差异。如果莱瑟姆在这两者上有一个共同之处的话，那就是按照他的政治本能，他总是要寻找最佳的民粹主义方式去解决任何公共政策问

题。那年 2 月，在影子内阁为未来议会养老金方案举行的"辩论"中，他的
这一点便已经展露。为了充分说明情况，我要告诉大家，我在担任议会议员
15 年后，历任反对党领袖、总理和外交部部长，在离开议会后，我有权每年
获得 12 万美元，这意味着税后大约 8.7 万美元。这是在旧的退休金方案下能
得到的金额，而莱瑟姆决定在日后废除这项方案。莱瑟姆的虚伪之处在于，
他是旧方案的受益者，能够享有旧方案带来的全部经济利益，但他又要从下
一届开始废除这一方案，这样后来人就享受不到了。这是以后的道德问题，
至于当前的道德问题，莱瑟姆提议我们这一届都按照老规矩，不受新规定的
影响。

在莱瑟姆说明了他的提议后，整个房间变得一片死寂。我提出了反对意
见，我很清楚这以后很有可能被人说成是为精英阶层捍卫议会特权。我说，
要使这一措施产生任何政治影响，我们就应该使它适用于目前我们系统中的
所有人。但从政策的角度来看，我还认为，议会薪酬的整个历史（随后是养
老金），是为了让劳动人民能够参与政治生活，而不是让政治成为致富的专
利，同时也是为了减少腐败。我浏览了英国行政腐败的历史，购买公职等在
19 世纪的威斯敏斯特（Westminster）政治中被认为是完全正常的。但自从澳
大利亚联邦诞生以来，我们已经创造了一些不同的东西，结果是，数百名曾
担任联邦议员的人中，只有一人被判犯有腐败罪。我敦促莱瑟姆考虑未来的
议会体系的完整性——包括吸引人才的口径，而不是仅追求在《每日电讯报》
（*The Daily Telegraph*）上当一天的头条。这很有可能招致人们对我们的虚伪
的嘲笑，而不是迎来他们对我们的"改革"的赞美。包括林赛·坦纳（Lindsay
Tanner）在内的其他人随后也反对了这一想法。一些人支持这位领导人，朱
莉娅则保持了沉默。尽管大多数人选择保持沉默，但至少会议是有不同声音
的。莱瑟姆总结说，影子内阁对他的提议表示了压倒性的支持，他会立即宣
布这一政策，并且他也是这样做的。霍华德很快就批准了，因为他担心如果
反对的话，会不可避免地招来民粹主义的鞭笞。公共政策就是这样制定的。

这既反映了莱瑟姆的"领导风格"，也反映了在民粹主义浪潮中，体制是如何被颠覆的。这些人往往不考虑体制历史，更不考虑体制一旦消失后的未来。10多年后，我猜想莱瑟姆会继续享用他的议会退休金，而这依据的却是他成功地为所有继任者所取消的旧的、名誉扫地的退休金方案。

这一年，情况愈演愈烈。公平地说，在选举前，莱瑟姆在民意调查中保持了很高的竞争力。与此同时，我作为外交政策发言人继续开展工作，就伊拉克和阿富汗问题进行辩论。我还访问了日本和中国，在北京，我在中共中央党校发表了演讲。这是由中共中央对外联络部组织的，这个部门在某些职能方面比外交部更为强大。这些年来，我与这个对外联络部门进行了广泛的接触。事实上，我记得，作为一个年轻外交官，我参加了澳大利亚工党（虽然作为一个大使馆官员）和中联部的首次会议。那次会议是在1986年，那时我们两党刚刚接触，之后中国的邓小平否定了任何进一步采取政治或军事行动去支持国外的共产主义运动的做法。在以往访问北京期间，我曾参加过中联部的一场关于社会民主未来的研讨会。作为外交政策发言人，我在党校公开演讲时没有参与那些内部辩论。但我的确借此机会用中文解释了我们外交政策的三大支柱，包括我们对美国联盟的承诺。我还谈到，我们两国需要制定一个长期的资源和能源战略，以满足中国对供应安全的需求。更广泛地说，我主张中国继续向世界开放。

仅仅一周后，霍华德在8月28日宣布将参加2004年的大选。工党竞选活动的基石是健康。朱莉娅·吉拉德为了将澳大利亚的巨额账单费率恢复到80%而取消联邦医疗保险（Medicare）退税的政策，既是好的政策，也是好的政治主张。但在布里斯班的官方竞选启动仪式上，她宣布了为所有75岁以上的澳大利亚人提供全面医疗保险的联邦医疗保险政策，而这就让前一个政策没那么好了。但联邦医疗保险政策要耗费29亿美元，它显然是不切实际的。

这为霍华德和阿博特在上周的竞选活动中质疑工党在管理国家公共财政上的能力提供了一个突破口，同时为6个月前莱瑟姆承诺的"圣诞节前撤军"

提供了一个经济政策的关联，霍华德围绕着莱瑟姆的"判断"问题建立了一个整体框架。正是在关键的竞选的最后一周，莱瑟姆竞选的车轮开始脱落。在选举前夕，莱瑟姆的"握手"事件已经引起了广泛关注。我相信莱瑟姆并没有任何阻止或羞辱霍华德的想法——霍华德在他职业生涯的那个阶段是不知廉耻的，他对他的伊拉克政策的辩护就是个例子。但这并未阻止霍华德在非官方的执政联盟的第三成员——新闻有限公司（News Limited）——的协助下，把这一事件变成了这样一个铁证：如果莱瑟姆当选总理，他的性格、判断和行为会给国家带来风险。据报道，霍华德在早些时候的一次官方活动中主动和莱瑟姆的妻子握手，而这令莱瑟姆大怒。在选举前夕，不管霍华德和莱瑟姆在电台演播室外面发生了什么，都对竞选活动没有多大帮助。

在竞选期间，我与莱瑟姆几乎没有任何联系。鉴于有关伊拉克、恐怖主义和国家安全议程的问题将不可避免地出现，我提出自己可以作为竞选团队成员去协助他。这个提议被拒绝了。福克纳说得更直白一些："他认为你是个十足的混蛋。"在迅速而有效地确立了我们的共同想法后，我转而专注于为其他选区的同事和候选人进行竞选活动和筹款。我还很担心莱瑟姆可能会威胁到我在格里菲斯选区精心获得的选票优势。然而，9月9日，我们驻雅加达的大使馆前发生了一起自杀式爆炸事件这一消息传出后，一切戛然而止。这次袭击共造成9人死亡（其中包括4名印尼当地的工作人员），150人受伤。这是澳大利亚外交使团有史以来遭受的最严重袭击，尽管没有澳大利亚人丧生。

我记得这一消息传来时，我正在布里斯班的家里看电视。霍华德和莱瑟姆宣布，按照"临时约定"，我将陪同唐纳一起到雅加达去。我立即打电话给唐纳做行政安排，当时唐纳在阿德莱德。我说，坐最早的班机，我也得花几个小时才能到达阿德莱德。他说他和政府的飞机没法等我。我建议他绕道经过布里斯班来接上我。他也不能这么做，因为这会推迟到达雅加达的时间。我问是否有一架政府飞机可以带我去达尔文（Darwin），这样我们在出发前就可以在那里会合。这时他爆发了："我他妈是部长，伙计。而你不是。所以就算了吧。"我提醒了他"临时约定"的事情，但这并没有使他改变情绪。他接着补充说，他将乘坐从阿德莱德飞往雅加达的医护人员的飞机，并且无论如何都不会给我留下任何空间。不管唐纳怎么说，我当时就知道我陷入困境了。愚蠢的我原以为这应该是一场真正的两党联合行动，以展示我们对死者、伤者、受创的澳大利亚大使馆和印尼当局的政治团结。

当我最后和我的幕僚长阿利斯特在第二天抵达雅加达时，我们终于搞清楚了这是怎么回事。唐纳想要去走访轰炸现场和大使馆，和澳大利亚的媒体一起与伤者交谈，而不让效忠女王陛下的反对党来"污染"这些照片。当然，这些照片在我们到达之前就被送回澳大利亚了。这就是"诚实的"霍华德的保守派玩这种把戏的原因。霍华德在雅加达爆炸案发生的几个小时后，向全国发表了公开声明，并在其中"高尚"地表达了自己对"临时约定"的尊重。

我们到达后，我也走访了大使馆。我要求去医院看望伤员。之后，我、唐纳和印尼外长哈桑·维拉尤达共同举行了一场简短的联合记者招待会。在这之后，我们回到了大使官邸，在那里，唐纳和我向所有使馆工作人员发表了讲话。这是一个感人的场合，工作人员仍处于震惊之中，许多办公室的窗户已经被爆炸震得粉碎，当地安保人员伤亡惨重。大使大卫·里奇（David Ritchie）称这两场演讲都是澳大利亚最棒的。我不确定大卫是否会欣赏此前那些人创作的骇人听闻的政治剧。

* * *

回到澳大利亚后，我又开始忙碌了。2004 年早些时候，我应邀在巴瑟斯特发表一年一度的《山巅之光》（Light on the Hill）演讲，以纪念澳大利亚最伟大的总理之一奇夫利在 1949 年的讲话。演讲日期定在 9 月 11 日，这是一个有预兆的日子。鉴于莱瑟姆对我的态度，我原以为他可能会阻止我出席，因为他可以援引"竞选纪律"作为借口。他没有这样做并不是出于对我的善意，而是因为我的演讲已经预先宣传出去了，他的办公室担心取消的消息不仅会激怒当地人，而且可能招致大众媒体的负面报道。我把演讲的全文提交给了莱瑟姆的办公室。这是为了自保。我讲的和这些书面文字将不会有任何偏离。就在雅加达爆炸案发生的几天后，我发表了题为《澳大利亚不会被吓倒：为什么恐惧永远战胜不了希望》（*Australia Will Not Be Intimidated: why fear will never defeat hope*）的演讲。这是对我过去 3 年持续的主题的回归：我们是充满希望的一方，而不是恐惧的一方；我们工党的核心价值是"安全、繁荣、机会、团结和可持续"；我们在政府为国家安全、经济繁荣和社会正义所承担的责任面前，没有什么是不可调和的。

与纪念费舍尔的演讲一样，这篇演讲并没有吸引任何真正的媒体报道，但这对我来说并不重要。在公共生活中，有些时候你会觉得有必要说，特别是当巨大的挑战和变化正在发生的时候，现在就是一个这样的时刻：

> 我们将很快面临决定我们将成为什么样的国家的选举。作为一个民族，我们将再次毫无畏惧地行使我们的伟大民主自由。这是因为我们不是一个胆小的民族，尽管有些人对他们的行业感到恐惧。我们今晚却要来谈论希望，谈谈"山巅之光"。尽管夜幕降临山谷，我们依然无惧而来。
>
> ……让我们思考一下恐惧到底是什么。它是人类最强大的情感，令人崩溃，让人瘫痪。它淹没了一切，使我们如此害怕我们的未来，以至于忘记了公平。所有的能量都集中在生存本能上，并且往往排除了几乎所有其他的东西，这就是为什么它在恐怖分子手中是如此强大的工具。基于希望的言语总是比基于恐惧的叙述更难写。人们很容易受到惊吓，当他们害怕的时候，就更难让他们对未来充满希望——或者让他们相信我们实际上能够建设一个更美好的世界。因此，政治进

步的历史任务是面对恐惧。不要躲避它，不要假装它不存在，而是要
去面对它。

　　至于剩下的竞选活动，莱瑟姆希望我扮演尽可能不起眼的角色——最好
是没有角色。尽管在莱瑟姆作为领袖期间外交和安全政策是其辩论的中心，
但莱瑟姆办公室却直到竞选的最后一周才释放了我们的外交政策平台，并且
还是在没有领袖出席的情况下启动的。我只能猜测，莱瑟姆在其对伊拉克的
政治管理失误后，仍然对提及外交和安全政策心有余悸。我很容易就理解了，
如果我们有机会赢得这次选举，我们将赢在莱瑟姆的国内议程上，而不是他
对世界的看法上。但莱瑟姆永远无法理解的是，尽管伊拉克局势动荡，国家
安全仍然是霍华德最喜欢的领域。如果莱瑟姆想成为被认可的总理候选人，
那么他必须向公众表明，他至少可以轻松应对这个领域。10 月 1 日，我终于
获准发表了"外交政策纲要"（foreign policy platform）。我们的小团队主要
由阿利斯特和一流的外交政策顾问凯特·卡拉汉（Kate Callaghan）组成，我
们竭尽全力地撰写了一份 145 页的宣言，它包含了 90 项具体而全面的政策举
措。我下定决心要证明，在过去的 3 年间，我们不仅仅是在批评政府，还制
定了连贯的可替代性外交政策。这无疑可以看作是反对党在大选中所制定的
最全面的外交政策计划。此前不久，一场反对唐纳的公共外交政策辩论在其
家乡阿德莱德的会议中心举行。唐纳处于一片嘘声中。我几乎欢呼雀跃，尽
管这并不值得大惊小怪。大众的反应映射出深切的反政府情绪。

＊＊＊

　　我几乎不记得竞选最后几天发生了什么。在选举日的前一天，即 10 月 8 日，
我去了位于悉尼马丁广场的七频道演播室，我和乔·霍基（Joe Hockey）是
其早间电视节目的常驻嘉宾。每个星期五的节目结束后，我都会给母亲打电话。

她总是像每一个母亲看自己的孩子那样注视着我，评论我的领带、我的头发，说我看上去是多么疲惫。这是我们多年来的每周例行事项。但在过去的 12 个月里，这些电话变得尤为珍贵。因为在 2003 年年底，我母亲——她一生中从未抽过烟——被诊断出患有肺癌。所有癌症都是残酷的，对我母亲来说，这是雪上加霜——在过去的几年里，她一直患有帕金森氏症，患这种病的人本来就生活在"人间地狱"，诊断罹患癌症之后，更是如此了。

那一年，在莱瑟姆的世界里，大部分人都是多余的，但对于我来说，好处就是我可以和母亲在一起。我的姐姐洛瑞是一名合格的教师和护士，她一直在莫斯科学习俄语和文学，她好心地从莫斯科回来，在家里照顾母亲。我的哥哥马尔科姆从越南回来后也接受过护士培训，他现在在楠伯生活和工作。直到今天，我仍然感谢他们为我们的母亲所提供的关怀，这是我无法做到的。我从雅加达回来后不久就回家看望了她，我们就她的生活、她和父亲的婚姻进行了长谈。这对我来说是痛苦的，但对她来说却是一种解脱。9 月 21 日是我的生日，我们再次聚在一起，全家人都到了。我们把旧投影仪拖出来，把家里的幻灯片投在墙上，就像我们过去几十年所做的那样，我再一次看到了已故的叔叔阿姨们的面孔。10 岁的马克斯给我母亲买了他最喜欢的巧克力慕斯，还特别为她加了少许的朗姆酒。她喜欢朗姆酒，在那个时候，她只能吃这些东西了。

我最后一次见她时，她独自一人躺在小小的客厅里，那里多年来一直是我的家。她显得不再那么虚弱，她即将离去。我们没怎么说话，她抚摸我的头发时，我只是把头靠在她的胸前。在告别之吻之后，我说我将在选举后的第二天再来看她。

我走了一条陌生的路线回布里斯班。我开车向马普顿山脉驶去，向她1921 年出生的农场驶去。我把车停在了这一区域的最高点，俯瞰着原来的农舍所在地，那里现在是个旧油罐站。我看见一座小山，在那里，她还是个小女孩的时候，怒气冲冲地把旧布娃娃扔了出去。我还看到了她和她的兄弟姐妹从黎明起就在那里工作的旧挤奶棚，大萧条夺走了他们的童年。一时间，世界静止不动。在我的脑海里，穿越时间和空间的几代人走到了一起。在这一切中，我微不足道。至于政治，现在看来只不过是"喧哗与骚动，却没有任何意义"。

10月8日早上，当我给母亲打电话时，是我姐姐接的电话，她把电话给了母亲。是的，她看过了《日出》（Sunrise，即作者前面提到作为常驻嘉宾参加的电视节目）。但第一次，她对此没有什么感觉。我又打电话给我哥哥，问他是否可以再看一遍并给我提一些意见。那天我要在悉尼为我的朋友罗伯特·麦克莱伦（Robert McClelland）筹款，他来自巴顿（Barton）选区，然后我就要回布里斯班了。马尔科姆回电话说我需要马上回去。我跑向马斯科特（Mascot），赶了下一趟航班，像个迷了路的人一样开着车赶回楠伯。我的手机在路上没电了。在我到家前的20分钟，母亲死在她两个年长的孩子的怀里。马尔科姆在外面接了我，就像35年前他在学校大门口告诉我父亲去世的消息时那样，告诉我她已经走了。洛瑞递给我妈妈的结婚戒指，尽管经历了种种考验和磨难，但她从1947年起就一直忠实地戴着。我哭了，开车回了家。

我没有在选举日出去。我对我们是赢还是输，甚至我是赢还是输都不感兴趣。那天晚上，莱瑟姆在布莱克敦（Blacktown）陷入了令人震惊的冷遇，工党再次败北，支持率下滑了1.75%，并且仅获得了60个席位。我们再次把格里菲斯收入囊中，我的支持率上涨了2.5%，猛地上升到58.6%，我现在有幸在昆士兰拥有最安全的席位之一。上帝会帮我们所有人。我只模糊地记得，那天晚上，当我们强大的竞选班子聚集在一起时，我说了一些话。我把胜利献给了母亲，她独自抚养我长大，我欠她太多，我爱她，她也爱我。母亲的离去在我的生命中留下了一个痛苦而深邃的洞穴。基于长期作为学生的能言善辩和对心理科学的践行，泰瑞莎常说："悲伤糟透了！"泰瑞莎是对的，悲伤糟透了。那些认为成年人的悲伤不那么严重的人完全是错的。父母或伴侣的死亡——即使其已经历了漫长、健康和完整的一生——对人们来说仍然是一种痛苦，就和他们在年轻时就死去了是一样的。10 月 14 日，我们在楠伯的圣约瑟夫教堂埋葬了母亲，那是她结婚的教堂，她所有的孩子都是在那里接受的洗礼，她的父母也葬在那里，她的丈夫伯特也葬在那里。我仍然想念她。

* * *

莱瑟姆在 10 月 22 日召开了政党会议，目的是探讨我们连续的第四次选举失败。莱瑟姆在 10 月 12 日选举后的新闻发布会上产生了错觉。他不承认他的领导有任何问题，医疗保险金没有问题，他对塔斯马尼亚森林灾难（Tasmanian forests debacle）的应对措施也没有问题；而霍华德在朗塞斯顿市政厅受到塔斯马尼亚林业工会（Tasmanian forestry unions）的起立鼓掌欢迎，成为 2004 年大选活动中最令人难忘的画面之一。

由于约翰·福克纳决定辞去参议院领袖一职，政党会议的气氛变得更加阴郁。福克纳仍然充满热情，但他觉得至少作为国家竞选团队的一员，他应该为选举失利承担责任。这是不公平的，因为我们都知道莱瑟姆在竞选中几乎没有听取任何人的意见。福克纳是个有操守的人，而莱瑟姆没有。这次竞选中唯一的好消息，冲淡了福克纳的离开，那就是来自南澳大利亚州的新参议员黄英贤（Penny Wong）的到来。她在盎格鲁-撒克逊风浓厚的南澳大利亚长大，经历过一切种族折磨，所以她也像钉子一样强硬。莱瑟姆再次当选为领袖，没人反对。没有人有勇气去接受挑战，尤其是我。

在会议召开前，莱瑟姆请我与他会面。他很有礼貌地提到我母亲。我依旧深陷悲伤，沉默了一会儿，我的内心开始哭泣。然后，他给了我一杯茶。他问我想做什么，我告诉他，如果财政部空着，我会感兴趣的。他说，没空着，并且补充说这不是因为我在竞选期间的不忠。我回答说，竞选活动的大部分时间我都在全神贯注地关注我病危的母亲。他接着说，他拥有无可辩驳的证据，那些证据能证明我就是竞选期间向针对他的媒体泄密的源头。我甚至都不认识他所说的新闻媒体，当然也就不是报道的来源。这是典型的莱瑟姆：一种狂热的想象唤起了一种疯狂的指控，他总是相信有阴谋要毁灭他，而自己从不承担责任。离开领导班子后，他出版了自己的《日记》（The Latham Diaries），在书中，他嘲笑我为母亲的死而流泪。这是莱瑟姆的"超人模式"（uber-male mode）——任何弱点都会被鄙视。

我静静地站起来，离开了。我仍将是外交政策的发言人，我很感激，因为我这些年来在这方面投入了很多。莱瑟姆将任命韦恩·斯旺为财政部发言人。乔尔·菲茨吉本（Joel Fitzgibbon）在那一阶段仍是莱瑟姆的"伙伴"，多年后他告诉我，莱瑟姆这么做的本意就是个巨大的玩笑。"什么玩笑？"我问乔尔。"和政党开的玩笑，"乔尔回答，"因为莱瑟姆知道，他走不了那么远。"他把斯旺留给他的继任者，作为永久的阿喀琉斯之踵（Achilles heel，指致命的弱点）。他把斯旺牢牢地固定在这个位置上，仅仅是因为斯旺的派系力量使他不可能被赶走。当时，我认为乔尔的论点太过狡诈，难以置信。然而，多年后，我仍会思考这件事。

我回到了布里斯班的家里，在接下来的一个月里，我花了很多时间远离政治。犹太信仰中有许多关于哀悼时刻的古老智慧。也是时候在家庭成员间分配一下母亲留下的财产了，好让这些遗物有地方保存。当时我说，如果有一天我写一篇关于我这段人生的短篇小说，我会给它取名为《寻找我母亲的橱柜》。我到处寻找一张桌子、一个写字台或一个橱柜，这样我就可以把她的信、她的饰品和一些纪念品放在一起来讲述她生平的故事。我肩负使命，不可阻挡，直到最后，我找到了一张坚实的红木小桌子，它完全符合我的要求。我买下它，进行组装，并和尼古拉斯一起小心翼翼地把它抬下了楼梯，放到我的书房。然后，我把所有那些珍贵的东西都放在了里面，以便保管。直到那一刻，我才感到了安宁。那时圣诞节已经临近，多年以来我们都是和母亲一起过圣诞的。我播放了维瓦尔第的《圣母悼歌》（Stabat Mater），并把声音开到家里人可以承受的极限——我母亲是圣母的终身信徒。

节礼日（Boxing Day）那天，我们再次向北长途跋涉，来到我小时候学会游泳的海滩和水道。感觉就像回家一样。当我们把行李卸下车后，我、泰瑞莎、杰西卡和尼古拉斯一起喝了杯葡萄酒，我们观望着海浪的摇曳起伏，午后的阳光洒落在太平洋上，所有人都希望新的一年一切会好起来。

但当天在印度洋发生的事件将再次使世界发生翻天覆地的变化。当我的手机铃声响起的时候，我和泰瑞莎刚坐在走廊上，我认出那是我们的一位参议员的号码。泰瑞莎抬起了她的眉毛，这是她唯一能做的，这无声而有效地传达了我们正在度假这一事实。但我还是妥协了，接了电话。这位参议员是代表一位忧心忡忡的选民打电话过来的。据那位选民描述，一个巨浪袭击泰国海滩后，他和他的儿子失去了联系。我立刻拨打了外交部的紧急号码。由有史以来震级最高的地震所引发的印度洋海啸的消息，已经慢慢传播开来。剩下的事情我们都知道了：23万人因此丧生。

澳大利亚政府为印尼提供了10亿美元的紧急援助，并为失去亲人的澳大利亚家庭提供了领事支持服务。在这样的时刻，反对党的职责就是要提供完全的两党一致的政治支持。我立刻代表工党做了这件事。我们的关注点是展现在我们眼前的巨大人类悲剧。它大到让人措手不及。

然而，没过多久，记者们就开始在采访中公开问我，他们什么时候能收到反对党领导人的消息。我说他正在休假，并已委托代理领导人珍妮·麦克林、后来的参议院领袖克里斯·埃文斯（Chris Evans）和我来继续支持政府的行动。我试着给莱瑟姆打电话，试着去他的办公室，让其他人设法找到他，这样至少我可以在报道中说我正在定期向他汇报情况。麦克林告诉我她也不知道他在哪里。在这个区域发生了重大危机的时刻，在媒体发布一则全国性的"瓦利在哪里"（*Where's Wally*，一本童书的名字）式的寻人启事去寻找工党领袖之前，我们只能虚张声势。

果然，人们很快就发现莱瑟姆和家人正在新南威尔士州中央海岸的特拉加尔（Terrigal）。麦克林和我随后开始频繁地走访悉尼的救援中心（该中心负责协调向印尼受灾地区运送救援物资），以表明我们仍专注于手头的任务。之后，克里斯·埃文斯取代了麦克林，开始担任代理领导人。忽然间，开始有新闻报道声称，莱瑟姆的胰腺炎复发了，他去年就曾复发过。直到1月13日，莱瑟姆发表了声明，称他的体检结果"不太好"，根据医生建议，他将休假到1月底。似乎没有人知道到底发生了什么。莱瑟姆病重？他就要辞职了吗？为什么他的办公室在海啸袭击后没有发布一份代表他的直接声明，以阻止媒体的诸多臆测？当这个国家有一种并非不合理的期望，认为我们在真正的危机面前应该时刻表现得像成年人一样时，工党却处于内部混乱和外部放任的状态。我咨询了麦克林和克里斯·埃文斯，我们一致认为，我应该前往印尼，证明工党并没有简单地放弃对该地区的责任。

　　我于1月17日抵达雅加达，会见了我的老朋友、印尼外长哈桑·维拉尤达。我会见媒体本是为了公开表达我们会继续支持澳大利亚政府和印尼政府目前为止在应对海啸带来的巨大灾难时所做出的人道主义努力。但我在新闻发布会上花了大部分时间为莱瑟姆难以辩解的沉默进行辩护。第二天，莱瑟姆在悉尼的一座公共公园中，梳着美国海军陆战队式的新发型，以一种奇异的方式辞职了。我在雅加达，在准备再次面对媒体之前，听说了他的辞职。随后我前往了位于苏门答腊岛北端的遥远的班达亚齐（Banda Aceh），那里是遭破坏最严重的地方之一。莱瑟姆再次成了我和澳大利亚媒体以及印尼媒体之间的唯一话题。让澳大利亚人感到惊讶的是，我们在雅加达的朋友居然看了澳大利亚的电视节目，而且比我们想象的更了解我们的国内政治。我说，这一天对一位仕途如日中天的年轻人来说显然是痛苦的，莱瑟姆应当得到同情。当被问及我是否会成为领袖候选人时，我说，在发表任何声明之前，我都需要与我的同事协商，但与此同时，我在印尼还有工作要做，需要在班达亚齐做工作。不出所料，比兹利在莱瑟姆辞职后的一个小时内宣布他将无限期参选。

　　我认为去完成我的使命是正确的，尽管我知道当我实际上与外界隔绝的时候，比兹利的团队会马上占据上风。当我在班达亚齐登陆时，我看到了一幕前所未见的场景。当地时间周日（对这里虔诚的穆斯林团体来说，周日是一个正式的工作日）上午8点左右，海啸袭击了这座城市，仅在这里就有3.1万人丧生。大部分尸体已经被掩埋，但在残骸中仍能看到一些肿胀的尸体。巨大的渔船被抛向内陆一千米之遥。整个郊区都被夷为平地，只剩下光秃秃的基石轮廓。1500所学校就这样消失了。在一份报告中，几天后"学校"重新开学时，有的班级里只剩下两个孩子。这是《启示录》（Apocalypse）中的场景。秩序正从混乱中慢慢恢复的唯一迹象是，残骸中晃动着澳大利亚国防部队工作人员的身影，他们恢复了这里的供水和供电。感谢上帝赐予我们这样的力量。

之后，我在棉兰（Medan）做了短暂停留，这里已经成为整个救援工作的后勤协调中心。最后，我终于启程回家去面对一个艰难的决定：我是否要成为领袖的候选人。

chapter 18

Beazley Redux: Kim's Fifth
Challenge for the Leadership

第十八章

比兹利的回归：
第五次挑战领袖之位

海啸过后的班达亚齐满目疮痍。亲眼见到这一切后，我有一种非常不真实的感觉。与此同时，在莱瑟姆辞职后，我又被卷入澳大利亚工党领袖争夺战的细枝末节中。印尼与澳大利亚之间的通信讯号很差。就连我设置必要的最低配置系统来预算核心会议中的选票的想法，都受到了现有技术的限制。在领袖竞选的早期，最初的选票会被计算出来，"谁势头正劲"很快就会被透露给媒体，以影响尚未做决定的选民投票，并迫使其他候选人退出竞选。在莱瑟姆的新闻发布会上，比兹利站了起来，再次宣布他会作为候选人参选工党领袖。在最近任命的新南威尔士州分部秘书长马克·阿尔比布（Mark Arbib）的帮助下，比兹利已经开始使用新南威尔士州的右派机器，并令斯旺、史密斯和康罗伊分别担任各自的派系执行者。多年后，阿尔比布问我，为什么莱瑟姆辞职后我没有直接从雅加达回到澳大利亚。我解释说，飞回澳大利亚会让澳大利亚公众看到这样一个事实：我将肮脏的个人野心置于公共责任之上。阿尔比布露出他那出了名的笑容，他的眼睛炯炯有神，脸上流露出一种心满意足的神情，我证实了他当时的政治见解的正确性——他说："那正是我们认为你会做的——待在那里。"这些人是谁？我自问道。当然，在那个阶段谁会这么认为我心知肚明。我记得在 10 年前，斯旺问过我为什么对从政感兴趣。在听了我崇高的从政理由后，他用一句前后不搭的话总结了自己的世界观："胡说，这只是个游戏，伙计——但这是最好的游戏！"

另一个似乎对莱瑟姆的突然离任毫不知情的人是朱莉娅·吉拉德，她当时正在越南过暑假。这令人惊讶，因为她和莱瑟姆在过去的12个月里变得亲密，尤其是在竞选期间。然而，正如我们当时所知，长期以来，莱瑟姆在性情和政治关系上一直都是反复无常的。奇怪的是，在莱瑟姆成为领袖的后期，他与宿敌比兹利却进行了适度的个人和政治上的和解，并任命比兹利为影子国防部部长。也许，他只是想让比兹利在国家安全政策领域牵制我，因为至少我在这个领域已经被视作党内权威。但在他最后的领袖生涯中，莱瑟姆似乎回到了新南威尔士州右翼派系根基中，尽管他来自西澳大利亚州，而比兹利则是该派系的一员。再一次，这些都成了我们永远不可能知道真相的事情。朱莉娅至少比我早好几天就打电话测试了自己成为合法领袖的意愿选票数。她可能会吸引大量前一年投票给莱瑟姆的支持者，但他们中的许多人对莱瑟姆"过山车"般的行为已经幻想破灭了，并且在某些情况下感到很受伤，他们现在渴望稳定，即使这意味着他们要再次穿上代表着比兹利领导的"那双舒适的旧拖鞋"。

几天后我回到布里斯班，在家人的祝福下，我又一次拨通了电话。令人惊讶的是，大家的反应比我预期的更令人鼓舞。许多决策委员会的成员的共同愿景都是，鉴于莱瑟姆的表现，他们现在希望稳定，但他们同样希望前进而不是倒退。这对朱莉娅和我来说都是积极的信号。在我身上，他们看到了——用他们的话来说，而不是我的——一双稳定、能干的手，同时也看到了一个对未来有着清晰愿景的人。在他们看来，朱莉娅是一个坚强的女人，她能够用不同以往而真实的声音为未来发声。但她与莱瑟姆的长期往来、她对经济和国家安全方面的看法基本不为人知的现实以及她最近在医疗保险金成本方面的经历，都让她感到焦虑。至于昆士兰州的因素，虽然这在上任领袖的竞选投票中是个问题，当时赢得全国政府的前景似乎不像现在那么渺茫，但这一次我的昆士兰出身被看作有用但并不能最终决定核心成员想法的因素。

比兹利决定，他要走出去，到公众中去，而不是只躲在后面的房间里，和"公鸡们"一起，一边吃着中餐外卖，一边计算选票。1月28日，在莱瑟姆辞职之后、领袖投票之前这段漫长的日子里，摄像机拍下了这样的场景：比兹利在他的新晋挚友兰金区议员克雷格·爱默生（Craig Emerson）的陪同下，在街上散步，会见和问候投票者。克雷格将成为一位"伟大的"澳大利亚政坛变色龙，就像那些战前的老式昆士兰落地扇一样，可以轻而易举地左右摇摆，把自己变成比兹利派、西蒙派、朱莉娅派或者陆克文派。这当然也要取决于当时的政治气候条件。

我也走上街头，借助电视来传达我认为的工党所需的新领袖应该去传达的积极信号，并拒绝说我对手的坏话。我飞到墨尔本，我们在墨尔本港口议员迈克尔·丹比（Michael Danby）的办公室里办公。艾伦·格里芬（我们在这个阶段亲切地给他起了个"北极熊"的外号）、林赛·坦纳，当然还有我一直信赖的幕僚长阿利斯特，组成了一支强大的竞选团队的核心。我沿着圣基尔达路走了一程，对公众的反应感到惊讶。他们居然认识我，而且事实上他们看上去很喜欢我。然而，这证明"公鸡们"在幕后针对朱莉娅和我所进行的负面宣传已经给人们留下了深刻的印象。斯旺、史密斯和康罗伊在厚黑学方面造诣很深——不仅仅体现在派系内部，也体现在操纵媒体情绪方面——他们那些日子特别活跃，尤其是在污蔑朱莉娅的性格方面。在那个时候，他们特别厌恶朱莉娅。因为她是左派，所以如果她获胜，这将成为他们在党内权力的最大威胁；他们第二憎恨的是我。尽管如此，我们在墨尔本的竞选活动仍在继续，一直持续到1月22日星期六晚上。我记得"北极熊"放下电话，疲倦地说："一开始，我预测你会有40多票；今天早些时候，35票左右；但现在你已经20多票了。这些家伙赢了这个势头游戏，他们已经让人们相信比兹利会赢了，而现在正在形成一种从众效应。"

"不太妙呀。"我回答说。

"打个比方，以前你只是嘴唇在流血，现在你是在咯血了，你这个白痴。"（向读者解释一下，"你这个白痴"是标准的艾伦式表达感情的用语。）

　　根据对选票数字的精确计算，我决定退出。第二天，我飞回布里斯班，并告诉媒体，在与家人进一步讨论后，我将在第二天宣布我的决定。星期天，我又打了很多电话，然后我们又一起回顾了一遍，但还是毫无突破。因此，星期一，泰瑞莎开车送我到联邦议会办公室，在那里，我与媒体再次会面。许多人会对我这个当地的小伙子没能进入领袖角逐的行列感到失望。我打电话给福克纳，他也表达了失望之情，但他仍然坚定地说，工党至少应该有一个选择。当我们走过故事桥（Story Bridge）的时候，在福克纳的建议下，我给议会党的另一头"老灰熊"罗伯特·雷（Robert Ray）打了电话。我向罗伯特解释了我退出的理由。他就像福克纳第一次遇到我时那样粗暴无礼。

　　"好吧，"他终于咕哝了一声，"但在任何情况下都不能说你再也不会跑了。"

　　"在宣布放弃的新闻发布会上，我该如何应对呢？"

　　"就说你背包里还有领袖的接力棒。"他回答道。

　　当车子快到目的地时，我决定给朱莉娅打电话，那时她还在打电话联络。出于礼貌，我想我应该告诉她我将要做什么。我还将告诉她，在我即将发表的评论中，我不会以任何方式攻击她。接到我的电话后，她似乎很惊讶，但也很感激。我们简短地交流了我们最近三天在比兹利手下遭受重创的故事。我希望她的情况会好点儿。她说，无论发生什么事，我们都应该尽快一起安静地喝上一杯，因为我们都从亲身经历中体会到，作为派系之外的候选人是什么感觉。我不知道她是否会继续在选举中面对比兹利，但正是在这次谈话中，朱莉娅和我开始建立起真正的个人和政治纽带。至少我是这么认为的，虽然她对此可能有完全不同的回忆。但这确实构成了我们在接下来一年里就工党的未来展开的一系列对话的基础。

　　然后，面对媒体的时候到了。就自己的候选人身份而言，我说我的背包里还有领袖的接力棒，尽管在未来很长一段时间内可能都不会看到。那天晚上，媒体问我朱莉娅是否也应该退出。我说："朱莉娅是个非常聪明的人，而且是个好人。她会对什么最符合她的利益、什么最符合工党的利益做出冷静的判断。在未来的日子里，她也会这样做。"

当核心会议在 1 月 28 日召开的时候，气氛与其说是热烈不如说是顺从，比兹利毫无异议地当选了。派系斗争是确实存在的。在我在次年末最终取代他成为领袖之前，比兹利总共已经参加了 6 次党派领袖竞选：3 次成功，3 次失败。当听到比兹利三人党各种抱怨说比兹利从未被公平地选为领袖时，我总是暗自发笑。自 1901 年以来，总共有 20 位工党领袖，11 位工党总理，只有 5 位（包括我在内）在大选中从保守派手中接过权力。除了霍克之外，比兹利在工党历史上参选次数最多。霍克曾 6 次参加竞选，也曾连续 4 次当选总理。除了伊瓦特（10 年）之外，比兹利担任反对党领袖的时间比其他任何领导人都要长（近 8 年）。历史记录能帮助我们直观地了解现实。

不管我们个人对领导人选举结果有何看法，现在都是时候重新振作起来，设法拉低霍华德在议会的支持率，尽管我们中几乎没有人相信我们能够赢得下一次联邦选举。最后，比兹利把贸易事务归为我的职责，对此我很感激。至少，现在我的职责范畴内包含了可以让我参与国家经济辩论的内容，而这是工党和国家未来的核心，当然这也会让我与斯旺产生直接的争执。出于派系的忠诚，斯旺被比兹利愚蠢地留任为财政部发言人。两年后我成为领袖时，又犯了这样的错误。当时我保留了斯旺在财政部的职位，试图弥合党内的深层分歧。比兹利最好还是让唐纳甚至是史密斯来担任这个职务，他们有必要的智力水平。斯旺——无论他的长处是什么，当然他在社会政策的关键领域里也有这些优势——在这方面却不能胜任，并且随着时间的推移，他没有丝毫进步。多年后，一位财政部官员把斯旺描述成一个自负的小个子，肩上却扛着巨大的筹码。与他的许多前任不同，斯旺对财政部的工作并不感兴趣，显然也没有能力去学习自己部门的业务。财政部是政府中最为专业化的部门。斯旺在他离开的那天，就像他 9 年前到达的那天一样局促不安。在未来的岁月里，我们所有人——比兹利、朱莉娅和我——都将为将斯旺留在财政部中的决定付出高昂的政治代价。他不能胜任这项工作，我们也能从自由党的斯科特·莫里森（Scott Morrison）身上看到这一点，作为一个不称职的财务主管，他在做出政府的经济决定时缺乏必要的职业信心，这不仅严重影响了政府整体的稳定进程，也严重影响了国家和经济发展。

＊＊＊

多年来，《日出》让我在全国家喻户晓，观众范围远远超出了澳大利亚广播公司的传统影响区域以及它的主打节目，如《夜光》（Lateline）和《七点半报道》（the 7.30 Report）（在这两个节目中，我也是常驻嘉宾）。考虑到从"坦帕"号事件到恐怖主义，再到伊拉克，国家安全和外交政策议程问题不断凸显，我越来越多地出现在国家媒体中。对我来说，这意味着学习用不同的听众都能够理解的语言和逻辑来传达工党的信息，并且使他们能够很容易辨别这些语言和逻辑。我早期在政治和媒体上学到的是，选民能够慧眼识骗局。他们有三重评估标准：你知道你在说些什么吗？你相信你说的话吗？你打算怎么办？他们通常有一种不可思议的能力来评估你的语言、你的眼神，以及你是否表里如一。

所以很早以前，我就决定做我自己，无论这对我的政治对手来说多么不寻常或者多有挑战。我的许多政治对手——包括党内的对手和媒体界一些反对者——都会攻击我，要么说我太学术，要么说我太随意，要么两者兼而有之。他们无法理解我所说的"方案特异性"（programmatic specificity），也无法理解我说的"人人都能摇两下果酱瓶"（fair shake of the sauce bottle，对俗语 fair suck of the sauce bottle 的化用，意思是人人都有机会）。但更重要的是，每当我用澳大利亚俗语时，尤其是保守派——在他们精心培育的右翼媒体的支持下——会持续发起攻击，声称这是某种巧妙的诡计，说我以此来掩盖我是一个野心勃勃的外交官的真相，并且通过诡计让大众将我视为人民公仆。

这些人不会明白，或者更有可能不想承认，在我的成长岁月中，我有许多不同的背景——我从昆士兰农场的一个农民变成一位中文流利的外交官和高级官员、一位成功的商人的丈夫、一个在星期天去教堂的信徒，这意味着我能和公众进行自然的交流。公众似乎对我所说的话做出了积极的反馈，因为我在公开演讲中提出的主题都经过了多年的深思熟虑——我对这些主题有着真正的个人和政治激情。澳大利亚人似乎更希望看到能给他们带来更多东西的政治代表，而不是国家的政治和媒体机构已经习惯的那种乏味、单调、一成不变的公众人物。

随着时间的推移，这将为我在工党内部制造出问题，同时又创造出机会。我的政治权威的来源最终会变成澳大利亚人民自己。我的权威从未来自政党本身的正式权力结构，至少不是来自所有派系。我在全国媒体上出现的次数越多，从澳大利亚人民那里得到的反馈就越积极，各派系对此产生的不满就越大，因为他们可以看到，我越来越不受他们的政治控制了。同时，这也造就了一种长期存在的脆弱点。如果将来我遭受到来自政治生活和大众舆论的磨砺，那么这些正好会成为各派系攻击我的口实。许多年后，右派政治黑手党也正是这么做的。

* * *

与此同时，议会政党已经接受了我们最近的选举失败。在比兹利重返领袖岗位后不久，核心会议内部就对"家庭第一党"（Family First）的崛起产生了深切的担忧。"家庭第一党"是一个基督教小党派，在上一届选举中分流了保守派的选票，在某种程度上也分流了工党的选票。工党的危险来自：虽然优先票选制度（选民在选票所列候选人名下书写1、2、3等数字，通过不同的排序表示自己对候选人的不同的喜欢程度；计票时，实行可转移的计算方法；得"1"票最少者被淘汰，其选票按标注的"2"被转移给其他候选人）

仍然将这些选票算入自由党和国家党，但也使工党一些较为保守的支持者所投的首选票流向联盟——尤其在我所在的"敬畏上帝"的昆士兰州，也有一些其他地方如此。我认为，将工党视为反教会和反基督教的政党是没有道理的。

我还对传统的天主教选民给工党投票票数的加速下降感到担忧。这主要不是因为堕胎、安乐死、干细胞研究和婚姻平等这些所谓的生活问题，而是因为天主教徒的中产阶级化。这些人主要是曾受益于工党的教育改革的一代，这一改革使贫困的天主教家庭的孩子可以比从前有更多的机会接受大学教育。但作为天主教徒，毕业后，随着他们在事业上的稳步提升，他们也失去了对自己劳工阶级出身的身份认同。对以前工党在历史上创造的教育机会的感激，不会让我们在未来获得更多天主教徒的选票，特别是当保守派显然正为新一代的更富裕的天主教选民提供更吸引人的消息的时候。简而言之，天主教徒正逐步脱离工党运动。除非我们能够重获这些团体的支持，否则工党将发现组建政府会变得越来越困难。

我采取激进的做法，写了一篇关于这个问题的短文，把它发给了所有议会党派，并说如果有人有兴趣的话，可以在指定的日期在我的办公室见面。这激怒了各派，因为我在召集之前没有"协商"。显然，各派系现在也开始控制信仰问题。结果出乎意料，我本来仅指望最多有十几个人会有兴趣，但事实上，至少有三分之一的核心小组成员对此感兴趣，现场只有站着的地方。讨论进行了近两个小时，我们一致认为，我们将开始以个人身份在涉及更广泛的基督教社区的公共论坛上发言。会议取得成功的事实使各派系更加不快。

不久之后，我受到杰拉尔丁·杜格（Geraldine Doogue）的邀请，在澳大利亚广播公司的《指南针》（Compass）节目中接受采访，这是一场关于信仰和政治的全国性辩论的一部分。我尽可能坦率地阐述了我的基本观点："我正在做我认为目前在澳大利亚政治史上正确的事情，那就是参与这场关于信仰、价值观和政治的辩论，而不是为其他的暴民让位，为那些认为信仰是他们的自然财产的右派人士让位。我不打算袖手旁观，或者让这样的事发生。"

这使得各派系很不高兴。但我的使命是为工党赢得选举，不仅要着眼于支持我们的那部分人，还要吸纳更多基督教选民。

2006年，在菲利普·亚当斯（Phillip Adams）的敦促下，我更进一步，在《月刊》（The Monthly）上发表了一篇宣言。菲利普和我一样，相信如果工党想赢得执政党的位置，那么我们必须在对未来令人担忧的预估之外，将我们所传达的信息的范围扩大。《信仰与政治》（Faith and Politics）是一篇5000字的文章，它概述了基督教社会民主世界观的神学基础，这基于耶稣在福音书中的教导：信仰不仅是个人虔诚的问题，而且是积极的社会行动，在今生带来正义，而不仅仅是来世。这意味着要积极发挥国家的主动作用。我的研究案例是德国神学家、政治活动家和现代殉道者迪特里希·伯霍夫（Dietrich Bonhoeffer）非凡的一生。

在这场辩论中，我并不想后退一步。我将继续直言不讳，包括随后我在弗兰克·布伦南（Frank Brennan）名为《凭良心行事》（Acting on Conscience）的新书发布会上所发表的演讲。在此之前，自由党攻击我在"布道"（sermonising）、"从神职人员那里拉选票"（recruiting from the pews），却没有因为上帝站在他们一边而不是我们这边而感恩。

* * *

随着对伊拉克政策全面失败一事讨论的不断展开，关于这段时期外交政策的争论也在继续。2005年7月，在格里芬和我走访阿富汗的一年后，霍华德终于绷不住了，重新派遣军队参与"被遗忘的战争"。到那时为止，塔利班已经对卡尔扎伊政府在喀布尔的地位构成真正的威胁。霍华德在2005年2月宣布，他将扩大驻伊拉克的澳大利亚部队的人数。向伊拉克增派部队，他违背了他对澳大利亚人民的庄严承诺，即除了最初的部署，他永远不会增加兵力。但是，霍华德并没有将自己的这个决定归因为情况已经发生了变化并做出解释，他决定为他的增兵计划做出全新的辩护：再一次，他选择了谴责我。2003 年底，我从伊拉克回国后，曾写信给霍华德，建议采取一系列措施，以解决战后的人道主义危机并帮助该国长期重建。就像以前一样，我只是运用了这样一个原则：如果你是毁灭一个国家的一方，那么你就有责任帮助这个国家重建。霍华德并不这么看。我在信中建议，澳大利亚政府可以考虑审查保护性安保，任命一名公共工程协调员，澳大利亚选举委员会为其提供援助，并在现有的部队人数的最高限额内提供一些警察和军事训练人员。当受到质疑时，霍华德的反应是抓起我的信，疯狂地挥舞，并声称他现在有理由对伊拉克做出规模更大的长期军事承诺了。但我的信中没有这样的论点，如上所述，我的建议是在现有的部队规格内去执行，当然更没有提倡过大规模的新增部署。我给总理写的信被曲解的程度，正如我母亲会说的，是厚颜无耻的，这也是他政治绝望加深的标志。从那以后，他继续将我 2003 年末所写的信作为其辩护的一部分。也许，他现在已经重复了太多次这种陈旧的谎言，以至于他实际上已经说服了自己——是我说服他向伊拉克派遣更多军队的。

伊拉克和阿富汗不是当时唯一的主要外交政策辩论的主题。2005 年 2 月 10 日，朝鲜宣布自己是一个拥有核武器的国家，退出《不扩散核武器条约》并驱逐了国际原子能机构的武器核查人员。5 月，他们表示将很快进行核试验。在接下来的 10 月，他们确实这样做了，从而改变了该地区未来 10 年的整个安全对话政策。霍华德利用攻打伊拉克来震慑朝鲜发展核能力的宏伟战略，在他和全世界面前"爆炸"了。有时候，作为议会议员，你会觉得自己完全无能为力。你知道有些事情即将发生，但你没有能力去影响政府政策，更不用说有能力去影响美国政策了。你所能做的就是大声说出来，当然我已经反复做过了。我甚至在堪培拉几次警告朝鲜大使说，他们这样是在玩火。和现在一样，我从前就一直在坚决主张：对我们地区安全与稳定的真正威胁不是恐怖主义，而是让平壤拥有核武器的迫近的现实。

尽管如此，恐怖主义仍在 2005 年 7 月以伦敦地铁和巴士爆炸案报复了西方世界。当时我碰巧在伦敦，亲眼见到了伦敦人的斯多葛主义（stoicism），每个人都若无其事地继续着自己的生活。这是闪电战（the Blitz）精神的重现。那天晚上，酒吧里还是挤满了人，尽管没人知道嫌疑人是否还逍遥法外。

　　同年10月，另一起恐怖袭击发生在巴厘岛，造成20余人死亡，129人受伤，其中包括一些澳大利亚人。我推迟了出访印度尼西亚的计划，因为印尼政府即将被舆论淹没。再重申一次，最大限度地减少我们区域恐怖主义风险的关键是，确保我们与印度尼西亚和整个东南亚的安全合作是无缝的。这就引出了一个更广泛的问题，即霍华德在该区域的参与度，因为我们的许多邻国都在大声质疑：霍华德是否有兴趣成为该区域体系的一部分，或者他是否在继续他的稳步撤退，以进入一个假想的盎格鲁圈。但做错事的后果是，该区域正考虑组建一个新的区域机构——东亚峰会（EAS），并计划于2005年在吉隆坡召开首次会议。该机构成立于亚洲金融危机之后的余波中，东盟（ASEAN）开始希望中国和日本在未来发生任何危机的时候为该区域提供金融担保，以帮助其逃脱1997年在国际货币基金组织（IMF）发生的噩梦。东盟十国、中国、日本和韩国共同组成了"东盟+3"。2005年的会议的议题是东盟与东亚峰会的长期制度化，并决定了成员国是否应该包括印度、澳大利亚和新西兰。鉴于霍华德对该区域一贯的不敏感、漠不关心和偶尔的敌意，东盟在澳大利亚应该加入还是不加入的问题上存在分歧。但还有另一个问题：加入将要求澳大利亚签署《东南亚友好合作条约》（TAC），该条约要求成员国之间只能使用和平手段解决争端。鉴于他最近对周边地区的好战表示及他对《东南亚友好合作条约》与澳新军团毫无考证的互不相容信念，这对霍华德来说是一剂苦药。

　　我坚信，东亚峰会的成员国身份关系澳大利亚的长期国家利益，也关系我们与美国的同盟关系，所以我跳进了这场辩论。2005年3月，我在柬埔寨威廉斯堡会议上就这个问题发表了讲话，敦促堪培拉方面和我们在该区域的许多批评者能够为了更广泛的区域利益，搁置他们的分歧。但不久之后，霍华德单方面否定了签署《东南亚友好合作条约》的可能性，称其反映了"一种老旧的观念"。霍华德和马来西亚总理阿卜杜拉·艾哈迈德·巴达维（Abdullah Ahmad Badawi）站在了一起。这非常粗鲁，更不用说不适合外交场合了。这也不符合唐纳公开表示支持澳大利亚成为东亚峰会成员的立场，因为签署该条约是必要的先决条件。这是霍华德最坏的一面：傲慢自大，对我们的邻国极不友善，并准备在此期间抛弃我们在该区域的核心国家利益。霍华德故意无视美国在该区域的其他盟友（包括日本、韩国和菲律宾）已经签署了《东南亚友好合作条约》这一事实，这导致4月份在澳大利亚举行的一场快速而激烈的公开辩论。我积极推进这个方案，霍华德却坚持说他不会"乞求"被允许进入东亚峰会。然后，在2005年7月26日，他来了一个无耻的180度翻转——政府突然签署了《东南亚友好合作条约》。东亚峰会变得至关重要——我们的结论从这是没有必要的摇身一变——并且成了"许多年后最重要的发展之一"。

在同一时期，该区域的不同地区都爆发了禽流感，这导致国内对澳大利亚的准备和应对的进程进行了激烈的辩论。2005年3月，我在议会发表了长篇演讲，概述了澳大利亚和该区域面临的风险。2004年1月，当唐纳发表了一篇引人注目的声明之后，我的警铃便开始响起。当被问及禽流感是否会出现在澳大利亚时，他回答说："我不是科学家，但我认为它可能会出现在澳大利亚，但坦率地说，我认为这又有点儿不太可能，况且我还没有被告知它会出现在澳大利亚的真正威胁。"与我们国内的防备相比，我更担心的是我们对整个区域的防备情况。在2005年，印尼已成为一个主要的病毒中心，而当地公共卫生当局进行监测、遏制和根治这种疾病的能力是非常有限的。

2005年9月，我提出了一项五点计划，作为澳大利亚在禽流感问题上与邻国合作的区域战略。正如我在当月晚些时候所说的："工党的政策是在前线抗击禽流感，在前沿通过奋斗进行防御……在东南亚和印度尼西亚。"这不仅仅是澳大利亚检疫的稳健性问题，人类传播也是可能的，这就是关键所在。

第二天，唐纳在电台中承认，"他们（印尼）被抓到对外界有隐瞒实情的情况，他们发现（禽流感）很难对付"。这是一个迟来的声明，它表明我们所有人都面临着真正的危险。在那之后的第二天，联合国粮农组织（UN Food and Agriculture Organization）呼吁为东南亚动物卫生系统提供额外的1亿美元资金支持。现在全世界都在关注，而不仅仅是我一个人在到处呼吁对这一问题进行有效区域应对的必要性。

10月初，当唐纳最终同意召开一个有关禽流感防范的区域部长级会议时，这场运动开始产生了一些成果。至少这是该运动开展了约9个月后的一个新篇章。澳大利亚上一次经历西班牙流感还是在第一次世界大战之后，禽流感的大流行除了给人们本身带来影响，还给澳大利亚造成了巨大的经济影响——对澳大利亚的国际旅游业产生了重创，就如同银行已经发出的警告那样，这会对我们的全球化经济产生重大影响。

然而，在我这段时间面临的所有公开挑战中，对我个人影响最大的是：新加坡政府在2005年12月处决了一名25岁的越南裔澳大利亚人范·阮（Van Nguyen），原因是他试图将近400克海洛因从柬埔寨运往澳大利亚。他在新加坡过境时被捕，供称他这么做是为了偿还为他的孪生兄弟霍阿（Khoa）支付法律费用的个人贷款。霍阿是个吸食海洛因的瘾君子，他曾被指控在维多利亚州的街头非法购买毒品。当然，每个毒贩都有自己的借口。他们很少关心死亡，也很少关心他们的交易会给其他许多人的生活带来多大的伤害。但出于个人良知，我一生都反对死刑。对此，我公开表示反对，不管这是发生在美国、中国还是新加坡，我总是尽最大努力去支持澳大利亚人在世界上的任何地方对死刑的抗辩。我与范·阮的法律团队成员莱克斯·拉斯里（Lex Lasry）和朱利安·麦克马洪（Julian McMahon）（他们两人都是无偿接手这个案子），两位来自被告家庭和社区支援团队的墨尔本年轻女士布朗温（Bronwyn）和凯莉（Kelly），以及唐纳办公室展开了密切合作。这远远超出了党派政治，是关乎一条年轻人的生命。如果没有范·阮律师的批准，我就无法对这个案子做任何事情。

在这一年的大部分时间里，我们与新加坡政府私下进行了沟通。我分发了一份由每一位议会工党成员签署的请愿书，请求上诉法院予以宽大处理。我将这一请愿以一封私人信件的形式寄给了我的朋友——新加坡外长杨荣文（George Yeo）。我去见了新加坡高级专员，向他解释说，如果法院院长拒绝了我们希望宽大处理的请求，两国关系将不可避免地恶化。与此同时，通过我们驻新加坡的高级专员加里·昆兰（Gary Quinlan），唐纳每时每刻都在积极地处理这个案子，并竭尽所能地与新加坡人建立起联系，以确保对判决实时了解。

然而，这一切努力都化为乌有了。11 月中旬，死刑执行日期定在 12 月 2 日。再一次，在法律团队的支持下，我将此事告知公众。值得赞扬的是，霍华德亲自与新加坡总理讨论此事，唐纳也和杨荣文进行了同样的讨论。然后，我们还探讨了是否可能成立一个国际法院，对死刑的强制性性质提出挑战，因为死刑没有考虑任何减轻罪行的因素。但那还是没用。不久之后，联邦议会向新加坡议会议长提交了一份请求宽大处理的决议，但被拒绝了。遗憾的是，所有这些措施都没有起到任何作用。

我听说范·阮已经改信天主教了，这让我很高兴，至少这能给他带去安慰。我感到很无奈，于是通过他的法律团队把我自己的带有个人题字的《圣经》送给了他。我想让他知道，在他生命的最后时刻，他不会孤单一人——还有人记得他。我不知道他是否及时拿到了。

12 月 2 日星期五上午 8 点是他在新加坡被处决的时间，那时我在悉尼。我和其他来圣玛丽大教堂祈祷的人一起进行了祷告。我点燃了一根蜡烛，他已经离去了。

政府因其对此案的处理而受到公众的批评，但这是不公平的，他们已经尝试了一切方法。从范·阮的死刑中我们可以得到的唯一安慰是，他的案子可能对几年后新加坡修订新的法律产生了一些影响。2013 年，新加坡首次将一名 25 岁的马来西亚毒贩由死刑改判为无期徒刑，因为"他只是个运送者"。在此之前，2012 年的一项法律修正案规定，如果违法者能证明自己只是一个运送者，而不是一个毒贩，那么就可以免于被判处死刑。该案子的情况与范·阮的案子几乎相同。在范·阮被处以死刑后，新加坡的年度死刑执行率也开始下降。新加坡这个世界上曾经的绞刑架之都（曾有着世界上最高的人均死刑率），自 2012 年以来，每年均仅判处 4 次或更少次数的死刑。我怀疑新加坡的死刑与犯罪率之间是否存在关联，但 2016 年的一项民意调查显示，92%的新加坡人仍支持保留死刑。我还是不明白为什么。

　　尽管我在政治生涯中取得了很多成功，但也经历了很多失败。我认为年轻的范·阮被处决这件事就是其中之一。

chapter 19

A Baton in the Backpack: On
Becoming Leader

第十九章

背包里的接力棒：
成为领袖

多年来，我一直在思考如何成为工党领袖。不是思考如何获得选票——到了某个时期，选票的确会成为特殊的痛点——而是思考在澳大利亚民主政治的大漩涡中，要成为一位有所作为的领袖，我需要具备哪些理念，具备怎样的视野，需要采取怎样的行动，以及这些是否足以战胜澳大利亚自孟席斯以来最强势的保守派总理。兹事体大，在深思熟虑之前，孤注一掷是毫无意义的。更重要的是，我需要想清楚，如果参选成功，要让政府做些什么。在我的政治生涯中，我遇到过太多一生梦想掌握大权，然而拥有权力之后却不知道该做什么，只一味维护权力的人，各个政党中都有这样的人。

就像我在前面写过的，我从未将政治视作一场游戏。政治是严肃的，在我眼里，是一份事业。许多年前，我曾在首次议会演讲中说过，政治关乎我们如何运用国家资源，以及它是为多数人还是为少数人服务。坚守信念是一回事，理解为什么坚守这份信念又是另外一回事。身处政坛，你必须坚定自己的立场，因为投向你的一切，不论是来自党内还是党外，都会让你不断考量到底是选择当下的权宜之计，还是坚守你作为一个人以及一位领袖内心深处的信念。你会很容易脱离正轨，如果压根没什么信念，就更容易迷失，甚至连"在那里"（being there）这种现代政治生活的主旋律都奏不出。

基于这些原因，你只有在踏入政坛之前考虑清楚，才能存活下来。如果你要去面对必然会到来的风暴，信念就会成为内心的基石。这些风暴可能来自"朋友"，也可能来自敌人，可能有的放矢，也可能无缘无故，它们不一定源自残暴的政治野心，却无一例外试图将你撕个粉碎。或者，你在公共演讲时遭受当众羞辱，政治攻击会立刻转变成性格和人格的暗伤。无人可以幸免。但是，如果你没有坚定的人格和信念，你就无法在政治漩涡中存活下来，如果伤疤太深，你甚至在退出政坛后依然无法保全自我。

我见过两种努力在政治漩涡中挣扎的人。第一种人有意无意地学着麻木，对周围的言论及事件都不动感情，告诉自己政治只是一场游戏，而游戏内容无关紧要。这种做法的问题在于：抽离感情之后就不会有慈悲心、同情心和同理心，人成了政治客体（political objects），犬儒主义盛行。还有另一种不同的做法，那就是第二种领导人，也许他们走的是"少有人走的路"；他们全情投入，有坚定的信仰、信念和责任心，以真心回应一切。这样做并不会减轻人身攻击带来的痛苦。有人说，攻击对于他们来说如"水过鸭背"，或者他们"皮厚如犀"，但真相并非如此。只不过，当个人信念中的核心目标值得为之抗争时，这些政治生涯中经受的痛苦、不适以及时不时遭受的奇耻大辱，都会变得可以忍受，甚至让人感觉一切都是值得的。事实上，政治斗争中的伤痛可以化为能量，让信念更为坚定。在日复一日的政治辩论中，在甚嚣尘上的犬儒主义的包围中，要想存活下来，不为其所害，化伤痛为力量便是关键。我在自己的人生中实践了这条少有人走的路，但也只是取得了部分成功。我本凡人。

与坚定信念同等重要的是将信念转化为可执行的政治行动。理念自此变为现实，进而提高普通人的生活水平。泛泛而谈的政治态度很轻松，我理解为什么许多政客做此选择。如果你只讲一些泛泛的理念，那么你因为政治或技术失误而被同行或媒体指责的可能性就会降低。远离"杂草"（the weeds）很轻松，因为没有人能抓住你任何把柄。同行政客和媒体经常嘲讽那些"政策专家"或"知识分子"脱离真实世界。这个"真实世界"看来是指"真

实的"普通人生活的地方，也是"真实的"政治的舞台。一位联盟党（指由
澳大利亚自由党及其前身政党和澳大利亚国家党及其他关联地方性政党组成
的右翼保守派联盟，又称自由党-国家党联盟）部长有一天对我直言："凯文，
政策最终就是为你们这些娘娘腔傻瓜（effeminate fools）而准备的。"真有意
思！"方案特异性"的问题就在于：我认为那完全是变相的泛泛而谈的政策，
根本没有说清楚为了解决一个特定问题要采取什么行动。

　　在我看来，政策关乎我们从哪里找到政治中真正重要的东西。那是脚踏
实地之处，肮脏、灰暗、毫无光彩，与海量数据、实证和资金角力，少有新
闻发布会，却有最多的真知灼见；真正能达到实效的政策方案与雄辩的演讲
和接地气的"原声新闻"（sound bite）的不同之处正在于此。后来，我便
以此测试提交到政府的每一份内阁呈文。文雅的术语称其为"循证政策"
（evidence-based policy），我只问一些简单的问题：我们想解决什么问题？
我们怎么知道这项政策可行？需要多少钱？政策执行后，我们采取什么办法、
在什么时候检验它的成败？循证对于政治来说，是一块坚硬的磨石。我一直
记得托尼·阿博特担任就业服务部部长伊始对一位顾问说过的话。阿博特直
截了当地反诘："什么狗屁政策，伙计。新闻稿呢？怎么写的？"这就是一
位"真正的"政客。而莱瑟姆则是工党中的阿博特。

　　成为领袖的最后一部分异常艰难：怎样带领你的政党和国家与你并肩前
行。你的任务是指出一条不同以往的路，让政党和人民从日复一日的政治
较劲中抬起头来，继续追寻奇夫利的"山巅之光"（light on the hill），而
不在"向左"和"向右"的无脑零和博弈中将国家的希望和个人的机遇消
耗殆尽。澳大利亚人远比此聪慧，也远比此体面。他们并不是只想着裤兜
里有多少钱的 2500 万粗鄙之人。他们渴望出现一位领袖，能带领他们在追
求市场高效的严苛极端与维护社区健康之间、在个人激励与群体团结之间、
在"这对我有什么好处？"与公平正义之间开辟一条康庄大道。会让多数
人感到震惊的一则事实是，这条道路的确存在——而且不是拙劣地模仿布

莱尔（Blair）的"第三条道路"。领袖的工作就是将信念、愿景、政策、决心和沟通融合到一起。伟大的领袖天生具备跨越所有这些领域的能力。然而，我不是这样的人。我的信念是深深植根的，而政治见解则建立在此基础之上。我受过政策制定方面的训练，但还有许多工作要做。即便是最反对我的批评者都会说我是一个"信念坚定的混账"，尽管有的人会更加强调后面的名词而非前面的形容词。但是我知道：面对一个连党内领导人都下结论说我并非他们一员的持怀疑论的政党，以及一个对我一无所知的国家，我必须学会沟通、参与及劝服。对我来说，这才是真正的挑战。

* * *

在我下决心挑战比兹利成为工党领袖的那一年，我思考了很多。思之弥艰，不是一个周末就能想通的，我需要离开一段时间：不阅读澳大利亚媒体上的新闻，不参与每天的政治活动。2006 年 1 月，我和泰瑞莎带着 3 个孩子逃往意大利，度过了漫长的夏日假期——尽管在意大利是冬季，但那里的冬季比较温和，特别是在西西里岛（Sicily），我们在埃特纳火山（Mount Etna）脚下一座俯瞰墨西拿海峡（Strait of Messina）的小镇度过了大部分时光。我一直认为历史能极好地滋养灵魂，让人重新感受到自己在世界万物面前是何等渺小。在这里，俯瞰着西西里岛和卡拉布里亚大区（Calabria）之间奔涌的海水，我们会找到古代荷马史诗《奥德赛》中的场景以及斯库拉（Scylla）和卡律布狄斯（Charybdis）相争的危险场面，这些大自然的鬼斧神工都是为那些在苦难中航行的人而设的。后来，我们在意大利东北部的利古里亚（Ligurian）海岸边租了一座房子。那里更冷些，但天气晴朗，阳光明媚。那是假期的最后一周，泰瑞莎很喜欢和世交一起带孩子们外出，沿着五渔村（Cinque Terre）周边令人叹为观止的悬崖漫步，而我则待在家里，点上炉火，阅读写作。我带来了一整年想读的各类杂书，包括最近出版的亚当·斯密（Adam

Smith）、约翰·梅纳德·凯恩斯（John Maynard Keynes）和弗里德里希·哈耶克（Friedrich Hayek）的传记。不读书的时候，我就在一个磨损了的旧皮革笔记本上将自己的思想付诸笔端。如果那些笔记后来得以传播开来的话，它们就是我领导概念框架的开端。从某些方面来说，我的日子逍遥如天堂；但从另一些方面来说，那些日子满是惊涛骇浪，因为我开始思索跳入政治深渊了，一旦跳下，我的人生将充满艰辛，不知能否安全返航。在那些冬季的夜晚，我常常和泰瑞莎一边啜饮一两杯当地葡萄园酿制的美酒，一边一遍遍讨论着，反复斟酌各种想法和政策以及下一步的计划。

2005—2006 年，我打算发表几篇重要的演讲和文章，并将其拓展成攻击保守派的依据。很多人嘲讽这类写作毫无意义，但我向来不以为然。除非你能用基本原理与托利党交战并在整个哲学体系的源头处打败他们，否则，政治就会沦为一系列没有意义的小型权谋之争，政治宣传强劲的一方可能会赢得战斗，却没有人能赢得战争。从我的首次议会演讲以及关于奇夫利和费希尔的演讲开始，我与他们的斗争已持续多年。2005 年，我在布里斯班向唐·邓斯坦基金会（Don Dunstan Foundation）做了一番演讲，进一步表达了自己的观点。我以邓斯坦和惠特拉姆为例预言了现代工党运动："他们都拥有领袖气质，能够预见未来，拖着全体国民——少不了撕扯和尖叫——奔向未来的机遇和挑战。"然后我特别提到邓斯坦并发问："支持邓斯坦在思想斗争中做出贡献的中心原则是什么？"然后，我引用了邓斯坦两篇伟大的演讲，一篇是 1972 年纪念约翰·卡廷（John Curtin）的演讲，另一篇是 25 年后关于惠特拉姆的演讲，那篇演讲发表于 1998 年，即他去世的前一年。两篇演讲都大段引用了约翰·梅纳德·凯恩斯在 1926 年写的《自由放任主义的终结》（The End of Laissez-Faire）。凯恩斯曾写道："世界并非自上而下统治着，个人与社会的利益并非总能一致。你不能在下面通过管理实现真正的利益一致。从经济学原理推断出开明的个人的利益总能与公众利益保持一致，这是一则谬论。"我的总结是："邓斯坦对于过分自由的个人主义和新自由主义的观点没有变，而且塑造了他整个政治哲学体系。他的哲学核心是：政府处于中心地位，既要合理调控市场，又要积极维护社会正义。他就秉持着这样的核心政治信条，在他所处的时代与保守党进行思想斗争。总的来说，他占了上风。"我用了大量时间准备这篇演讲。它也勾画出了我在合作联邦主义框架内对澳大利亚联邦进行改革的长期政策要义。邓斯坦演讲的中心思想是：在我们追求市场与社会统一的政治事业与坚守撒切尔夫人"市场至上"原则的保守党之间，要提炼出一种兼容并蓄的选择。

在接下来的一年里，我决定开始把这些理念写成正式的长篇论文。但是，因为那一年"粮食换军火"（Wheat for Weapons）的丑闻占据了议会的大多数时间，我不得不为此日夜忙碌，直到 2006 年下半年，我才能静下心来写。我计划写成由两部分组成的檄文——一部分从宗教角度写，另一部分从世俗角度写。我已经在《月刊》上发表了一篇《信念与政治》，这是我的第一篇檄文，质询为什么工党觉得有必要将基督教和教堂拱手让给保守派。第二篇檄文发表在接下来那个月的《月刊》上，编辑将其命名为《霍华德的野蛮乌托邦》（Howard's Brutopia）。也许他们觉得"野蛮乌托邦"（Brutopia）这个词能让人想到介于乌托邦和反乌托邦之间的黑暗的下层社会，或者，只是这个词能吸引眼球而已。不论如何，这篇文章会把托利党逼疯的。他们全都站了出来，包括彼得·科斯特洛（Peter Costello），他们严厉指责这篇文章的内容和背景资料。该文章的核心论点是：霍华德当前支持的过分自由的市场原教旨主义，特别是他的劳资关系法，深刻抨击了霍华德声称自己一直坚守的保守派价值观——家庭、教堂和社区服务的价值——因为雇员正逐步沦为人力动产。我认为，由霍华德的极右派道路导致的这种巨大反差，为工党重返政治中心提供了哲学和政策机遇。我写道：

　　席卷而来的过分自由的市场资本主义正在摧毁"传统的保守派价值观"，不论它指的是"家庭价值"，还是"社区服务"观念，抑或历史战争中对"传统"的强调。这是右派自身必须看清的尴尬事实。政治右派内部的矛盾与自由主义和保守主义本身一样由来已久：无情的市场逻辑正在颠覆一个传统，即掌握经济大权的人在道义上有义务保护那些无权者。约翰·霍华德的澳大利亚政府的不同之处在于：他们和共产主义者表亲及所谓的社会主义者或小自由主义者一起，基本完成了对传统弗雷泽（Fraser）保守主义者的肃清……正是因为这些原因，社会民主人士必须认识到，文化战争不是闹着玩的。这是一场骗局，比起不可饶恕的一路走一路糟蹋的新自由主义、唯物主义和消费主义势力，今天所谓服务于家庭、社区、教堂和国家的保守派机构的代理人简直腐败到了极点。右派内部的深刻分裂为工党提供了新的契机，来为一整套综合的充满智慧的价值观发声，既强调市场的重要性，又强调市场最终服务的家庭、社区和社会的重要性。

2006 年晚些时候，我在澳大利亚的新自由主义理论发源地——独立研究中心（Centre for Independent Studies）——做了一场演讲，把所有这些主题整合到一起。那是一场令人警醒的演讲。因为我想在野兽的老窝将其擒获，所以起了个题目《右翼怎么了》（What's wrong with the Right）。这是对弗里德里希·哈耶克著作的深思熟虑的批判，他的著作是独立研究中心世界观的基石，但更重要的是，它是撒切尔和里根的自由资本主义大业的理论支撑。它也是霍华德正通过劳资关系立法追寻的意识形态教义，为此，他已抛弃惯有的政治警觉，逐步转向他一直想要的过分自由的意识形态。那是一场精彩又严谨的演讲，我乐在其中地研究、写作，然后讲给敌对的听众，他们因为被文明社会的礼貌所限，才没有对我的演讲做出过激的反应。

这些论点将成为我后来攻击霍华德的政治、经济和社会政策时的哲学根基，也将成为我作为领袖为国家提出的新政策。它们也符合我自己的基本原则。这些论点我已思考多年。它们不仅仅是清晰思维的产物。我相信，我的政治生涯已经走到这么一步：回归核心要义至关重要，我们应明确我们代表什么，他们代表什么，为什么我们和他们之间有这么大的分歧，因为这些问题是一切政策辩论的终极根源。除非我们能从实质上赢得政策辩论，否则任何胜利都是空洞的、暂时的。我也知道，如果我成为领袖，就没有时间思考这些复杂的问题了，因为那时我们将忙于应对真刀实枪的政治斗争，将政府从一个执意手握大权不放的总理那里夺过来。

* * *

2005—2006年，工党的票数急剧下滑。一次民意投票不值一书，但延续数月乃至数年的趋势却能说明你是否有问题。我们的情况是，我们有大问题。大家都认为比兹利是一个好人。但站在公众角度，从他2005年1月担任工党领袖，到2006年12月由我取代他，在连续46次民意投票中，公众一直认为他无法匹敌约翰·霍华德。

在2005年1月的高层辩论中，我和朱莉娅都与各派系产生了碰撞。此后，我们进行了几次谈话。在后来的几年中，我们的关系是合作而友好，但并不亲密。在她担任反对党事务主管期间，我们大多数日子都在她的办公室会面，进行一部分议会战术委员会的磋商。她的工作做得很棒，有时候她也表现出淘气的幽默。我们都知道比兹利爱吃甜食，他的办公室人员为他制订了严格的饮食和运动方案（因为对他大有裨益，他一直努力坚持），朱莉娅却把一大碗巧克力饼干放在桌上，我们就围着那碗饼干会谈。而且，那个大碗每天都会神秘地往比兹利常坐的座位那边移动一点儿，最后他屈服了，而他那位无时不在的办公室主管只有沮丧地在一旁看着。

2005年的那个暑假，我和朱莉娅在努萨的一家药房撞见了。当时我和泰瑞莎正在带着孩子们度假，而朱莉娅也由一位墨尔本的朋友陪着在那里度假。我和泰瑞莎请她来我们住的地方，在阳台上喝杯酒。我们在那里谈了好几个小时，谈世界局势，特别是工党的形势。我们的会面无甚特别之处，但对将来打破坚冰有所帮助。

新年伊始，朱莉娅决定在政治上更加积极进取，她同意参加一档澳大利亚广播公司的节目《澳大利亚故事》（Australian Story）。这档栏目允许一组拍摄人员从早到晚跟拍数日，以此来呈现"真实的你"。我和阿利斯特曾简单讨论过这个方案，但把它排除了；我知道节目会有多么"真实"，总是会让人感觉非常不自然。毕竟，有多少人会愿意在一个从一早起床就跟着你的拍摄团队面前走来走去？但是，我对朱莉娅的态度是祝她好运，因为她很明显是在努力提高她自己的全国民意支持率，就像我在前一年在一些媒体上露面一样。那档节目在 2006 年初播出了，很受人喜欢。但是，没有什么能比对手广受好评的媒体节目更能激怒斯旺、史密斯和康罗伊了。特别是康罗伊，讲了很多朱莉娅过去在维多利亚州各联盟的丑事。因为她犯过自我推销的"大罪"，朱莉娅在政党核心小组内部受到了一些伤害——当然，那三只"公鸡"是不会受到这种指责的。

朱莉娅说我应该连任两届反对党领袖。如果到时我没能赢，她会保留她的权利。她接着补充说，如果与莱瑟姆 2004 年的结果相比，我在 2007 年选举中倒退了，她也将不得不考虑她的下一步行动。在我看来，这两种说法都合情合理，我们为此握了握手。参议员金·卡尔（Kim Carr）是我们的见证人。领导权计划正式展开，我们要赢得未来的胜利。因为我们在这里达成了一致，所以 2010 年 6 月我深感意外，当时，朱莉娅采取行动，使得我只能担任一届而非两届工党领袖，而且使得我只担任了一任总理，尽管我打败了当时看似不可战胜的霍华德。这就是澳大利亚政治的残酷本质。

后来，我和朱莉娅时不时地在我的办公室或她的办公室里见面，我们经常在开一整天会之后一起喝杯酒。我们会聊很多事，做很多计划，也常常大笑。金·卡尔和支持奇夫利的成员罗杰·普赖斯（Roger Price）开始悄悄地试探核心小组成员的感觉。希求变革的氛围很浓厚。现在是我们管理国家政府、实现信念的时候了，我们不能再被动地观察别处确定的事件，然后偶尔做点儿评论。然而，我的许多支持者对朱莉娅深表怀疑，尤其是那些曾在维多利亚州与朱莉娅共事又反对她的人，他们告诉我，她是不足信的。林赛·坦纳和艾伦·格里芬尤其怀有敌意，他们曾在迷宫般混乱的维多利亚左派联盟中与朱莉娅共事。"北极熊"从一开始就和我站在一起，我不能对他的建议掉以轻心。我试图说服他，无论过去怎样，现在朱莉娅和我有共同的目标，那就是让这个国家摆脱霍华德和他的所有政策。我相信朱莉娅也很难说服她最亲密的同事，让他们相信她与一个保守的昆士兰基督徒结成伙伴关系是通向未来之路。对她的一些支持者来说，我肯定也代表了一种有害的前景，因为我没有投票给西蒙·克林，莱瑟姆也看不起我，而且以前我和朱莉娅本人之间的关系虽然不是敌对的，但也是有矛盾的。

底线是我们需要彼此——不仅在党内领导更迭中需要彼此，而且在国家变革中也需要彼此。我们很感激对方带来了不同的优势。我是昆士兰人，工党要在全国获胜，必须在昆士兰州获胜，因为昆士兰州是澳大利亚联邦第三大州，拥有第三大票仓。从早期霍克政府成立算起，我们还从未接近过这个目标。我是从乡下来的，不是含着银汤匙出生的；我读的是公立学校；我娶了一个有能力自谋生计的女人，生了3个很棒的孩子；我们是虔诚的基督徒，常去教堂做礼拜。正如2007年大选后我的一些托利党朋友在喝了几杯酒后告诉我的那样，对联盟党来说，我是噩梦般的工党候选人，因为我的背景会吸引许多他们的传统选民。至于朱莉娅，她是来自南澳大利亚州公立学校的孩子，她在南澳和维多利亚州都有强大的潜在选民基础。她很坚强，口齿伶俐，对年轻的职业女性有天然的吸引力。我是由一位坚强的女人抚养长大的，后来又娶了一位坚强的女人，那时我的女儿也已成年，她也不是一位弱女子。我喜欢和坚强、能干的女性共事。我也希望朱莉娅能成功，并把这个想法告诉了她。我希望看到她成为澳大利亚第一位女总理，如果我们能设法跨越障碍赢得政府领导权的话，我会努力确保未来政权的平稳过渡。那时我48岁，她比我还要小几岁。我对终身担任政治职务没有兴趣，还想在适当的时候实现其他的国际追求。作为总理，我将积极采取措施，为朱莉娅创造机会，让她在没有工作背景的领域获得丰富经验，特别是帮她丰富国际事务方面的经验。

不仅仅是托利党害怕路德-吉拉德组合（Rudd-Gillard）参加竞选。斯旺、史密斯、康罗伊和诸多右派领导人也害怕我们这个组合。他们担心我和朱莉娅最终会被更广泛的公众视作可选择的对象。如果是这样，核心小组也会转向我们这边，特别是在比兹利的个人支持率在逾一年半的民意调查中一直呈负数的情况下。这个趋势已经很明显。公众已经下定决心，他们想要改变。然而，当新南威尔士州分部的秘书长马克·阿尔比布（Mark Arbib）开始跟我讨论变革的必要性时，"公鸡们"的担忧变成了高度焦虑。2005年初莱瑟姆的悲惨遭遇后，阿尔比布与右派合作，重新选举比兹利为领袖，自此之后我们就时不时谈到领导权的问题。到2006年下半年，阿尔比布开始对他选出来的人感到绝望。工党的票数没有好转。他们继续往南方努力。而所有人甚至连他的祖母都告诉他，他们应该把领袖换成我。我从没见过阿尔比布的祖母，但我相信她是一位善良的女士，她能对我有所印象的唯一途径是我经常出现在七频道的《日出》栏目上。作为新南威尔士州的秘书长，阿尔比布并不打算引导新南威尔士州的右派政党成员给我投票，尽管他曾经为比兹利在取得领导权的投票中拉过票。但是，他能做到的是不给右派议会成员施加任何正式的党派任务来让他们为这个或那个候选人投票，而是给他们自由，让他们简单地投票给他们认为最好的候选人。对一个其灵活性和自发性犹如一个政治机器人那样的党派来说，这种改变是革命性的。就像阿尔比布常说的那样："伙计，在新南威尔士州，我们是成群结队打猎的！"

斯旺、史密斯和康罗伊听说阿尔比布和我的谈话后，他们的焦虑变成了恐慌。他们觉察到我和朱莉娅可能结成一个大联盟，会对他们的利益产生致命的影响。所以，他们对阿尔比布打出了"朱莉娅"牌，声称她当选副领袖对右派来说是一场灾难，说她会成为选举中的累赘，因为她太偏左了。康罗伊提到朱莉娅在维多利亚州的历史，暗示说从朱莉娅在墨尔本作为"斯莱特和戈登律师事务所"（Slater and Gordon）的律师开始，维多利亚州的澳大利亚工人联盟（AWU）手中就有她的档案，如果这些档案被公之于众，她的政治前景就毁了。我猜测他指的就是后来由戴森·海顿（Dyson Heydon）领导的皇家委员会在 2014 年进入建筑、林业、采矿和能源工会（CFMEU）和 AWU 内部调查的事。当阿尔比布向我提出这些问题时，我回应了三条：第一，康罗伊要么直说，要么闭嘴，他应该直接证明朱莉娅过去有非法或不端行为，而不应该散布不明不白的威胁；第二，在公共政治方面，虽然诋毁朱莉娅的人不愿承认，但她确实做得更好；第三，阿尔比布应该亲自会见朱莉娅，自己来评估她是否可选。我没有再从康罗伊那边听到更多消息，因此得出结论，那只是些普通的维多利亚式闹剧。至于与朱莉娅会面，阿尔比布终于同意了。起初，他并没有完全被说服，但随着人们普遍对现任领袖越来越绝望，他开始转变观念。这是朱莉娅与阿尔比布建立关系的开端——他们之间的关系最后却对我自己的总理职位构成了致命威胁。

* * *

随着议会年接近尾声，关于领导权的辩论达到了高潮。比兹利犯了一系列政治错误，被媒体抓住了把柄。他在阿德莱德电台上应要求说一下南澳大利亚州参议员的名字，但他没说上来。事实上换了我也会卡壳的。然后，备受爱戴的澳大利亚电视名人罗夫·麦克马纳斯（Rove McManus）的年轻妻子因癌症逝世，比兹利却向乔治·W. 布什（George W. Bush）的高级政治顾问卡尔·罗夫（Karl Rove）表达了哀悼。这是一个严重的错误。重申一遍，公平地说，当你的脑子里同时想着一千件事情的时候，会很容易出现这种失误。

但媒体报道称这是一种行为模式，他们推断比兹利并没有把心思真正放在手头工作上，只是在神游罢了。这些事让比兹利本来就需解决的民意投票问题进一步恶化了。

接下来的 2007 年是大选年。如果我们要换领袖，我坚定地认为必须在新年到来之前换好。我觉得我们至少需要一年时间来扭转工党的政治命运。许多支持我的人不同意我的观点，他们认为我们应该等到下一个议会年。朱莉娅在选择时机这个问题上也是不冷不热的。尽管我决心在议会会议周结束前解决领导权的问题，但我还面临一个实际问题，因为我还在忙着处理"粮食换军火"的丑闻。科尔的皇家委员会定于 2006 年 11 月最后一周发布报告，也就是倒数第二个会议周。尽管鉴于皇家委员会的受权调查范围有限，这份报告无疑将撇清政府的直接行政责任，但我认为，在"粮食换军火"的议会辩论得出结论之前，把领导权授予某个人是错误的。我们必须清楚地表明，政府在丑闻发生上存在严重的疏忽。尽管进行了一些粉饰，我们对"粮食换军火"的控诉终于在政治上得出了结论。11 月底进行的一项调查表明，83% 的澳大利亚人知道这起丑闻，69% 的人认为政府知道对于澳大利亚小麦局行为的警告。经过一年多的艰苦工作，我们终于真正从霍华德身上剥掉了一层光环。这件事鼓舞了党内士气，我清晰地记得阿尔比布告诉我的不要在"粮食换军火"的问题上如此用力，以免这件事提高比兹利的票数，从而降低党内核心小组解决领导权问题的紧迫感。我不是一位政治新手，但有时候阿尔比布的犬儒主义还是让我倒吸一口气。

皇家委员会的报告终于在 11 月 27 日星期一发布了，议会和媒体激烈地辩论了一整个星期。星期四的提问时间之后，我又与朱莉娅长谈了一次，讨论我们接下来应该做什么。我们两人都充分意识到正在筹划的事情的严重性。距离全国大选不足一年，我们要在这时挑战澳大利亚最古老政党的领袖，这绝非小事。竞选顾问告诉我们，核心小组两边的票数很接近，尽管他们原以为我们是领先的。我们有条不紊地一起看了名单，核心小组的名字被列入熟悉的几栏内："明确支持""不确定，但倾向我们""不确定，但倾向比兹利""明确支持比兹利"。形势比我们想象的要严峻得多。我们一致决定先休息一下，第二天早上再谈。朱莉娅不太情愿，但她说最终由我说了算，而她会支持我的判断。第二天早上她不得不飞去墨尔本。我决定留在堪培拉过夜，因为我知道比兹利将不得不留在首都，因为第二天要召开领袖通常要出席的党的国家执行会议。如果挑战在所难免，我必须直面挑战。政治斗争最终是非常私人的事。

我们的任何决策过程——包括我自己的决策过程——都不是完美的。在下决心做出艰难决策之际，哪怕我们已经将所有的有利和不利因素综合到一起，哪怕每一个因素都有其最佳权重，最终我们往往会发现，所有这一切都会化为一件迫在眉睫的事。以我的经验，带着问题睡上一觉，基本不能让人们获得所渴望的黎明时的清晰思路。更多的时候，这只是一则缓兵之计。告诉比兹利我将要挑战他并不是一件我期待的事。任何一个喜欢给予他人痛苦的人都有严重的问题。在澳大利亚政坛的短暂时间里，我看到了足够多的精神变态和半变态行为实证，我知道周围有很多这样的人。对他们来说，同理心是一种弱点，而不是一种优点。我虽然没有什么伟大的美德，但也没有长成或被培养成他们那样的人。尽管我认为我正在采取正确的行动，然而这一切还是重重地压在我的心头。比兹利几乎没有为这些行动出过一点儿力，他一直心甘情愿地接受着斯旺、史密斯和康罗伊的支配，而他们只希望我受到伤害。但是，比兹利也没有对我不友善。比兹利和政治生活中的任何人一样野心勃勃，但他也不能因此而受到指责。我也一样，朱莉娅也一样。我们对政党和国家所需的各种领导能力和愿景都有自己的看法。但对我来说，我一直想问的关键问题是：比兹利能否带领我们工党赢得选举，以使我们最终能将我们的计划献给国家？

正如我在这本传记的序言中所写的那样，在澳大利亚以及后来的哈佛大学肯尼迪学院，我经常跟大学生说起我对着镜子剃须时的人生思考：我的信仰是什么？我为什么相信这些？我要为此做些什么？我在哪里做这件事最有效？然后我建议学生们直接去做，而不是在智力和精神的半永久瘫痪状态中用一生的时间反复思考。我的观点很简单：没有冒险，就没有收获。那个初夏的早晨，我真的在国会大厦的办公室里刮胡子时，在自己身上做了这个测试。我问自己的那些问题是在剃须到一半的状态下冒出来的，后来我又慢慢地对阿利斯特重复了一遍，这些问题都是一针见血的。我是否热切地希望看到通过选举成立一个工党政府，来实践我多年来所写所谈？答：是的。我是否有理由相信比兹利在 2007 年选举中有胜算？根据民意调查数据和事实，霍华德完全占了上风，答案是否定的。在下一次选举中，我会比比兹利做得更糟吗？答案是一个响亮的"不"字。我能打败霍华德吗？答：我能。不仅因为我自己的民调数据比比兹利的好，而且我认为霍华德的行事方式已经固定，需要很长时间的调整才能应对一位决心从保守派手中夺回政治中心的新领导人。我和阿利斯特一起过了一遍这些问题，他从前一天晚上就对我无休止的沉思不耐烦了。一位工作人员告诉我，他们在走廊里碰到了史密斯，他总是三只"公鸡"中最风度翩翩的一只。据说史密斯对他说了一句："你家那位怎么了，他不是很有野心吗？"当然，"你家那位"指的是我。但是问我有没有"野心"的确有点儿矫情了，毕竟，这么多年过去了，他们这三只"公鸡"一直没排出先后次序，决定由谁来接替比兹利，而比兹利从 2001 年开始就明显在走下坡路了。相反，他们看着他继续执掌领导权，以此推迟那可怕的一天的到来，直到他们中的一个人可能不得不筹集必要的资本来发起挑战，最终使比兹利和其他"公鸡"都感到不安。太可悲了！"野心"是史密斯在发表虔诚的政治演讲时最不想提及的话题。然而，史密斯的小小干预却带来了必要的情感刺激。我们不再是"温柔的耶稣温暖而温和"（gentle Jesus meek and mild）。炮火全开！

一位耶稣会会士朋友曾经对我说，政治中的勇气就像生活中的勇气一样，不是一种感觉，而是一种决定。一旦付诸行动，事件就会转变。你将不再是事件的被动观察者，而是事件的积极推动者。或者，正如福克纳后来有一天提醒我的那样："领导者是领导他人的，伙计。"我打电话给泰瑞莎，问她是否认为我的决定是正确的。在前面几天里，她已经仔细思考了这个问题，表示同意，说时机已到。然后我打电话给朱莉娅，告诉她我已经决定发起挑战，我要往比兹利的办公室打电话，约他见面。她惊呆了，经过我们前一天晚上的谈话，她觉得我们很可能会用一整个周末考虑我们的立场，然后决定下一周——如果不是下一年的话——的最佳行动方案。但我已坚定立场，不会再改变。朱莉娅欣然赞同，她也很有胆量。我们已经严阵以待。

那天早上从我的办公室前往比兹利办公室的路漫长而孤独，尽管实际上那段路还没有 50 米远。我出门时，阿利斯特握了握我的手。然后我就孤身一人了。向左转，沿着铺着绿色地毯的长廊走下去，再向左转，路过领袖办公室后门——在开会的日子我通常会走那个门——然后右转，再进入正门，不能再从后门悄悄进来了。

比兹利的长期秘书、工党的坚定拥护者帕蒂（Patti）坐在接待处，含着眼泪。她凭直觉已经猜出将要发生的事。她以前见过这样的事。我走了进来。比兹利坐在他的办公桌前，微笑着，跷着脚，他平常都是这么坐着的。"你好啊，伙计。来杯茶？"我礼貌地拒绝了，说我刚刚喝了一杯。多年来，我曾多次与比兹利对桌而坐。他有无穷无尽的故事。众所周知，他热爱军事史，沉浸在过去的伟大战斗中无法自拔。此前，他的办公室人员曾多次听到这样的批评：军事史才是他的头脑最感惬意之处，不是经济，不是医疗改革，不是气候变化，也不是未来的数字世界。对于那些领域，比兹利似乎天生就没什么好奇心。在即将出去面对媒体时，他会要求给他新闻稿，如果必要的话，还会要一份政策简报。他头脑敏锐，能快速吸收这些材料，但我从来没有感觉到简报变成他自己知识体系的一部分，以便他能将它提升到一个新的层次或讲给新的观众听。比兹利的办公室人员不希望有人看到比兹利又读了一本大部头的关于 1918 年哈默尔战役（Battle of Hamel）

转折点和蒙纳什将军（General Monash）在瞬息万变的战场运筹帷幄的书。他们希望他被视作一个不同的比兹利，一个严肃认真、在时代的大政策辩论中角力的比兹利。

但以前我去他办公室时，坐在他对面的椅子上，我还是能用眼角的余光瞥到他正把另一卷"禁书"藏进书桌最上层的抽屉里，有一次我看到了拿破仑手下一位著名元帅的传记。这实际上很可爱，就像一个孩子在他应该做家庭作业时藏起最喜欢的漫画书一样。比兹利就是这样的，他优雅地称之为"精神生活"。我记得，当我第一次从他那里听到这句话时，我感到很困惑。我也对他那个充满思想的世界很感兴趣，但不太可能将其当作人生目标，我猜想比兹利的意思是这样的，在一个让心灵愉悦的花园里，那里的通用语言是苏格拉底式的对话，到处都是关于过去的美好想象，却没有多少计划中的未来。而我与之不同。我总是被驱赶着，也许到了极端的程度，极端到每当完成一个主题的阅读、思考、写作之后，我就会自动思索下一步"应该再做什么"。

核心小组中的许多人以及小组外的许多人，已经达成共识，认为比兹利作为反对党领袖已经过得太舒适，他没有从霍华德手中夺走总理一职的雄心壮志。霍华德的大手紧抓国家的最高职位不放，就好像他赖此生存一样。自由党内的科斯特洛看出了这一点，却也无法鼓足勇气从他手中夺权。甚至在接下来的那年年底，自由党好像穷途末路了，霍华德也始终不放手。他必须被轰走，不论是被我们轰走还是被他们党内的人轰走。虽然比兹利认为，随着时间的推移，事情会自然而然地走上正轨，但政府还是越来越捉襟见肘。比兹利还会不时对我们说什么"反对党领袖本身就是一个重要的职位，在澳大利亚联邦高级法定职务中排第四，仅次于总理、众议院议长和参议院议长"。听到这些话，我们大惊失色。比兹利似乎有可能把议定书上的简单优先次序和议会队列跟行使真正的政治权力、实施政府计划混为一谈了。这些都是我在那个12月的早上坐在他对面时脑子里涌出的东西，这场会见将永远改变我们两人的生活。

在相互寒暄了一会儿之后，我直截了当地说："比兹利，我想我是时候挑战领导权了。"然后，我解释了我打算挑战的原因，还告诉他朱莉娅会和我组成一个团队。

比兹利勃然大怒，气得瞪大了眼，鼻子呼哧呼哧的。他大声说，很乐意给我组织一次投票，他会让我输得心服口服。他说朱莉娅是"有毒的"，我把自己和她绑在一起是个傻瓜。此外，我办的这个"蠢事"现在导致他不得不宣布工党前座上的全部40个职位都空缺，而且我们会看到当各人追寻各人的前程时，我这个篡夺领导权的小计划会变得多么麻烦。后来，"公鸡们"说服他放弃了他的职位，说他们自己的支持者会倒戈相向的，因为他们最渴望的是保全自己。

我问他什么时候举行投票，他说我自然会明白。会面结束了，我伸出手，祝他一切顺利。他握了握我的手，但什么也没说。我离开了，不到十分钟就结束了。我走回办公室，告诉阿利斯特，又打电话给泰瑞莎和朱莉娅，告诉她们事情的经过。

比兹利立即前往工党全国执行委员会（National Executive），简要说明了将要发生的事。然后他对媒体概述了他竞选连任的理由，辩称他的经验至关重要，并解释了为什么我不可能战胜霍华德："在8个月内建立领导声誉是非常困难的，甚至是不可能的——这是真的。这就是为什么维护我的领导权至关重要，因为我有良好的履历。迄今为止我已经和约翰·霍华德两次交手了。第一次我得到的选票比他多，只是变幻莫测的选举体制导致我们没有获胜。第二次，在那种对一个反对党来说可能是最糟糕的情况下，我们把他逼得非常紧。下一次，我们就要把他打败了。"那时，"公鸡们"已经去打电话，以前的支持者被找了回来，但这个一心求胜的政党也暴露出新的问题。

与此同时，阿利斯特动员我们自己的核心小组支持者们在广播中公开声明支持领袖换届。一切进行得似乎很顺利，但我们也遇到了一些事务方面的问题，其中最主要的是确认朱莉娅从墨尔本回来的时间，这样我们就能在投票结束当天举行联合新闻发布会。我们行动起来，我的办公室工作人员凯特·卡拉汉到机场接朱莉娅，随后她们一起去给朱莉娅做头发。男人们的公共生活更轻松些，因为顶多会有人评判一下我们领带的颜色，没人管我们穿什么衣服、鞋子什么颜色或梳着什么发型。然后，我们在我的办公室见面，商量一下我们要说的话，与我前一天晚上为自己准备的文稿统一起来。接着，我们前往核心小组会议室，脚步轻快，我们要去参加一场新闻发布会，正式向工党和国家宣布我们的领袖和副领袖候选资格了。

这时，记者已经等得不耐烦，网络直播的时间马上就要到了。核心小组会议室巨大而沉闷，一端是早期工党核心小组成员们的黑白照片，另一端是自联邦政府成立以来的 17 位工党领袖的肖像。当你前去参加领导权投票或与之相关的新闻发布会时——我曾经参加过几次——走进房间就会看到这些肖像，你会想从这些过去的巨人身上寻找无声的灵感。同时，你知道这些人（他们都是男人）也是血肉之躯，跟我和朱莉娅一样，跟比兹利和他的副手珍妮一样，你知道当时的党内政治很可能和现在一样残酷。我和朱莉娅一致认为，我们的核心政治差异显而易见，但我们不应该使之复杂化，我们代表着工党和国家新的领导力量。

> 我相信这个国家需要的是一种新的领导风格……我相信这个国家正在呼唤一种全新的愿景，全新的理念，澳大利亚的新议程。我们结成一个团队，一个领导团队，大步向前。我很自豪能和朱莉娅·吉拉德并肩而立，组成这个团队。约 10 年前，我和朱莉娅一起当选议会议员。她为我们的伙伴关系带来了丰富的经验。和我一样，她也在州一级政府工作过。她还带来了满满的能量、承诺和决心。我相信，我们的力量加在一起，能为党和国家提供一种强有力的领导方式。

　　然后是去墨尔本。不到12个小时，金·卡尔就和玛丽亚·万瓦基努（Maria Vamvakinou）——来自卡尔韦尔（Calwell）选区、我的朋友和支持者——在她所在选区的社区大厅里组织了一场数百人的聚会。气氛很热烈，我从没想到这些普通党员是这么渴望看到领导权的更迭，给他们一个赢得选举的战斗机会。而这些好人们却生活在墨尔本东北部，前一年通过的霍华德的《工作选择法》就涉及这里的采煤工作区。他们迫切需要我们赢得这场选举。

　　第二天早上我们去布里斯班，向昆士兰公众介绍朱莉娅。我们与当地的分支机构在一个社区公园里组织了一场集体烧烤，我和朱莉娅又一次在那里与忠实的党员们做了交谈。然后是回到我在莫宁赛德区的选区办公室，这间办公室是前一年身体羸弱的高夫·惠特拉姆专程飞到北边为我开设的。墙上挂着他本人的巨幅肖像，我们就在那幅肖像下面坐下来，继续用手机争取选票——为了选票，我必须亲自打电话。因为有将近100名核心小组成员，所以需要打很多电话，耗时也很长，但是有团队合作就容易些了。除了澳大利亚工人联盟和分销及联合雇员协会（SDA）的一些顽固分子外，其他人的反应都很友好，给了我们很多鼓励，总体态势很乐观。但我们也不是稳操胜券，党派核心强势介入，提醒核心小组成员他们最终效忠于谁。不过，新南威尔士州的右派人士已被告知可以按他们的意愿自由投票。于是，我们又能争取到一些额外的选票，2005年初我们游说拉票时还不能获得他们的选票。最后，正是这些选票带来了不同的结果。

　　星期天，我又回到了教堂，当地会众祝我和泰瑞莎一切顺利，我在镜头前回应了报纸上的报道，因为报纸上报道说我和朱莉娅看起来会赢。我可不像媒体那么有信心。然后，我和朱莉娅一起上了周日早间电视节目，决心为未来展示一下团队形象和真实情况。

　　那天晚上我感觉飞往堪培拉的航班很漫长。我一路都在沉思，而泰瑞莎坐在我身边，只是握着我的手。我很高兴那个跟平常一样的周日晚上我没有独自一人乘飞机去参加一周的议会会议。多年来，我曾多次独自一人进行这每周一次的"朝圣之旅"。这一次，泰瑞莎、杰西卡、尼古拉斯和马克斯都跟我一起来了。无论输赢，他们都会陪在我身边。

当天晚上，我和朱莉娅又在我的办公室碰了个面。打完最后几个电话，是时候睡一觉迎接即将到来的一天了。如果我输了，我就得清理办公室走人。如果我赢了，比兹利会召开一场新闻发布会，接着是朱莉娅和我自己的新闻发布会，接下来大约一个小时后，是攻击霍华德的议会质询时间。我将第一次坐在我的对手对面，霍华德会决意将我逼到极限，这就好像是系列赛第一轮测试赛中的第一次交手一样。因此我必须委托阿利斯特尽量准备一组最好的问题，因为到时候就来不及了。

早晨到了，民意测验的结果令人鼓舞。我和朱莉娅以 48% 比 27.37% 的得票率领先比兹利和珍妮。同样重要的是，支持我们的男性和女性几乎一样多。而且，值得关注的是，并非只有年轻选民支持我们。虽然在各年龄组的支持力量都很强，但 50 岁以上的选民却给了我们最强有力的支持。这一点很重要，因为传统上工党在较年长选民中的支持率是该党的阿喀琉斯之踵。民意投票对我们两人来说是实打实的好消息。在我们需要得到一切可争取到的支持那天，它又为我们的步伐注入了新的活力。事后看来，虽然许多人后来都说投票结果事前已成定局，但其实并不是那样的。当时的态势太紧张了。

接下来，该进入核心小组会议室了，这一次有一群支持者陪伴着我们，就像比兹利和他的支持者们几分钟前走进会议室时一样。下面是历史悠久的领袖选举仪式。除了支持者应要求列队行走之外，这种投票过程明显缺乏仪式感。没有演讲，只有核心小组主席宣布：应领导人的要求，召开一次特别核心小组会议，以选举一名领导人。然后主席要求为该职位自荐参选，比兹利先自荐，然后是我。在接下来的半个小时里，核心小组成员投票，计票员计票，然后会有官员返回会场宣布选举结果。我简直不敢相信我们会赢。我之前见过这种情景：求变的氛围似乎是真实的，投票结果似乎很有竞争力，空气中充满了期待，但仍有一些派系需要对付……

当计票员从隔壁房间回来时，其中一人对我微笑了一下，稍微点了点头。房间里一片寂静。随后宣布："凯文·路德以 49 票对 39 票正式当选联邦议会工党领袖。"最后，5 张选票改变了一切。正如惠灵顿（Wellington）在滑铁卢（Waterloo）战役后所说的那样，这是一件"该死的势均力敌的事"。很奇怪，我一点儿也兴奋不起来，一点儿胜利的感觉都没有，这不是故作清高。一年后，当我击败霍华德时，我的感觉也是一模一样。我只是觉得重担在肩，全身心地感觉到任重道远。没有任何借口，不管是否公平，现在责任都压在我身上了。胜败已无关紧要。

我站起来，向比兹利走去，同他握了握手，然后走到讲台上，讲了两三分钟的话。我感谢比兹利的领导，赞扬他的许多成就和他多年来全心全意为党服务。比兹利是个骄傲的人，他的眼中泪光闪闪。我伤他至深。然后，我告诉核心小组成员，无论他们是否投了我的票，在接下来的一年里，我们所有人只有一个重点目标：确保工党在下次选举中获胜。

当时我还不知道，就在投票期间或之前不久，比兹利的弟弟在珀斯（Perth）突然去世了。我从核心小组会议室回到办公室才听说这个消息，我感觉糟透了。对于比兹利一家来说，这是可怕的一天。比兹利的妻子苏茜·安纳斯（Susie Annus）永远不会原谅我。

到了我和朱莉娅的联合新闻发布会环节，按照惯例，要等前任领袖先发言。这种程序既是正确的，也是值得尊重的。但由于比兹利的弟弟突然离世，比兹利在面对媒体之前，自然会晚到一段时间。他说得很好，苏茜在他身边。不论在人格上还是政治上，这都需要真正的毅力。正午时分，我和朱莉娅回到核心小组会议室对媒体发表了讲话，下午两点的质询时间马上就要到了。朱莉娅讲得很好。尽管我前一天晚上做了一番思想准备，但并没有表现出最佳状态。我决定强调一下我和霍华德之间的真正差异：一个迷失在过去，一个正规划未来；一个提出为少数人服务的《工作选择法》，一个重视所有人的福祉；一个忽视气候变化，一个认为今天应该采取紧急政策行动解决令人激愤的现实状况；一个是"旧"的领导方式，一个是"新"的领导方式。我认为，强调我们之间差异的最好方式是把每一种差异都描述为"岔路口"（fork in the road）。我坚信，用视觉隐喻能强化这样一个观点，即澳大利亚人民要做出真正的选择。唯一的问题是我在一次新闻发布会上重复了十几次"岔路口"。在政治上，重复通常是有好处的。有句格言说得好：只有当你厌倦自己说的话时，听众才会第一次听到你说的话。我称其为澳大利亚政治中的"三指呕吐测试"（three-fingered vomit test）。但是有时候，重复——嗯，就是重复得太多了——最终会受到媒体的指责，如果他们要向人民传达一个明确的信息，他们根本不在乎政治领导人面临着什么样的战略沟通任务。在第一次记者招待会上，我确定已经阐明了我的核心观点。没有人对"凯文的岔路口"有任何怀疑。正如白天之后必然有黑夜，第二天早上，《每日电讯报》头版刊登了一张巨大的餐叉图片（fork in the road，直译为"路上的餐叉"，此处为媒体故意曲解），随后是该报的嘲讽之声，该报十多年来一直是霍华德的铁杆支持者。我与霍华德联盟党政府的第三大成员——新闻有限公司——的斗争已经开始了。

那时，我只剩不到一个小时来为质询时间做准备。前排席位正火烧火燎地准备着提案，战术委员会决定，作为一位新的领袖，我应该亲自把这 10 个问题直接交给霍华德而不是其他人。既然最后的选举将是我和他的对决，那么为什么不从一开始就亮明态度？我同意了。议会只知道我是伊拉克战争、"粮食换军火"丑闻以及霍华德和唐纳的外交政策失误问题的"首席检察官"。现在，我决定 100% 完全就国内问题进行质询。此外，这些问题对工薪家庭的影响最大，会为下次选举奠定一些基础。我决意先问卫生和医院改革，以及联邦和各州之间不正常的资金关系，这是改革的基础。

朱莉娅快 2 点时来找我，那时我正在对质询问题进行最后的整理。她关了门，在我对面坐下来，然后提出了一个奇怪的要求：她想在国会坐到我旁边的椅子上，也就是主讲台那里，这样我们就都能正对传统上由总理坐的那把椅子了。据我所知，国会历史上从未出现过这种情形。我无语了。朱莉娅说，这样能强调一个事实，即我们从第一天起就是一个团队。听到这个主意，我觉得不太舒服。安东尼·阿尔巴尼斯（Anthony Albanese）认为这是疯了。我说，我们如果做出这种彻底违背传统的举动，本身就是在制造新闻，但我们希望即将发起的政策攻击成为新闻。再说，所有人都知道我们是一个团队。在过去的 4 天里，我们刚刚一起参加了 4 次重要的新闻发布会，我已经明确表示我身边的朱莉娅不是花瓶，而是一位正式的参与者，我总是在回答记者提问之前请她发言。此外，就在几个小时前，她无意中怠慢了麦克林，核心小组已经对她有所芥蒂了。我告诉朱莉娅，因为种种原因，我强烈反对她的提议。她最终还是让步了。

当我和朱莉娅走进国会时，我知道所有的目光都在我们身上，但我只盯着霍华德。霍华德伸出了手，不论哪一党有新的领袖第一次来到会场，都要按惯例与总理握手。我与他握了手，注意到他脸上是那种我以前见过的勉强的笑容，很明显这不是发自内心的笑容，只是政治上需要而已。我说："事态会很有意思的，我的朋友。"他回答说："非常有意思。"就是这样。

我的第一个问题有关最近刚刚得出结论的一份涉及所有党派的参议院委员会报告，其主题是结束堪培拉和各州之间在卫生和医院方面的"推责游戏"。我对这个领域非常熟悉，我曾在昆士兰州政府工作多年，与那些处理复杂财政关系的联邦官员打交道，这种财政关系最终会决定联邦内部真正的责任分配。我接着提出了有关经济、《工作选择法》、教育、儿童保育、家庭支出和气候变化的问题，这是一场强有力的攻击。这些问题的目的不在于把对手打昏，我知道霍华德是个经验丰富的老手，能把任何这类攻击深埋于湿着的混凝土中，用平庸的答案化解问题中的任何锋芒。对我来说，我要向媒体界和整个国家发出信号，告诉他们我将在那里为下一次选举而战。我决定从第一天就占领战场。我将在这一年所剩的最后一个会议周以及接下来我们大选到来前的 350 天中的每一天，继续"攻城略地"。一场关系到澳大利亚未来的战役打响了。事实证明，这将是一场血腥的战斗。

chapter 20
No Small Targets

第二十章

没有小目标

领袖选举之后，我和朱莉娅要处理的第一件事是细致地挑选出新的影子前座议员，我们一起做了这项工作。我们没有与派系磋商，但我们的确花了很多时间与工党的资深政治家约翰·福克纳和罗伯特·雷会谈。我们 4 个人在他们的参议院办公室里见了面，我拿着一块白板，朱莉娅带着一个笔记本，我们用了几天时间，制定出了影子内阁的组成，在接下来的 4 年里，这个内阁将基本保持不变。

福克纳和雷把三大强项带到了会谈桌上：他们在政治上是最客观的人；他们以前都见过这一切；他们知道核心小组每个成员的才能和缺点。雷还有一个优点，至少在我看来是这样的：他对斯蒂芬·康罗伊深表怀疑。10 多年来，他一直认为康罗伊是一位天才，可以做他这位维多利亚州右派领袖的继任者，然而他看到越来越多的证据表明康罗伊在整个维多利亚州乃至更远的地方做的政治工作都是破坏性的。雷也越来越认同福克纳的观点，即康罗伊的身体里已经没有一块工党的骨头了——如果他曾经有过的话。的确，康罗伊是如此坚定的右派，在我眼里他看起来就像切·格瓦拉（Che Guevara）。福克纳和雷恳求我开除他，但我犯的许多错误中的第一个就是我拒绝了这个提议，认为康罗伊很有能力，把他赶走会从一开始就制造不团结。如果我听了他们的话就好了……

接着是韦恩·斯旺的问题。此时，斯旺已经当了两年多的财政部发言人，这是马克·莱瑟姆给工党和前座议员的告别礼物。斯旺随后在比兹利领导时获得了连任。斯旺在议会中并不起眼，而且经常被挤到边缘位置，尽管他一次又一次地向科斯特洛示好。看着真可怜。除此之外，在他的领导下，他忠诚的手下吉姆·查尔默斯（Jim Chalmers）在过去 3 年里，在一系列背景吹风会上向记者介绍了我犯下的各种"危害人类的罪行"。斯旺总是喜欢偷偷摸摸地工作，而且有很多中情局所谓的"合理的否认"。尽管如此，他还是来看我，"确保"我继续留他在财政部工作。那是一次艰难的讨论。我敦促他考虑换到可以做出重大贡献的其他领域，包括国防和社会保障领域。但他都不愿意，这样的调动在他看来是降级，非常"不利于稳定"。这就像唐纳德·特朗普在推特上发的推文那么微妙。

另一个选择显而易见：林赛·坦纳。坦纳博览群书，精明能干，口齿伶俐，在金融和经济评论界颇受尊敬。他的能力甩出斯旺几条街。然而，如果斯旺不能遂心如意，他在动摇党的领导方面则会甩出坦纳几条街。西蒙·克林可以证明这一点。我问斯旺，如果我任命他，他会做些什么来提高他的政策水平。他回答说他要出去买一本经济学教科书！他还向我保证，他和他的突击队会绝对忠诚于我。因此，我没有做出更好的判断，同意留下他——只要我留在议会，我就会后悔的。斯旺未能掌控住他的简报，也同样严重地未能掌控住众议院，而在众议院，财政主管的指挥能力对政府总体政治福祉和国家信心至关重要。

作为工党副领袖，朱莉娅有权要求任何她想要的职位。她已经明确表示，她对财政部不感兴趣；她希望负责劳资关系事务，以便能够继续起草《工作选择法》的替代政策。我觉得可以。朱莉娅是一位有劳资关系背景的律师，头脑灵活。

至于团队的其他成员，我决定增加前座议员中的女性人数，让她们从事严肃的政府工作。鉴于霍华德政府公共服务的独立性没有得到保障，我将黄英贤提拔进入影子内阁，由她负责政府机构改革。后来，我又增加了她的职责，让她担任整个竞选期间的发言人。我承诺提拔妮古拉·罗克森（Nicola

Roxon）进入卫生部，提拔坦尼娅·普利伯西克（Tanya Plibersek）进入住建部，这是我心中珍爱的一个部门。珍妮·麦克林继续留在家庭部，同时继续掌管原住民事务，在这方面，我将非常依赖她的建议。以朱莉娅为首，我组建了政党和议会历史上规模最大、最优秀的女性团队，她们在政府中的地位甚至将更加强大。

至于团队的其他成员，我选择安东尼·阿尔巴尼斯来接管一个新的基础设施部门，该部门再加上宽带网络部门，将把有关经济的辩论拓展到预算以外的范畴。阿尔巴尼斯在他信仰的领域有其无可匹敌的强项，他拥有与生俱来的能量，对现行规则了如指掌，还具备口若悬河的辩才，善于与人相处。他也是反对党事务总管的完美人选，让他和不幸的托尼·阿博特对决吧；康罗伊将掌管国家宽带网络公司（NBN）；斯蒂芬·史密斯——三只"公鸡"中最有能力的一员——将去教育和培训部；金·卡尔负责工业、创新、科学和研究；马丁·弗格森（Martin Ferguson）——矿业部门热情的捍卫者——将负责运输、公路和旅游。弗格森和卡尔一样，会被任命为一等部长（first-class minister）。我还会任命年轻的克里斯·鲍恩（Chris Bowen）担任助理财政部部长，以弥补斯旺的不足。克里斯有头脑、有能力，愿意努力工作，他和金融部的林赛·坦纳一道，组成了一支强大的经济团队——尽管我在财政部门的任命上犯了一些错误。多年来，斯旺经常抱怨说是不是提问时间有太多经济问题抛给了坦纳来回答。坦纳不费吹灰之力就能在国会的地板上碾压自由党，就像自由党轻松碾压斯旺一样。罗伯特·麦克莱伦将接任我在外交事务中的老职位，乔尔·菲茨吉本去了国防部，西蒙·克林去了贸易部，托尼·伯克（Tony Burke）留在移民部，这个部门的工作一直不太好做。还有彼得·加勒特（Peter Garrett），他是一个好人，一位坚定的环保人士，其公众形象比我们所有其他人加起来还要高大，他将成为我们的气候变化问题的发言人。这是一支很棒的团队，我为自己能领导他们而感到自豪。

＊＊＊

　　在我担任领袖的第一周结束之后，我们从议会出来踏上了为期10天的倾听之旅，到全国的每一个州访问。我借用了韦恩·戈斯的理念，他在昆士兰时开创了类似的活动。我责成工作人员在即将到来的暑假期间完成我需要的经济和教育方面的政策工作，这样我们就能够赶在2月初议会复会之前着手制定我们自己的政策议程。与此同时，我的工作是开始宣传新领导人的信息，宣传我对澳大利亚未来的新想法，以及这对于承受着经济压力的工薪家庭意味着什么。

　　媒体界认为我是个酸腐的书呆子，只会在深夜电视节目中详细分析坎大哈的政治形势，当发现我真的喜欢人民以及与人民为伴时，他们好像感到很震惊。在成为领袖之前不久，我到北昆士兰访问了一次。在凯恩斯兄弟橄榄球联盟俱乐部的酒吧里，有个家伙突然冒出来，说了句很棒的话。我跟那个家伙好好谈了谈世界形势，然后继续和打扑克的人聊天。当时的《澳大利亚人报》记者托尼·科赫随后问酒吧里的那个家伙，他对"凯维"（Kevvie，带昆士兰口音的Kevin）有什么看法。他的回答登上了第二天报纸的头条："他必须成为领袖。他是那么靠谱，你可以放心把你的女朋友或者你的卡尔比犬交给他。"

　　直到圣诞节前一周，我们才完成了倾听之旅。我累坏了，工作人员也累坏了。但假期前我们还要举行一连串的领导及竞选策略小组会议，以便在澳大利亚国庆节周末前开展工作。这些会议都很重要，其目的是将我们整体策略中的政策发展、政治讯息及传媒沟通等内容融合到一起。在2007年11月的选举日之前，我们会一直定期召开会议，团队中很多成员会在各地的路上通过电话参会。任何事情都不能听天由命，尤其是内部沟通不畅，必将一事无成。我们圆满结束了2006年的工作。2007年是决定我们所有人命运的一年。

海滩终于向我招手了，还有家人、猫儿、狗儿，以及其他接近幸福常态的东西。我太累了，几乎走不动了。我只是睡。恢复精力的方式是沿着库伦和努萨之间长达20千米的海滩走很长很长的路，与泰瑞莎、孩子们和神奇狗狗艾比进行长时间的交流。然而，我们在佩雷吉安（Peregian）的美好时光很快就要被必须准备的电视宣传片打断了，我们希望在议会复会之前能播出这些宣传片。此外，我又一次借鉴了韦恩约20年前做过的事。那时，我记不清用了多少时间待在制片工作室，写脚本，看播放效果，甚至监督一些编辑工作。很不同的一点是，现在我成了摄像机另一端的人，这种感觉怪怪的。

我看了一系列现成的脚本，但感觉都不够真实。因为这是我面向澳大利亚人民的自我介绍，所以我决定自己写。在这个节骨眼上，我几乎可以听到制作团队吓得屁股一紧的声音。但在我看来，任何宣传都必须以我信仰什么、我在哪里长大以及我现在想为国家做些什么为基础。所以，经过一番讨论之后，我们成群结队地去了尤姆迪小镇上的老农场。我们的老房子还在那儿，我决定看看邻居们是否也都还在。我敲了敲科尔和凯·赛伯（Kay Seib）的门。自从我11岁离开农场后，我就再也没见过科尔了。他应门而来，喊着"小凯维·路德"，向我打招呼（耳边是中年人熟悉的那种音乐），然后才有点儿天真地问我："你最近在干什么，小伙子？"

科尔欣然同意我们在他的土地上拍摄，就是沿着他家房子往山下走一点儿的地方，那里能俯瞰我们的老农场所在的山谷。就是在这里，就在我小时候学骑自行车的山坡上，我站好了，向善良的澳大利亚人民解释说，昆士兰州乡下有一个叫尤姆迪的小镇，在那里我懂得了公平对待所有人意味着什么，及一旦矿业繁荣结束，我打算如何让澳大利亚人做好准备，开创崭新的经济未来。拍摄宣传片时我一直在想，我实际上是在与全国各地真正关心此事的人交谈。我不是对着摄像机自言自语。这不是你们那种典型的工党宣传片，那种片子我此前见过一千次，却迅速就忘了个一干二净。这只是我和家乡的人聊着天，就在他们家里，聊着关于公平和未来的核心信息。宣传片取得了很好的效果。

＊＊＊

我决定从抨击经济开始展开竞选年的工作。1月23日，我去墨尔本大学发表了我作为反对党领袖的第一次正式演讲，主题是澳大利亚的经济未来、我们下降的生产力以及为什么我们因此需要进行教育改革以重新提高生产力。我强调了教育的重要性，但不是将教育看作传统框架内的一种实现社会正义的工具——当然教育的确是这样的工具——而是将教育看作经济政策的一个核心要素。如果澳大利亚要发展未来全球经济所需的技能基础、小企业结构和创新文化，教育将成为国家所需的"人力资本革命"中的一部分。然后，我从国内和国际研究出发，列举经济案例，说明在幼儿、小学、中学和职业教育以及高等教育，研究和创新上的投资与生产力增长之间存在着直接的因果关系。

我宣布了未来一系列"新方向"政策文件中的第一部分，其中包含10份文件，是未来教育改革的基石，也是促进经济中的生产力提高的一部分。9年前，我在首次议会演讲中第一次呼吁要进行教育革命，现在我终于有机会为此做点儿什么了。这些新方向文件将包括为所有4岁儿童提供义务学前教育的政策，因为全国大部分地区都没有义务学前教育，而无可辩驳的研究表明，幼儿教育是决定长期受教育程度的一个重要因素。我们还将为学习数学和理科的大学生提供高等教育助学贷款（HECS）政策，如果他们愿意继续学习下去，将来做教师，改变这些最基础学科缺乏合格师资的可怕现状，那么他们就可以申请贷款。我们宣布将用5年时间制定出澳大利亚第一套统一的全国性学校课程，以免父母搬离一个州之后就让孩子们遇到麻烦。随后，我们发布了一份介绍针对澳大利亚所有中小学的国家评估计划的政策文件，以使家长、校长和学生等都可以对他们是否达到通用的识字和算术标准进行完全透明和公开的评估，该计划部分借鉴了15年前我们在昆士兰州的小学进行的标准化考试方面的工作。国家将重新为进行亚洲语言教学和研究的教师们提供资金，该项资助在霍华德领导时期已几乎全部被取消了——我们在亚太地区重要的新兴市场有这方面的需求，而我一直满怀热情想为此做些什么。我们还公布了旨在促进我们国家十二年级同等留校率的新政策，这同样是因为完成学业、参加工作和提高生产力之间有着明确的关联。我们还将公布建立"澳大利亚技能"（Skills Australia）方案，对经济中新出现的技能需求进行评估，并提出建议，确定我们的教育和培训方案体系是否能够满足迅速变化的需求。

我的观点很简单：如果不对人力资本培训方面的投资进行数量上和质量上的改革，我们将永远是"依靠幸运的国家"，当然，我们的运气最终会耗尽。我们确实很幸运，拥有丰富的能源、资源和原材料储备，但我们也需要成为一个以人民而非商品为主要资产的国家，一个智慧的国家。事实上正相反，我们正在成为一个自满的国家。我们需要摆脱这种自满情绪。没有人口增长，没有劳动力参与增长，没有生产力提高，就不会有可持续的经济增长。没有可持续的经济增长，就不能保证人民的生活水平得到改善。我们也不可能在一个高度不确定的世界上建设一个强大的澳大利亚，当今世界的全球秩序已经开始从上两个世纪的盎格鲁－撒克逊时代急剧转向。我们将以此回应矿业繁荣、政府对矿业的短视依赖以及矿业繁荣带来的政策自满时代。

我决定为这次选举制定一份大型政策议程，并计算其全部费用。只要我做领袖，就不会有小目标的战略；我们不会悄无声息进入政府。这是比兹利的战略，跟阿博特的战略一样，阿博特在2013年选举中几乎没有公布任何政策细节，且对他所发布的内容只提供了非常有限的独立成本核算。我相信应该给人民真正的选择权。我们的努力开始有回报了。到2月份议会复会时，我们的支持率已飙升至55%。后来一直到11月选举，我们从未低于52%，9月份支持率最高达到了59%。2月份，个人民调也传来了令人鼓舞的好消息。我以47%比37%的优势领先霍华德，成为"更受欢迎的总理候选人"，并在那年后来的时间里一直领先。这些成绩毫无疑问带来了相应的心理影响。所有的政治领袖都会信誓旦旦地说，他们对民意调查毫不在意。但这不是真的，而我也和其他领袖一样内疚地说了假话。我们大多数人更乐意被人喜欢，而非被人憎恨。事实上，这些民意调查数字鼓舞了我的士气，正如它鼓舞了我们已失败10年的政党士气一样。这些数字让我们相信，我们真的可以赢。

　　于是，我们"好风凭借力"，"直挂云帆"进入了议会年。

＊＊＊

　　接下来的那个月，我们讨论了经济生产力议程上的第二个项目——基础设施。如果在公路、铁路、港口、能源、水和电信方面没有高效、方便且国家能负担得起的基础设施，生产力就会停滞不前。我们将从高速宽带着手。2007年，澳大利亚的宽带严重落后于我们的主要经济伙伴和竞争对手。保守派曾经并将继续从意识形态层面拖延对基础设施的规划、筹资和交付；他们似乎认为这类似于国家社会主义。霍华德政府还有一种观点，即基础设施建设几乎完全是州政府的责任，尽管事实上各州已没有承担大型项目的预算或资产负债表。此外，在霍华德的治理下，抨击各州未能兑现交付承诺总是被视为一种很好的政治手段。因此，2007年4月初，当霍华德遇到在麦凯（Mackay）和纽卡斯尔（Newcastle）附近停泊了100多艘船只，而其原因是港口和铁路基础设施无法承受这一负荷这个问题时，他自然而然的回应是指责州长和矿业公司，而不是考虑联邦政府是否有可能发挥作用。因此，我和阿尔巴尼斯与我们的工作人员一道，努力制定出并宣布实施一项政策来建设"澳大利亚基础设施"（IA）。IA的核心目的是审计国家基础设施存量状况；查明差距；指定一个独立的委员会，运用透明的经济回报率标准来确定国家项目的优先次序；决定投资于哪些项目以及在多大程度上应用私营部门股本，然后公开监测进展情况。该项目将得到一个名为澳大利亚建设基金（BAF）的国家基础设施基金的支持，如果未来有预算盈余，该基金将持有部分政府储蓄（government savings），以共同资助对国家经济发展有积极意义的基础设施项目。

3月份，我们推出了建设全国宽带网络（National Broadband Network）的政策。该政策是由我和坦纳、康罗伊一起制定出来的。康罗伊在这个领域拥有真正的优势，他对该行业非常了解。坦纳保证说，在财政上可以拿到47亿美元的联邦政府和私营部门共同投资计划，而且这一切都不会危及预算或公共债务。

当时，澳大利亚是世界上宽带速度最慢的发达国家之一——只比希腊、西班牙略胜一筹。缺乏高效、低成本的宽带网络，也阻碍了小企业的发展，降低了它们的效率，因为它们现在需要面对全球市场，而不仅仅是本地市场。NBN政策提供的高速宽带将帮助澳大利亚在克服一个历时数世纪之久的经济问题上取得革命性的突破，这个问题就是距离障碍。澳大利亚人口稀少、国内市场有限、跨越距离遥远，像这样一个国家，要在21世纪的全球经济中生存和繁荣，绝不能离开高速宽带。这也是关于未来的一种政治描述，霍华德似乎对此未来一无所知，他坚守保守传统，会采取一切措施进行反对。尽管2013年以来保守派对其进行了经济上的破坏，高效的国家宽带网络对我们国家的未来仍然至关重要。

我们生产力议程的第三大项目是产业政策，它比基础设施政策更能让保守派感到恐惧。他们对产业政策的核心批判点是它对市场的扭曲效应，产业政策被视作保护主义的另一种说法（补贴而非关税），更糟糕的是，它涉及"挑选赢家"。据我分析，产业政策关乎监管改革，其目的在于减轻企业总体行政负担。它还涉及税收改革——因为它能按照不同比例影响不同行业——以及政府如何与企业合作投资于研究、开发和创新，包括那些处于深度技术转型中的企业。正如我在2007年4月在昆士兰制造业研究所（Queensland Manufacturing Institute）说的那样，我不想做一个不再制造东西的国家的总理。这成了我们竞选活动中另一个振奋人心的论点。作为反对党，我们将召开一次全国制造业圆桌会议（National Manufacturing Roundtable），听工业界说一说希望联邦政府建立什么样的伙伴关系。我们借此制定将在年底对人民宣布的政策。金·卡尔在这方面是不可或缺的，他是产业政策的真正信仰者，随时准备就政策细节大干一场，并努力理解制造商们面临的实际挑战。

5月，我和克里斯·鲍恩推出了一项新的税收政策，旨在提高澳大利亚基金管理行业的全球竞争力，将澳大利亚管理的基金分配到非居民投资者的预扣税减半，让我们能与新加坡和美国竞争。我们听到了来自商业界的欢呼。自由党为此惊慌失措。工党应该是遵循"税收和支出"的政党；相反，我们却宣布削减营业税以促进经济增长。

* * *

我们将各种经济政策的武器一个接一个拿了出来，它们都是在为矿业繁荣结束后的澳大利亚的未来做准备。我们的政策和政治信息开始有所影响了，这对我们的团队来说是好消息。但到了4月底，我们就要召开澳大利亚工党全国会议了，这对我们来说通常是个坏消息。从历史上看，全国会议总会演变成各派系之间的公开混战。这已经成为工党政治行为艺术的一部分，向来不是一种振奋人心的景象，因为那些不露面的人会突然出现在阳光下，再次提醒大家为什么他们最好还是待在黑暗中。这次会议主要有两项议程：公布我们取代霍华德的《工作选择法》的劳资关系政策；另一项是有争议的投票，以推翻工党长久以来限制澳大利亚铀出口的"三矿"政策，因为南澳大利亚州的兰恩（Rann）政府需要在罗克斯比-唐斯（Roxby Downs）开发一座新矿。

还有一项重要内容是领袖的大会讲话。人们总是对此有很高的期望。理想情况下，领袖的演讲应该将西塞罗（Cicero）、亚伯拉罕·林肯（Abraham Lincoln）和马丁·路德·金（Martin Luther King, Jr）的高谈阔论与传奇橄榄球联盟评论员雷克斯·摩索普（Rex Mossop）精妙的俏皮话结合起来，只是为了证明你并不是"高高在上的"。我收到了很多发言稿，但那些稿子写的都不是我想写的。于是，我又一次决定自己动笔，这又把所有人都吓坏了。

考虑到我还有许多其他的事要做，自己写稿这件事实在是太过雄心勃勃了。我大约在演讲当天的凌晨两点半才完成终稿。我累得要死，但非常满意。那是我的声音，不是别人的声音。

走到讲台上时，我临时决定我不应该像一个认真的小孩子那样开始，所以我以一句简单的自嘲作为开场白："我的名字是凯文，来自昆士兰，我是来帮忙的。"同志们都笑了，开怀大笑。而这句话，这句我花了大约 30 秒准备的话，几乎成了我后来竞选中的标志——不仅在我的家乡如此，我向家乡人发出了一个不那么微妙的信息，即我们现在打的是全国联赛。除非我得到昆士兰人的支持，否则我们无法赢得选举，就这么简单，我深深地铭记着古老的智慧格言："先知很少在自己的土地上受到欢迎。"请注意，我的孩子们都是蒙提·派森（Monty Python）的粉丝，他们经常警告我，如果我在竞选期间给他们带来麻烦，他们会告诉整个国家，我不是救世主，只是一个"非常淘气的男孩"。

然后，我在演讲中介绍了我们政党的价值观。就像我曾多次宣称的，工党代表着自由、安全和机会，以及公平、团结和可持续性。我并不是要向自由党或工党左派承认，前三项无论如何天然属于保守派的地盘——尽管我会专门讲我们在公平、团结和可持续性方面的社会价值观。这些价值观不是相互排斥的，而是相辅相成的。我还概述了工党从费希尔到基廷的历史业绩。这是一份令人印象深刻的业绩清单。我接着谈到我们今后在经济、安全、气候变化、人口老龄化及原住民和解方面面临的五大核心挑战。我说，无论如何，我对未来和澳大利亚化挑战为机遇的能力持乐观态度。我总结了我们整个竞选活动的中心信息：

> 我们的目标用一句话概括，就是在维护公平正义的同时实现澳大利亚的长期繁荣。这就是工党选择的路。工党正处在最好的状态，一直是国家未来的领航员。而保守党正处在最坏的状态，如此固守于过

去，如此执着于现状，甚至常常不承认未来的挑战。这就是几个月后的这次选举的全部内容：它是关于未来与过去的对抗。而我们，朋友们，我们是未来的政党，而我们的对手是过去的政党。

这场演讲得到了一些好评。对此我很高兴，同事们说他们也对演讲很满意。劳里·奥克斯（Laurie Oakes）在当晚的会议特别报道中却说对我的演讲不满意：因为太长了。他说得有道理。演讲持续了大约 45 分钟，而标准时间是 30 分钟。一大早，我就对福克纳倾诉了我对时长的担忧。他说不用担心——考虑到我的出身，其他党员看我能发表演讲就会很高兴了！

接着是关于铀的辩论，在 400 位会议代表的投票中，我以 15 票的优势勉强赢得了这场辩论。在澳大利亚工党全国大会上，大家总是对铀政策呼声很高，这主要是源自人们对核不扩散的合理担忧。不管怎么说，这回是死里逃生。这场辩论有可能让远大的政治前途以不光彩的形式早早收场。我感谢南澳大利亚州州长迈克·兰恩（Mike Rann）在同志们面前为我提供了这场品格培养测试。迈克让我忍一忍，他建议说："你当领袖的时间越长，你所感受到的痛苦就越少。"这种想法并不能完全让我感到安慰。

接着是会议的核心事务——通过工党新的劳资关系政策。经过一些修改后，该政策最终将成为澳大利亚《公平工作法案》（Fair Work Act），今天仍然有效。这项政策被称为"公平前进"（Forward with Fairness）。我和朱莉娅为此做了大量工作。我们与工会理事会（ACTU）工作组举行了无数次会议，研究每一处细节。会议结束后，我们还将继续在墨尔本的春街（Spring Street）和柯林斯街（Collins Street）相交处一间昏暗的办公室里开几个小时的会，以解决剩余的问题，并进一步完善文件。朱莉娅在这项政策上下了很大功夫。我们的工会朋友也是如此，他们在沙兰·伯罗（Sharan Burrow）、杰夫·劳伦斯（Jeff Lawrence）和凯斯·鲍特尔（Cath Bowtell）的领导下开展这项工作。他们是很好的会谈代表，是强硬的谈判者，但通常很讲道理，尽管讨论可能会变得非常激烈和艰难。朱莉娅恳求我不要就这项政策的最终内容与工会进行第二次沟通，尽管我这样做过多次。但我对朱莉娅有绝对的信心，不会在事后揣测我的副手。

接着是与工商界谈判的问题，澳大利亚商务委员会（Business Council of Australia）、澳大利亚工商会（Australian Chamber of Commerce and Industry）和澳大利亚工业集团（Australian Industry Group）涵盖了澳大利亚大部分制造商，但他们就政策的一些内容存在分歧。这些问题也很棘手，不只是政策内容的问题，还有各机构纷纷向媒体和他们在政府中的政治伙伴泄露消息的风险。这个问题很特别，因为一旦谈判内容遭到泄露，你就会陷入典型的政治束缚中，被一方或另一方解读为政治让步，导致所有谈判立场僵化。我和朱莉娅就最后的一揽子方案达成一致后，立刻将该方案提交给我们的影子内阁同事，我们相信这个方案已经在周围众多相互竞争的利益团体之间达到了合理的平衡，而且接受了这样一个现实：几乎所有的商业团体都宁愿保留霍华德在上次选举后送他们的免费礼物。

霍华德在尼科尔斯人力资源协会（HR Nicholls Society）的敦促下，从根本上改变了澳大利亚的工作场所法，使雇主有可能压低工资、降低工作条件，有可能与所有雇员签订个人合同（即他所谓的澳大利亚工作场所协议或 AWA），通过禁止工会进入工作场所、减少全行业范围内的保护、剥夺雇员对不公平解雇提出异议的几乎所有权利、削弱独立仲裁机构——自 1904年以来一直是澳大利亚社会和经济体系基石的劳资关系委员会（Industrial Relations Commission）——的权力，使得基于企业的协议谈判变得更加困难。霍华德的《工作选择法》只实施了大约一年，虐待案例已接连出现。至于业界的观点——任何体面的雇主都会重视员工，因为员工对任何盈利企业都至关重要——在现实世界中似乎正在迅速瓦解，即便是信誉良好的企业也在压低工资，或者做出"灵活"的轮班安排，以至于任何承担家庭责任的人都无法应付。看来，自工业革命以来，人性并没有发生太大的变化。如果这片土地上的现行法律容许对劳动人民进行更严重的剥削，雇主便会开始利用法律达到利润的最大化，以此与其他充分利用新法例的业界人士竞争。这个制度的平衡已被破坏。澳大利亚劳资关系体系正在走向美国化，而澳大利亚的劳动人民已经开始担心他们的未来。

我们的政策对人民做出了基本承诺，并清晰地画出了底线。正如我在大会上所说的：

> 工党政府将制定法律，公平保障所有澳大利亚人的最低工资。澳大利亚工党政府将制定法律，用 10 项法定最低标准建立一张强大而简单的安全网，其中包括享有合理工作时间的权利。我们将为为人父母者提供灵活的工作，会有公众假期和裁员津贴。澳大利亚工党政府将制定法律，规定现代、简单的薪金制度，包括体面的最低工资、加班费、罚金比率、退休金和工作时间。因为这就是工党的道路。澳大利亚工党政府将制定法律，促进集体企业谈判，确保大多数工人得到满意的谈判结果。因为这就是工党的道路。澳大利亚工党政府将制定法律，保护工人不被不公平解雇。因为这也是工党的道路。

根据《公平工作法案》，我们还将设立澳大利亚公平工作署（Fair Work Australia），重新明确"独立仲裁机构"的作用，授权其制定关于最低工资和就业条件、企业谈判、劳工行动、争端解决和就业终止的规定。我们改革的目的就是通过制度重新实现平衡。我们还将处理在全国范围内有 6 套不同的劳资关系法的问题，这些法律对那些在全国范围内经营的企业来说是一场监管噩梦。维多利亚州已按照宪法规定将劳资关系权让给堪培拉。我们提出的是一项统一的国家方案，要么由其余各州让出权力，要么统一联邦和各州的法律、法院和程序。我们的目标是进行大规模的政策和体制改革，而不是进行微小的改革。

然后，我继续攻击霍华德的经济法案核心，即他们说《工作选择法》是
生产力的基础。政府并没有这方面的证据，却一直无视一个事实，即在以企
业谈判和灵活企业协议为基础的工党政府体制下，生产力和就业率提高的势
头都更为强劲。我还抨击了霍华德自诩的"保守派价值观"：

> 霍华德先生说他来自重视家庭价值观的政党。家庭价值观是什么
> 意思，是我要拿走你的加班费吗？家庭价值观是什么意思，是我要取
> 消你的轮班津贴吗？家庭价值观是什么意思，是我要取消你的公众假
> 期吗？家庭价值观是什么意思，是我要让你们越来越难在一起吗？而
> 他说，他来自重视家庭价值观的政党。

这是一次重要的演讲。朱莉娅在一个她很熟悉的领域做出了一流的工作。
这将成为即将到来的选举中的一个主要战场。无论我走到哪里，每当我说霍
华德走得太远了，现在已经到了恢复平衡的时候，即使是全国最保守的听众，
也会频频点头。霍华德做得太过火了。自由党人也知道这一点。《工作选择法》
损害了家庭生活——充其量可能对经济和生产力有益——对社会公平来说也
是一大灾难。对我们来说，我们将左右夹击霍华德。霍华德很快就会明白——
如果他还没有明白过来的话——"家庭价值观"将不再是保守派的神圣领地。

* * *

就在大会召开之前，我对美国进行了一次闪电访问。我们在新的生产力
议程的基础上，就政府经济问题取得了良好的进展，并通过我们废除和取代《工
作选择法》的承诺，提出了我们要实现社会公平的目标。与此同时，霍华德
一直在围绕安全议程孜孜不倦地工作，事实上他在加班加点地努力证明我不
是美国的可靠盟友，证据就是我在伊拉克战争问题上的一贯立场。2月份美

国副总统切尼（Cheney）访问澳大利亚期间，我已经表明了我们在伊拉克问题上的立场，如果我们能赢得政权，将在一段时间内逐步撤出澳大利亚军队。那次会谈进行得很顺利，但我认为很重要的是能借此机会向澳大利亚公众表明，特别是与疯狂的莱瑟姆政府相比，公众能意识到，在我的领导下，我们可以与我们的主要盟友建立牢固的关系，而不是把自己变成伊拉克战场上的牺牲品。布什政府可能对接受我持谨慎态度，但考虑到澳大利亚的民意调查，他们可不想丢脸，因为我可能会在年底继任总理。多年来，我还与许多共和党人建立了关系，他们所有人都知道，我在整个工作生涯中都"坚定地"支持着这一联盟。我是如此坚定，以至于来自各政党的诽谤者时不时地声称我是一名深藏不露的中情局特工！中情局会很开心的。所以，那天我在第九频道的《清晨与凯里-安妮一起度过》栏目中与凯里-安妮·肯纳利（Kerri-Anne Kennerley）一起在电视上现场表演了伦巴之后，我就去了华盛顿。我的舞技就跟 R2-D2 机器人一样。那段舞蹈还能找得到，但一位几个月前加入我的媒体团队的急躁小伙子、来自悉尼的拉克伦·哈里斯（Lachlan Harris）还是善意地提醒我说："别担心，老板——政治就是为丑人准备的好莱坞！"拉克伦可真会安慰人。

我在华盛顿会见了副国家安全顾问、负责东亚事务的助理国务卿、副国务卿和美国财政部部长，话题主要集中在中国、朝鲜、阿富汗以及东南亚、南太平洋地区。会见顺利，且有实质性的进展。美国的大门并没有完全关上，这使得堪培拉的保守派焦躁不安。我还受邀到布鲁金斯学会（Brookings）发表了演讲，布鲁金斯一向是首都一个很棒的论坛，所以我借此机会向美国观众和澳大利亚听众强调，主要的竞赛仍然集中于"我们自己的地区、我们自己的社区、我们自己的后院"，而不在中东地区不断变化的外交政策游戏中：

我们这一代人的任务是找到一种方式，将过去几十年——太平洋世纪的头几十年——中美关系带来的和平与繁荣红利保持并延续到未来的几十年。一个错误的假设是，由于过去35年（自《上海公报》签署以来）是和平的，下一个35年也将是和平的，因为和平显然符合每个人的利益，所以将以某种方式自动地延续下去，或者说从逻辑上分析会继续和平下去。另一个错误的假设是：冲突是不可避免的，我们在亚太地区命中注定会遭遇古希腊诸神重新上演了一个世纪的悲剧：崛起中的大国为寻求他们在国际体系中的合适地位而战，而现有的大国或者至少是他们中的一部分则会为阻止新国家崛起而战。无论是极度的乐观还是极度的悲观，都不适于指导政策——更不用说外交政策了。

事实是，中美关系对整个地区乃至整个世界都是如此重要，必须通过领导才能和政治家风范来继续培育和滋养这种关系。成功或失败都不是必然的，但如果我们不处理好新力量崛起所带来的挑战，不把所有的政治和外交力量都拿在我们自己手中予以支配，失败的可能性无疑会更大。我们相信，根据不同的政治制度把亚洲划分为不同的阵营，对谁都没有好处……

因此，太平洋世纪是否会真的太平，将取决于我们的战略远景的明确性、我们双边外交的效力以及该区域迄今仍然脆弱的体制结构的稳健性，包括区域机构是否有能力解决难免不时出现的摩擦……因此，我们两大太平洋民主国家——澳大利亚和美国——应该如何最好地分析、预测并采取行动以积极应对影响太平洋世纪的未来格局？中国以及将来印度的崛起带来的国际格局变化是我们这个时代的挑战之一，另外的挑战还有核武器扩散、伊斯兰激进主义的兴起、能源安全的挑战、气候变化的威胁和随之而来的对粮食和水安全的影响，及大多数发达国家和发展中国家部分地区正在出现的重大人口变化的现实。

如果说2007年的局势已经如我所言，那么在我写下这篇文章的今天，10

年过去了，相同的挑战已然加倍。后来我去纽约和罗伯特·佐利克（Robert Zoellick）谈了一阵。佐利克曾是老布什的副幕僚长、副国务卿、美国贸易代表，后来又是世界银行行长。鲍勃依然对政策话题兴致勃勃。在罗德·艾丁顿（Rod Eddington）的建议下，我还拜访了鲁伯特·默多克（Rupert Murdoch）。罗德·艾丁顿是新闻有限公司董事会的一名成员，因为他对基础设施政策充满热情，所以我很尊敬他。而鲁伯特·默多克是我见过的最保守的人之一，他曾公开宣称支持伊拉克战争。果不其然，他最喜欢右派政府，但几十年来，他的做法一直是尽早与中派和中左派领导人站到一起，只要他们看上去可能真的会赢得大选。我们在他位于美国 1211 号大道的摩天大楼里会了会面，时间不长。他最感兴趣的政策是在小企业的设立方面，我其实也有同样的兴趣，特别是考虑到泰瑞莎白手起家创业方面的经历。因此，我们讨论了实施什么样的政策能最好地在企业初创期予以鼓励，并帮助他们获得资金、做好风险管理。令我惊讶的是，当我们离开大楼到当地一家餐馆吃饭时，路上已然有电视摄像机在等着我们。这不在我们的计划之中。事实上，当我的工作人员发现那些摄像机时，他们建议我们应该从停车场出去。默多克对此并不在乎，他要出去讲几句。记者问他我是否会成为一个好总理。我暗自想："好吧，他说什么都有可能，不管他说什么，我都要坚持住回家再调整情绪。"然而，默多克回答说："哦，我确定。"就是这样的。我们爬进他那辆黑色的大型 SUV（运动型实用汽车），飞驰而去，吃了一顿安安静静的晚餐。

　　有些人会批评我与默多克会面的决定。自惠特拉姆之后，所有的工党前任领袖都去见了默多克。基廷常常告诉我，比起他在澳大利亚的竞争对手费尔法克斯（Fairfax）和帕克（Packer），他更喜欢默多克。对我来说很简单：如果我想从自由党手中赢得 2007 年的选举，也就是想要时隔 24 年第一次取得这样的胜利，我必须尽可能减少媒体对工党的敌意。我不会为此提供政策保证。没有人要，也没有人会给。无论如何，我们的友好关系不会持续太久。我们的世界观是如此大相径庭，有实质上不可逾越的鸿沟。

* * *

我在美国短暂访问 3 天之后，澳大利亚工党大会就召开了，然后我们直接进入 5 月份的预算会议。但是，就在议会预算会议复会之前，我们举行了一场愉快的庆典：我亲爱的女儿嫁给了阿尔伯特（Albert）。2004 年，她在格里菲斯举办地方选举活动时，在投票站遇到了阿尔伯特。阿尔伯特是鲍勃（Bob）和乔伊·谢（Joy Tse）的儿子，20 世纪 70 年代他们从中国内地移居香港，白手起家创办了一家包装企业，又于 80 年代移居布里斯班。那时阿尔伯特 10 岁，一句英语都不会说，就读于贝尔蒙特小学（Belmont Primary School），后来从大学法律和会计专业毕业。他过去是，现在也一直是一个聪明的孩子。就像所有女儿的父亲一样，我觉得我家小女孩才 23 岁就结婚也太小了。"你和妈妈结婚的时候有多大？"杰西卡问道，其实她完全知道我们分别是 24 岁和 23 岁。"但那时年代不同，杰西卡……"我说道，然后迅速举了白旗投降。因此，当阿尔伯特鼓足勇气求我答应把杰西卡嫁给他时，我已做好准备，适时给出了肯定的回答。我们是在图翁区（Toowong）的麦当劳见面的，喝了一杯味道极差的咖啡。

婚礼于 5 月 5 日举行。杰西卡看上去美得令人惊叹。我们一起乘车去教堂，我把手放在她的头上，然后握住她的手，为她开启下一段人生历程做了一次小小的祈祷。我一直和杰西卡很亲密。婚礼仪式是基督教式的，辅之以中国的茶道，以表示对祖先的尊重。这是美好的一天。我们在布里斯班河畔的海关大楼举行了庆祝活动，杰西卡把我的演讲限制在 3 分钟之内，简直是我的世界纪录。然而，阿尔伯特的父亲鲍勃一开口就抢了风头："我叫鲍勃，来自昆士兰州，我很高兴凯文为婚礼买单……"

这是我自圣诞节以来第一次离开竞选活动一整天，我非常开心。杰西卡度完蜜月后，会作为我支持团队中的一员和我一起参加竞选。在即将到来的疯狂的竞选活动中，她的主要工作就是让她的父亲快乐、健康、保持理智。她在这些方面都成功了。感谢她为我做的一切！

chapter 21
The Kevin 07 Campaign

第二十一章

"Kevin 07" 竞选

　　竞选意味着深度聚焦。它事关政治生死存亡，是一场领导者、思想和组织的较量，它还与竞选活动的效能有关——老练的活动人士称其为"势头"。势头几乎无法定义。它的范畴既包括对公众情绪的客观影响（可以通过持续的投票结果来衡量），也包括简单的直觉。当你有势头时，感觉就像推开一扇敞开的门。这就像顺流而行，就像一位击球手毫不费力打出一个百分，或者在投出一个烂球后还是拿到了每一次得分，即便球投到了边界处。你作为一位领袖的感觉以及其他人对你的领导能力的感觉都会影响竞选。竞选关乎你的外表、你走路的方式、你的举止以及其他人（包括第四等级）对此的解读，他们热切地期待着你跌倒或失足，然后以此来判断你的傲慢、过度自信或不够自信，并据此构建当天的叙事，或一场竞选的"转折点"，不管这个点的选择可能是多么牵强。至少，从外面看上去可能就是这个样子的。

　　而内部呢，浮现着一幅完全不同的画面。一场竞选有时是有序的，但更多的时候是混乱的，取决于事件的节奏，或者意料之外的武器的到来。你有你自己的竞选策略，通常基于一个 33 天的竞选计划，仔细地编排在什么合适的时间通过什么合适的事件发布政策，及前往所有目标席位所在地的旅行方案——在我们的竞选中，指的是那些组建政府需要赢得的席位。大多数意料之外的武器都来自一向"可靠"的默多克媒体，他们更喜欢让我们对他们当天的议程或政府的议程做出回应——尽管这些议程通常是相同的——而不允许我们通过自己发布的政策、部署的战略沟通以及寻求推进的政治叙事来制定自己的议程。除了6点钟的新闻之战之外，还有宣传片之战：拍摄宣传片，重拍宣传片，为当地市场量身定做宣传片，并调整播放时间以最大限度地扩大宣传片对特定受众的影响，同时在竞选活动的不同阶段适时调整宣传片。在"Kevin 07"（指陆克文2007年）竞选活动中，我们引入了一个新元素——社交媒体，因为我们试图打破新闻编辑室的传统瓶颈——往往要以他们的议程为主导与人们沟通，也因为我们想筹划一场比保守派通常的花费少得多的宣传活动。然后，在竞选团队、同事以及最重要的协调机制之间形成了动态平衡，因此我们没有遇到两位前座议员在同一天到达同一座位，或在晚间新闻争夺同一时段的情况。然后你必须考虑到个别候选人的个别情况，他们中既有才华横溢的人，也有不那么聪明的人，还有不太愿意在白天出去的人。除此之外，一切就是那么简单了！

还有陆军元帅冯·毛奇（Field Marshal von Moltke）。1871年，时任普鲁士总参谋长的冯·毛奇在普法战争中战胜法国人，取得令人瞩目的胜利之后，说："没有一种作战计划能在第一次与敌人接触后留存下来。"在竞选活动中，毛奇的话或许是对现实的最好描述。我们已经为选举做好了充分的准备。我们的国家秘书蒂姆·加特雷尔（Tim Gartrell）是一位伟大的竞选主管，他年轻且富有创新精神，不会简单地安抚各派。不，蒂姆承诺要么赢得胜利，要么在战斗中死去。我很佩服这一点。党内和核心小组成员往往希望被视为积极的贡献者，这样他们就永远不会受到批评，然后可以袖手旁观，高谈阔论，希望分享可能会有的胜利后的"战利品"，同时始终保持谨慎、可自我辩护的距离，以免在我们失败时分担责任。我估计，蒂姆会在我们真正成功不久之后进一步提升自己。他来找我说，他想离开政治领域，为澳大利亚私营部门承担企业社会责任贡献力量。他将继续致力于同原住民的和解工作，后来也一直致力于帮助澳大利亚最初的民族获得宪法认同。我会想念他的。好样的，蒂姆！

我们 2007 年的竞选信息很简单，它将包括两部分：为什么霍华德应该被淘汰，以及为什么我们应该入选。长版本的竞选信息很清楚：霍华德执政时间太长了，他已与工薪家庭失去联系；《工作选择法》太过分了，再加上他不兑现利率方面的承诺，让家庭难以承受重压以及维持收支平衡。霍华德也没有为澳大利亚矿业繁荣结束后的未来做过规划。相比之下，我们将为澳大利亚的长期未来打下基础，与此同时维护社会公平正义。为了做到这一点，我们将建设21 世纪的基础设施，包括一个国家宽带网络，实施一场教育革命，让我们的孩子掌握未来的就业技能，并在气候变化问题上采取行动，为我们所有人创造一个应用可再生能源的未来。我们还将废除霍华德先生不公平的《工作选择法》。简而言之：霍华德已经失去了与工薪家庭的联系，而且在过去迷失了方向；我们是对未来有计划的政党，我们会在这样做的同时确保所有工薪家庭都能受到公平对待。我们的官方口号是"澳大利亚未来的新领袖"。我们的政治使命很简单：让澳大利亚公众同时拥有公平和未来。

此时此刻，对未来的承诺不能代替公平。两者必须并驾齐驱。未来关乎志向，公平既关系我们自己和孩子想要的未来类型，也关系当前的实际需要。这导致我们与一名来访的国际顾问之间的关系变得紧张起来。来自英国的竞选策略师艾伦·米伯恩（Alan Milburn）做出了最大努力，试图说服我们：竞选活动应该只有一个"框架"，即"未来"，而不是用"公平和未来"，两个框架会让所有人感到迷惑。米伯恩是一位布莱尔主义者（Blairite），他曾是布莱尔政府的高级部长，也是工党中的现代主义者。这没什么不好的，我也有类似的背景。但有时米伯恩可能会有点儿不切实际，无法满足我们在澳新地区的需要。我担心，英国式的"新工党"工程有可能会演变成为一种对不可能真正到来的未来的渴望和追求，而让"老工党"去担心"过时的"公平议程。我认为单提"未来"或"公平"都是胡说八道，于是把想法告诉了米伯恩。我坚持认为，澳大利亚的人民可以自在地同时接受这两方面的口号，即便这违背了"工党等于未来，保守党等于过去"的优雅对称。我赢得了辩论，也理解两者之间的共鸣，但我的基本问题仍然是：那么现在呢？

竞选的基调也很重要。我很早就决定要保持积极的基调。从本质上来说，这对我来说并不难。我总是对我们可以做些什么来改变现状更感兴趣，而不是窒息在一系列令人沮丧的研讨会上，讨论为什么我们都被"压制"了。事实上，就像我以前写过的那样，这种后天的悲观情绪和某些地方特有的消极情绪，只会把我逼疯。我认为这是政治上自我放纵的终极表现。任何人都可以抱怨。但政治的中心任务是你能为此做些什么。请注意，当你发现自己受到持续的人身攻击时，要保持积极的态度和精神，那会是一种挑战。我个人的决心是把至少75%的时间花在谈论我们的未来计划上，而不是沉溺于对对手不断进行诋毁。我还深深地意识到成为"反对派"领导人的结构性风险，因为"反对派"对公众来说，意味着无论政府可能采取什么行动，都永远在做着反对的工作。这就是为什么我尽量在更大范围内争取两党支持，例如在国际关系和原住民政策方面以及我们国家的水资源危机等领域。（这是阿博特以及在政治上和他酷似的彼得·达顿一直做不到的事，两人都坚定地认为，如果你看到对手的头，就应该踢，然后再踢。这是他们两人在政府中无法动摇的观点。）

除了积极的基调以外，我还认为，尊重个人和机构都是很重要的。我总是称总理为"霍华德先生"，不管我的对手在一些特定的日子如何挑衅我。我母亲在战前和战后坚持的社会习俗深深地植根于我的潜意识中。特别是如果我要吸引年长的选民，尊称是一个必要的切入点，只有这样才能进行更广泛的政策讨论或展开这一天的议题研讨。我还认为，在一个正迅速丧失文明的政治文化生态中，我至少可以做到这一点，来保持一定程度的文明。

然后是通信。我们将最大限度地利用各种形式的传统媒体，包括广播——特别是调频广播及其所有能疯传的内容。我记得我曾在演播室里参加节目，他们突然用一些奇怪的流行文化来测试我，我每次都答不上来。我通常会用三个名字当中的一个来回答几乎每一个问题：约翰·丹佛、尼尔·戴蒙德（Neil

Diamond）或凯特·斯蒂文斯（Cat Stevens）。这些名字是我唯一能记得的从20世纪70年代末到80年代初的流行文化名字，从那以后的明星我几乎没有什么深刻的印象。我很快就能放松地应对调频广播了，而霍华德从来没有找到同样的舒适感。这里的听众是年轻人，他们不会收听 ABC 或第九频道，也不阅读报纸，但我必须接触到他们。所以我就这样做了，非常认真地做了，尽管更多主流记者自以为是地批评说，这不是严肃的媒体，也不能抨击到保守派的政治体制。我一点儿也不在乎。请注意，走进调频演播室可能永远都像是在荒野散步。我记得有一个节目，如果你答错了流行文化测验题目，他们会在蜂鸣器响后进行轻微的电击，这并不是开始一天的最好方式。虽然他们的设计是通过巴甫洛夫的负强化来提高我的表现，但它却产生了相反的效果。尽管如此，人们仍在倾听，如果我能在 5 分钟断断续续的电击疗法中压榨出 60 秒来思考政治或政策，或许还是值得的。

然后是当时全新的社交媒体新世界。我的大儿子尼克在我当选领袖前不久刚满 20 岁，在他的帮助下，我已经建立了澳大利亚政界最早的专用网站，还开设了推特（Twitter）和脸书（Facebook）账户。推特直到 2006 年才开始运营，而脸书则是从 2004 年 2 月就开始使用了的。我是个早期应用者，更准确地说，尼克是一个早期应用者，而我们的政党却不是。对那时的同志们来说，这一切都有点儿怪异。因此，在我成为领袖后，我请尼克为工党准备一份文件，概述我们应该如何开展一场社交媒体运动。尼克自己设计了我作为领袖的第一个网页，也先后为我注册了脸书和推特账户。我们年轻的国家秘书看到了新事物的潜力，因此根据尼克的论文——他是免费撰写的——竞选团队任命了澳大利亚政界第一位社交媒体主管。从这些最不起眼的小事开始，一种新的大众传播机制诞生了，伴随而来的机会和问题也层出不穷，从如何满足自己高涨的表达和真实性需求，到如何应对虚假账户、黑客和网络喷子等，不一而足。我们还开启了一场新的群众运动，让那些未来只会通过社交媒体获得新闻的人参与进来，因为社交媒体将成为他们唯一的政治沟通媒介。

这是些令人兴奋的日子。

使用 "Kevin 07" 作为非官方竞选口号的想法不是我提出来的。这是蒂姆·加特雷尔和尼尔·劳伦的创意。蒂姆是一位富有创造力的天才宣传大师。每个人都说这是对方的主意，所以我把它归功于他们两个人。而且他们也都凭直觉，没有问过我这个问题。我原先对用 "Kevin 07" 的口号竞选一无所知，直到有一天，我坐在议会大厦的新闻秘书办公室看早间新闻节目时，瞥见一群年轻的工党工作人员和党员走过，他们都穿着 "Kevin 07" 的 T 恤。"那是什么东西？" 我问拉克伦·哈里斯。"啊，你最好给蒂姆打个电话。" 他一边回答，一边迅速溜出了房间。

我拿起电话，向一位略感惶惑的全国事务秘书重复了我的问题，还用上了盎格鲁-撒克逊语的感叹词。

蒂姆回答说，竞选团队认为这是一个伟大的想法——年轻人喜欢它，而且它会在全国流行起来。此外，他承认："我们知道你会否决，所以事先没有问你。"

"好吧，至少你在这一点上说的对，同志，" 这是我不太鼓舞人心的回答，"我曾走遍世界。我知道个人崇拜是什么样子的，但我不喜欢。"

"伙计，" 蒂姆恳求道，"反正已经用起来了，我们就试一试吧。如果它弱爆了，我们就悄悄收回。但如果没有，想想我们能为地方宣传活动筹集到的所有资金，把它推销到地方活动中去。"

他抓住了我的痛点，我同意随他们去。

幸亏我那么做了，因为他们是对的，这句口号非常成功。直到今天，我仍然经常被称为 "Kevin 07"。10 多年过去了，我的办公室至今仍然会收到稍显褪色的 "Kevin 07" T 恤，让我在上面签名。因此，向蒂姆致敬，也向尼尔致敬，他后来不幸因心脏病发作而去世，那时他还是个年轻人。

* * *

随着竞选的临近，我敏感地觉察到我们这边的傲慢，或者说一些同志认为我们已胜券在握。我觉得这在政治上是致命的。我来自昆士兰州，在那里，人们认为工党政府极少执政。我还勉强赢得并捍卫了一个席位，我知道在政治战壕中与自由党进行肉搏战是什么感觉。而我们战后只有两次从自由党手中赢得政府联邦席位，这一事实深刻影响着澳大利亚选民固有的保守立场。我也从自己的苦涩经历中认识到，工党可能会以民意调查遥遥领先的状态参加选举，结果却在最后一刻看到投票站又重新选择了"安全"——普遍的恐惧，特别是对变化的恐惧，是澳大利亚人潜意识中的一个强有力因素。保守派不仅在直觉上理解这一点，而且会抓住这一点进行操作。在竞选的最后10天，我完全预料到自由党会发动炮火攻击，目的是增强人们对经济、工会和"经验"的焦虑和恐惧。

我连续几个月警告我的同事和竞选团队注意任何过早放松的危险。我们的对手和他们在记者席上的盟友会对最轻微的傲慢迹象保持警觉，并野蛮地利用它。甚至在9月21日我50岁生日那天，我也禁止了一切庆祝活动，担心任何一幅香槟瓶塞爆出的画面可能会带来麻烦。在新南威尔士州农民联合会的邀请下，我在新南威尔士州北部干旱地区的一个农场上度过了我的生日，该地区位于沃尔格特（Walgett）附近，农民们此前种过7种小麦，但有5种都歉收了。我想和当地人谈谈水资源安全的问题，我们谈得很好，我了解到一些原本不知道的东西，随后我们宣布了一项6000万美元的干旱治理计划。女士们还好心地给我做了我最喜欢的巧克力蛋糕，我想，她们用的是我母亲的老配方。除了那天晚上在布里斯班家中举行了一次安静的家庭晚餐外，那就是我50岁生日的全部庆祝活动。事实上，我更喜欢这种方式。在我的内心深处，我是一个安静的、喜欢沉思的人。

＊＊＊

竞选信息、语气、口号和沟通是一回事。但它们不过是敲锣打鼓，除非在表面宣传之下，有一个实质性的、成本合理的政策议程，能够将政治愿望转化为治理计划。政策将是我们竞选中最重要的部分，而我们的政策议程大多数时候都在我的头脑中徘徊。制定政策的艰苦工作集中在我自己的办公室，由阿利斯特·乔丹和普拉迪普·菲利普（Pradeep Philip）负责。该团队在过去一年里取得了很大进展；我们将总共推出 47 份政策文件，其中包括未来 4 年的 162 项个人政策承诺，涉及经济、税收、基础设施（包括宽带）、教育、技能和培训、产业政策、卫生、住房、带薪育儿假、气候变化、水、环境、原住民和解、对外援助以及艺术等。所有这些都融入一系列组合政策计划中介绍给大家，该政策计划解释了每项承诺的政策理由，汇总了我们在这一年中已经发布的内容，并添加了我们将在竞选期间发布的政策。每一项政策都是用 4 年的标准时间框架来规划的，以便预估所需预算。我们计算了全部成本，同时保持总体上适度的预算盈余。一切以政府的选举前经济和财政展望（PEFO）为基础，按照惯例，PEFO 会在正式竞选开始大约一周后发布，为双方的选举承诺设定财政参数。那次 PEFO 发布 11 个月后，雷曼兄弟（Lehman Brothers）倒闭了，预示着全球金融危机的爆发以及包括澳大利亚在内的全球范围内政府收入的锐减。我们将迎来一个全新的世界，将在政府整个第一任期的议程中占据主导地位。但是，在我们朝着 2007 年 11 月的选举迈进时，无论是政府还是反对党都不会预料到财政危机的未来。至少就经济而言，这是暴风雨前的平静。不过，就政治而言，已经是山雨欲来。

这场风暴将伴随选举宣布而来。2007 年 10 月 14 日星期日，霍华德前往总督府，要求在 11 月 24 日星期六举行选举。一场漫长、激烈、为期 6 周的竞选拉开了序幕。按照澳大利亚的选举标准，整个竞选活动只需要 33 天，41 天实在太长了——政府的策略是让没有经验的竞选者精疲力竭。他们举行新

闻发布会说霍华德知道如何调整自己的节奏，而凯文·路德会像公牛一样冲
到门口。我有一个简单得多的观点，那就是人民讨厌长时间的竞选活动，讨
厌每晚的休息时间被电视广播中政客们的互相抨击所打扰。开始竞选时，我
们在"两党优先"投票中仍以 56% 比 44% 的优势领先；在"更喜欢的总理"
投票中以 48% 比 39% 领先；霍华德的净支持率为 3%，而我本人的净支持率
为 36%。净支持率旨在计算每一位领导人自身为竞选带来的积极势头。然而，
自从工党领导层换届以来，我们的总体投票情况一直很稳定。这在莱瑟姆执
政期间的工党初选投票中尤为明显，进入竞选时得票率为平均 41%，而在比
兹利执政期间，这一比率降至 39%。我们努力把得票率提高到了平均 48%。
正如尼尔森民意调查公司（Nielsen Poll）首席民调专家约翰·斯蒂顿（John
Stirton）在选举结束后的一天早晨所写的那样：

在 2006 年 11 月以来的每一次全国民意调查中，工党都在"两党
优先"的投票中领先。这是尼尔森（Nielsen）、纽波尔（Newspoll）、
摩根（Morgan）和银河（Galaxy）发起的 80 次连续民调（以及近
95000 次采访）的结果，联盟党紧随其后。在最近的尼尔森民意调查（10
月 4 日至 6 日）中，工党以 56% 比 44% 领先联盟党。自上次选举以来，
有两个关键事件影响了工党的命运。第一次是 2005 年出台《工作选
择法》，第二次是 2006 年 12 月由凯文·路德取代金·比兹利。并不
是说其他问题或事件不重要，但这两个因素似乎解释了自上次大选以
来工党的民调变动的大部分原因……在过去的 6 个月里，工党的支持
率一直非常稳定：57% 的两党支持率和 48% 的初选支持率（所有公布
的民意调查的加权平均数）……自 4 月份以来，94% 的民调结果显示
与 57% 的平均值相差不大。这表明，在这段时间内，政党的支持率
几乎没有什么变化。澳大利亚政府的更迭相对少见，1950 年以来只
发生过 4 次。以往政府更迭的结果是相当明确的：1972 年和 1983 年

工党的胜利是以53%的两党得票率实现的。1975年联盟党以56%的选票获胜，而1996年得票率为54%。

霍华德自9月初以来过得很糟糕。在此之前，上个月一份综合性的自由党内部投票报告完全泄露出来，该报告用骇人听闻的细节详细描述了自由党担心他们在选举中将面临的政治惨败。

这是一项定性研究，旨在回答为什么选民倾向于某一特定方向，而不仅仅是从定量调查中得到原始数据。从对摇摆不定的选民的多次采访中得出的结论，对霍华德和科斯特洛来说都不是什么好消息：

克罗斯比得克托（Crosby/Textor）咨询公司的研究结果坚定地支持工党去年12月的领导层更迭——当时路德先生接替了金·比兹利。但这份报告暗示，与路德先生同龄的澳大利亚自由党财长彼得·科斯特洛不会有同样的结果。接受调查的选民表示，他们认为，下个月50岁的路德先生取代即将68岁的霍华德，能带来更新换代的机会……如今，代际变革的想法很有吸引力，不仅因为路德与比兹利、莱瑟姆和克林不同，他看上去精力充沛，充满热情……也不仅因为路德保持冷静的能力与比兹利和莱瑟姆形成了鲜明对比——他们都被看作是火暴脾气——更重要的是，正如选民最近所看到的那样，路德政治能力强，能够与约翰·霍华德匹敌，甚至还能让后者不安。得克托的报告称，"在失信和不诚实的问题上，人们对自由党强烈不满"，而"一些选民重新调整，将经验放在了聪明之后"。报告称，路德先生对工党至关重要，因为他能利用劳资关系对抗政府。报告里写道："凯文·路德进入工党领导层，也给了选民新的信心……表达他们对《工作选择法》的保留意见。"

民意测验的内容对霍华德来说已经够糟糕的了，但他的小圈子里有人泄露了对他不利的消息，这一事实更糟糕。在被称为党内政治的血腥运动中，这意味着有人要在选举前罢免他，代之以科斯特洛。这一猜测愈演愈烈，霍华德最终在悉尼召开了一次高级部长紧急会议，这些部长们原本齐聚悉尼是为了出席9月的第一周亚太经合组织（APEC）峰会。紧急会议只有一个主题：领导权。

唐纳被派往齐力比丽楼（Kirribilli），以外交辞令询问霍华德是否愿意离开。他不愿意，因为那将意味着远离战斗，他相信自己仍然是他们最好的选择，现在只剩下一个会议周就可以完成这件事了。科斯特洛接任的前提是霍华德自愿离去，他和他的支持者认为，霍华德可以作为自由党的英雄离开，辞职是为了党的利益，重塑领导层，并给他们一个对抗工党的新机会。霍华德完全不买账，而科斯特洛不愿挑战，宁愿等人把领导权端在盘子里送给他，也不愿冒险为之一战。

从自由党的角度来看，霍华德既顽固又自私。换个角度看，领导层的不稳定是他们的问题，而不是我们的问题。尽管如此，我们还是得为他们最后一刻领导层换届的可能做好准备。在一次选举中，蒂姆·加特雷尔曾调查让科斯特洛担任与我针锋相对的候选人会有什么结果。令人惊讶的是，我们发现结果并没有什么不同。作为总理，科斯特洛可能是一个新面孔，但他在政府中却是一张老面孔。而公众从未对他产生过好感。他们认为他是"自鸣得意"的，喜欢"傻笑"，就像霍华德那样与人民没有联系。

到霍华德宣布举行大选时，所有有关自由党领导层可能换届的猜测都已烟消云散。霍华德走投无路了，事实证明，科斯特洛也一样。霍华德在自己的位子上遇到了更严重的麻烦，澳大利亚广播公司《七点半报道》栏目前主播马克辛·麦考夫（Maxine McKew）已经被提名为我们的候选人之一。马克辛是个好人，风趣、聪明，很重视人道主义。我们已经讨论了数月，她是否会为我们竞选，如果是的话，会在哪里。像我一样，她厌恶派系，而派系也厌恶她,而与传统的派系工作人员不同的是,她并非想寻找一个安全的席位。她有机会在悉尼西郊得到一个席位,但她拒绝了。她说,她想从自由党手中赢得一个自己的席位,以此增加工党的多数席位,实际上为下届政府的组建贡献自己的力量——还有什么席位比得上霍华德的班尼龙(Bennelong)席位呢?尽管工党会为班尼龙投资,但这很大程度上还要靠马克辛自己来取胜,而她大获成功。我非常敬佩她。她拿自己的职业生涯冒险,为她所信仰的东西而冒险。她与党内政客形成了鲜明的对比,后者会在暗处度过 10 年,在某人的部长办公室里工作,积累票数,以确保有一个舒适的、两位数差额的席位。

* * *

霍华德的战斗计划是在选举之前沐浴在亚太经合组织峰会的荣光中,届时将有一卡车的政府首脑在恰当的时间抵达,包括美国总统布什、中国国家主席胡锦涛、俄罗斯总统普京和日本首相安倍。布什总统曾试图帮助政府取胜,但失败了。在包括我们在内的大多数威斯敏斯特(Westminster)体系中,标准的外交礼节是:来访的国家元首或政府首脑总是会见反对党的领导人。起初,我们被告知布什总统将不能与我会面。然后,我们被告知,他将与我会面,但前提是没有电视摄像机在场,只能让白宫提供一名档案摄影师。这里面带有傲慢和偏执的味道。毕竟,布什是在澳大利亚,而不是在美国,通常应该遵循我们的外交惯例。但布什要照顾他的伊拉克战争伙伴约翰·霍华德——他自己的"钢铁侠"。我正试图接替霍华德的工作,而且我反对伊拉克战争,这么说起来我不是布什的好搭档。因此,让人看到我与"伟人"会面是不合适的。美国人的观点似乎是:如果会见不可避免,那么可以通过将报道限制在最低限度来把损害降到最低,只请一位摄影师适当地拍摄一张正式的场合照片即可。

我邀请朱莉娅参加会见,这样布什就可以知道,她并不是疯狂的右派用漫画塑造的社会主义反基督分子。最后进展还算不错，尽管一开始还有些不自然，工党的活力双雄几乎没有表达温暖和爱。我们重申了我们对伊拉克战争的立场，包括我们的政策，如果我们赢得选举，澳大利亚军队会随着时间的推移分阶段撤军。然后，在几个蹩脚的笑话之后——我的孩子们说我擅长于此——我把话题从伊拉克转移到了中国。我送给布什一份礼物，是我最近读过并推荐过的一些研究中国的书，尽管我没有得到总统回赠的任何礼物。布什的事并没有给我带来太大困扰，在那个阶段，他在澳大利亚的支持度比霍华德还差。但我认为，尽管我们之间存在明显的分歧，但与我们主要盟国的总统进行一次文明的讨论还是很重要的。虽然布什不打算给我任何政治上的支持，但至少他没有公开或私下里表示反对，如果有，就会泄露给澳大利亚媒体了。

我敢肯定，霍华德手下时刻警惕的黑手部门会很乐意抓住机会使用任何他们能拿到的把柄，但美国的专业精神占了上风。

那一周，我见到了一些国际领导人。他们的大使馆似乎告诉他们，澳大利亚很可能会出现政府更迭。我和胡锦涛主席会见，进行了很好的双边会谈，他对我的中文赞不绝口，并亲自邀请我和家人参加接下来那年的北京奥运会。霍华德决定在悉尼为中国国家主席举办国宴。当外国领导人到澳大利亚正式访问时，通常由总理和反对党领导人发表讲话。我在讲话中简要表达了我相信两国关系有良好的历史，惠特拉姆、霍克和基廷为此做出了不可磨灭的贡献，我同样认为两国关系会走向伟大的未来。然后，我请求与会者允许我用来访的中国朋友们的语言，用几分钟时间表达我更为私人的问候，接着邀请胡主席在悉尼逗留一段时间，休息一段时间，看看世界上最美丽的城市之一的一些景点。我想通过我的演讲达到几个目的。首先，我想感谢惠特拉姆——那时他已 91 岁，也出席了宴会——在建立外交关系方面所起的独特作用，以及他对我童年时期选择学习汉语的早期影响。我还想强调一个事实，即作为一个政党，澳大利亚工党了解中国，我们中的一些人实际上花了一生的时间来研究中国和中国的语言。我想把同样的讯息传达给中国人民，无论他们是在中国还是在澳大利亚，在澳大利亚的华人都是一样的选民。

霍华德和唐纳满脸寒霜，中国人的掌声之热烈超出了正常的外交礼节。唐纳火冒三丈，接着就崩溃了，提醒记者们：

> 请记住，我是外交部部长，所以我是否会说法语似乎是无关紧要的。我会说法语，这没什么了不起的——尽管在我从政的这些年里，作为外交部部长，会说法语对我来说有时非常有用……但我认识很多人，他们不仅会说汉语，还会说其他语言。如果你加入外事服务队伍，并参加语言课程，你当然会去学习这门语言。我上了法语课，而路德先生上了汉语课。我在两个月内完成了我的任务，我想他也在两年内完成了自己的任务。那么，这种情况能说明一些他和我的事情，或者能说明一些关于两种语言的事情。我支持前一种解释，但也许这听起来有点儿偏激。

霍华德（如果唐纳不这么想的话）会想，我在澳大利亚国家政治场合说中文，就是在走钢丝。这样会带来一种危险：那晚看电视新闻的广大澳大利亚观众总会得出结论，说或许我离该地区太近了，可能还会引发澳大利亚白人的某种反亚洲反应。即使在那之后——尽管宴会厅里观众的反应是正面的——我还是不知道在国内将会带来什么后果，但没有冒险就没有收获。事实证明，晚间新闻节目和随后的晨报上的报道都是正面的，有些人甚至说我抢了霍华德的 APEC 秀。虽然事实并非如此，但这件事确实向澳大利亚观众表明，我在处理国际关系方面是非常自如的。最重要的是，它增强了我们在竞选活动中的政治势头，而不是阻碍势头发展。发挥我的优势是一种精心设计的冒险。这件事让人觉得，这个国家似乎有那么一点儿开始远离霍华德推行的 20 世纪 50 年代的澳大利亚了，那里有白栅栏、孟席斯和君主制这些令人宽慰的象征性符号——现在它正更自信地走向一个更有创造力、更广阔、更外向型的未来，可以在更宽广的画布上描绘新的图景。尽管中国很复杂，但它也是其中的一部分。

* * *

霍华德未能从悉尼峰会中获得任何"APEC 红利"，自由党意识到，此次竞选的关键将会是国内政策和政治之争。霍华德在这方面也有问题。由于伊拉克战争、《工作选择法》、将利率保持在创纪录的低位以及医疗保险安全网的废除等一系列承诺被打破，他不能再凭自己以前的从政业绩参加竞选了。所以霍华德突然开始谈论未来，包括需要开启原住民和解的新篇章，尽管此前他曾斩钉截铁地拒绝向全国道歉，他还谈到了所谓"正确的领导，而不是新的领导"的重要性。对我们来说，这是竞选的良好开端。霍华德现在正在按照我们的条件，用我们的语言，在我们的领土上进行竞选。他试图通过这样做，把自己假扮成另一个他，否认自己已经确立的身份，结果却使自己在选民眼中显得更加不真实了。

霍华德还提醒善良的澳大利亚人民注意工会长期存在的弊端，提醒他们工党核心小组 70% 的成员是前工会官员，他们将主导未来的工党政府。自由党人正返回到一个在过去无数次竞选中对他们有利的主题上来。在 2007 年的竞选中，霍华德、科斯特洛和自由党人将以自反宗教改革运动（Counter-Reformation）以来从未见过的那种狂热来叫嚣"工会威胁"，但他们的狂热是没有任何依据的。我与工会的关系密切而积极，但从不顺从。多年来，我曾多次说过，我支持工会，但不支持派系，我相信工会对保持国家劳资关系体系的平衡至关重要。有时它们走得太远，使企业难以生存。但这种情况并不常见，因为他们不想毁掉工会成员的生计。还有一些时候，他们走得不够远，被公司管理层收买了。这是没有科学依据的。从经济史上可以清楚地看出，在工会诞生之前，在没有组织能力和罢工权利之前，劳动人民就被当作人力动产来对待。那时，也只有在那时，西方国家的工作条件才开始有系统地改善。经过 150 多年的努力这一目标才实现，包括工会在 19 世纪末创建的工党和社会民主党也参与其中。即使各政党和产业团体进行了数十年的改革，我也不相信人性会有任何根本性的改变，我们在美国、英国和澳大利亚都看到过这种情况，只要雇主得到机会，可以根据法律压低工资和工作条件，很多人都会那么做。而其他人则会跟随，以保持竞争力。我在这本回忆录前面提到的《工作选择法》就是一个典型的例子。这就是我和朱莉娅在整个竞选过程中与工会密切合作的原因。在沙兰·伯罗、杰夫·劳伦斯和萨利·麦克马纳斯（Sally McManus）的领导下，工会开展了一场名为"你在工作中的权利"的大型草根运动。麦克马纳斯后来成了澳大利亚工会理事会（ACTU）的国家秘书。这场运动吓坏了自由党和国家党，因为这场运动是基于被《工作选择法》碾压的真人真事而兴起的。全国每一个工会的草根运动都是一流的。

我为我们与工会一起做的伟大工作而自豪。但这并不意味着我支持工会的一切言论和行动，尤其是在维多利亚州和西澳大利亚州的建筑、林业、采矿和能源工会中最激进的分支机构，因为它们的行动似乎总是违背法律、逆势而行。霍华德在 2005 年提出一项特别立法，设立特别审理委员会——澳大利亚建筑和建设委员会（Australian Building and Construction Commission，ABCC），以监管建筑行业。这项立法违反了基本的法律权力，实在是太过分了。但在议会进行了一场艰难的辩论后，我们决定保留建筑和建设委员会，前提是如果我们组建政府，就需要对其进行一次独立的审查。在之后几年里，它仍将是工会的一个棘手问题。那一年的 5 月，我还要求工党的全国执委会（National Executive）将当时的维多利亚电力工业工会分部（Victorian Branch of Electrical Trades Union）秘书迪恩·麦格尔（Dean Mighell）开除党籍，因为他行为不检。全国执委会震惊了，但我决心已定，麦格尔辞了职。在此之后，

10月份我做出了类似的决定,当时西澳大利亚州建筑、林业、采矿和能源工会的助理国务秘书乔·麦克唐纳(Joe McDonald)被开除出工党。这些人都是全国最激进的工会领导人,我不打算在关键的竞选时期陷入长达一年的政治运动,为他们的个人和产业行为辩护,而这场选举是所有劳动人民,包括工会成员和非工会成员都需要的。只有工党赢得选举,《工作选择法》才能被废除。因此,自由党很难把我说成是顺从工会的政治走狗,就像他们对我的各位前任和继任者所做的那样。尽管朱莉娅早些时候曾为澳大利亚建筑和建设委员会辩护过,但她后来在2012年与建筑、林业、采矿和能源工会达成了一项协议,削弱了该委员会的权力。乔·麦克唐纳后来于2013年在朱莉娅的治下重新入党,而比尔·肖顿则于2016年重新接纳迪恩·麦格尔为党员,当时比尔称赞他是"非常有作为的工会主义者和一流的官员"。政治是很复杂的。

在竞选期间,来自自由党的另一条攻击是"无处不在的"工党的威胁。我并不为此担忧,却决定将其变为我们的优势,我会试着利用这一点修复联邦关系。在我成为反对党领袖后,我向霍华德提出的第一个建议是呼吁结束联邦与各州之间的推责游戏,首先从卫生和医院开始。在竞选期间,我会大胆宣布——这或许是我最重要的竞选承诺——如果我当选为总理,在卫生问题上,我会阻止一切推诿行为。我想抓住澳大利亚公共卫生系统中资金和职能职责分配失调的核心。要做到这一点,我们需要各州政府在一段时期内结成同盟,而不是简单地利用老套的政治游戏来指责堪培拉造成的一切变化,而堪培拉则会推翻州政府的结论。我们需要一项新的联邦大协议,如果要做到这一点,我们必须从卫生和医院开始。8月份,我们启动了耗资20亿美元的卫生和医院改革计划,旨在扭转联邦政府相对于各州承担的资助义务不断减少的局面。该计划还包含一项明确的承诺:"如果各州和地区政府到2009年年中还没有开始实施商定的全国卫生改革计划(National Health Reform Plan),那么路德工党政府将寻求获得对澳大利亚750家公立医院的财政控制权。"在政府中，我们的改革计划将由国家卫生和医院改革委员会（National Health and Hospital Reform Commission）制订。这是我们未来大政策议程的核心部分。没有什么比健康更重要。

妮古拉·罗克森也做了准备，我们一起发布了政策。这些政策当中包含了我们后来在2010年4月与各州和各地区达成的协议中的许多核心内容。其中包含一项计划，即再培训1万名护士，以应对严重的劳动力短缺问题；通过建立一个全国的全科医生超级诊所（GP Super-clinics）网络，帮助当地居民获得初级卫生保健，在社区一级提供全面的基本医疗和联合保健服务，让那些按身体状况完全可以在地方一级治疗的人不需要前往公立医院；采取新的老年人护理办法，使澳大利亚老年人不用住进对他们身体无益的急症医院，减少急症医院床位供应。我们还公布了一项政策，改革澳大利亚资金严重缺乏的精神卫生系统。我们还宣布将在全国各地建立全面的癌症护理中心，以缩小城乡之间令人震惊的癌症生存率差距。我们致力于重建10年前霍华德单方面废除的联邦牙科项目——该项目的废除使得穷人无处就医——并辅之以一项青少年牙科项目，以填补年轻人在预防性牙科保健方面的空白。然后是医疗保险安全网（Medicare Safety Net），霍华德实际上已经将这个安全网放弃，再次真正影响了家有患儿的工薪家庭。我和妮古拉承诺，工党政府将为原先的医疗保险安全网提供担保，以防止霍华德政府慢慢耗尽医疗保险系统资金，悄悄造成破坏，使人们不得不转移到私人医疗机构就医。自由党通常会恐吓中产阶级选民，说私人医疗保险费用昂贵，难以负担，借此攻击我们。为了阻止自由党这种传统的恐吓竞选方式，我们发布了一项全面的公共政策承诺，保留个人健康保险退税。这些都是大规模的、发展完善的、完全有成本的承诺，将开启公共卫生和医院系统艰巨的改革任务，而自由党人已决定放弃这项改革。因为医疗保险长期以来一直被选民视为神圣不可侵犯，所以自由党从来没有直接攻击过这个系统，但他们指责各州未能兑现承诺，同时系统地撤回了该系统所需的资金。这就是糟到极致的犬儒政治，该政党的核心思想就是反对公共卫生和医院系统。我为我们履行了自己所做的每一项承诺而感到自豪。对数百万澳大利亚人来说，这真的很重要，因为他们需要一个资金充足、管理高效、交付有效的公共系统。

从更广泛的方面来说，我曾向霍华德挑战，要他利用澳大利亚政府理事会（Council of Australian Governments）对联邦进行改革。我已经任命鲍勃·麦克马伦（Bob McMullan）——党内最有头脑的人之一——担任前座议员，研究制订一套让联邦顺利运转的新方案。从那年4月开始，我们就已经向霍华德挑战，要求他也这样做了。我已经在前一年的邓斯坦演讲中概述了我的总体战略。如果我们成功获胜，我们打算在宣誓就职后尽快在卫生、教育、住房、帮助和缩小与澳大利亚原住民的差距方面发挥作用。我知道，在下一次州选举之前，我们只有一年时间来打破这种局面。

事实上，在宣誓就职不到三周后，我们就在墨尔本召开了政府理事会（COAG）会议。

因此，我相信，无论霍华德在选举中向我们抛出什么问题，我们都有应对的答案。我们已经事先仔细考虑了每一种可能性，准备好了每一个方面的政治和政策攻势。我在竞选第一天的开场白很简单，直切主题，与我一年来的所讲所做一致，这一年我们已经发布了数十份政策报告。简而言之，我们的竞选关乎未来、公平及淘汰一个完全脱离群众的政府。

我们的作战计划已经准备好了，野战炮已开火，正在确定射程。现在战斗已经正式打响了。

* * *

在宣布参加选举后的第二天，政府公布了中期经济和财政展望（MYEFO）。他们比平时提前几个月公布这份报告，大概是为了在竞选之初就向我们施加压力，并打乱我们计划好的日程。然后，他们又立即宣布了一套影响深远的针对所有阶层的所得税减税措施，将在之后三年内实施，同时预测预算盈余为 148 亿美元，占 GDP 的 1.3%。（当然，这些都是乐观的经济和财政预测，不到一年后全球金融危机爆发，一切都崩溃了。）政府在 2007 年大选中的政治策略是很明确的：迫使我们出台与减税措施相匹配的政策，从而使支出方面的财政能力不足以兑现选举时提出的新的经济和社会计划承诺，或者，如果我们不去出台政策，匹配政府提出的减税建议，我们就会面临这样的指控——如果工党执政，家庭收入每年会减少 600 美元。霍华德和科斯特洛显然认为他们把我们压制住了。

堪培拉政府宣布后没过几天，我就到金斯敦市（Kingston）为阿德莱德席位进行宣讲，我们必须帮我们的一流候选人阿曼达·里什沃思（Amanda Rishworth）从自由党那里赢得这个席位。那天晚上，阿曼达的竞选活动正式启动时，人们非常激动。我能感觉到。在不掌权的状态下生活了 12 年之后，真正的信仰者迫切地想要赢得胜利。但事实真相是，我的心思在别处；我在想如何才能最好地应对政府减税带给我们的两难困境。我们对这种形势进行过演练，但我们当然不知道中期经济和财政展望中会出现什么样的数字，也不知道政府将宣布的减税规模和分布。

愉快的午餐之后，我疲惫地回到自己的酒店房间，那家酒店就像是矗立在一个荒无人烟的地方。（阿德莱德所有常住酒店都被预订了，因为同一天城里召开某个重要会议。）在那里，我和我的工作人员回顾并梳理了一遍我们面临的数学问题、政策问题和可选择的政治方案。我的直觉是不要立即对政府的政策做出反应，这样我们就可以确定最佳方案，并有足够时间确认我们掌握了正确的数字。竞选活动中的税务计算错误，无论多么微小，通常都会是致命的，政府会让一大群官员仔细研究我们发出的每一张纸。

我们反复考虑各种选择，直到凌晨。我认为我们的应对措施需要简洁、清晰，并且和政府措施有明显差异。我们将认同政府提议的为每个人减税，但年收入超过 18 万美元的最高收入阶层除外。这样一来，工薪家庭的处境不会更糟。如果我们不给最富有的人减税，我们将节省近 30 亿美元——在我们看来，富人并不真正需要减税——我们会将其中的 23 亿美元用于新的教育退税（Education Tax Refund），简称为 ETR。这意味着每年为所有中低收入家庭的每个中小学生提供 50% 的税收减免，以鼓励他们支持孩子的教育。每个小学生每年最多退 375 美元，每个中学生要退 750 美元。这也将从经济上增强我们支持教育革命的论点，教育革命是我们选举的关键框架之一，而不是他们的。我们没有被科斯特洛为我们创造的二元选择所诱导，也不打算对他针对中低收入者的税收计划进行复杂的修改，这会让我们陷入针对每一种税率和门槛的无穷无尽的"纳米级"细节辩论之中。相反，我们找到了第三种方式，简单、公平、寓意深长。

我们于 10 月 19 日在堪培拉的议会大厦启动了这项计划。我们认为这是必要的，因为这是一项对竞选的其他部分具有深刻政治影响的政策承诺，意味着我们需要在议会所有记者席前接受审查。这是对第四等级的尊重。这里也是 4 天前霍华德和科斯特洛提出他们的政策的地方。

我记得有人问我关于教育退税的问题。我离开讲台，从桌子上抓起一台笔记本电脑，然后回到麦克风前，举着它面对摄像机说："这是 21 世纪的工具箱。"这里我特意利用了霍华德早年在竞选中的承诺，即为学徒工提供一个免费的工具箱，让他们在自己的行业里安顿下来。但是，我要为未来重新设计，未来我们所有的年轻人，包括学徒工，都需要全面掌握计算机技能。我们的 ETR 是实现这一目标的实际途径，因为它将抵消购买笔记本电脑或软件程序以帮助儿童接受教育的成本。我还计划在后期竞选中补充这一承诺。霍华德和科斯特洛在 2007 年大选中"了不起"的税收戏码就此结束。这一切都在第一周内成为定局，只要再睡 37 天就好了。

＊＊＊

竞选活动中最重要的最有仪式感的一个时刻是正式辩论，即总理和反对党领袖之间的辩论。霍华德想尽早把这件事了结，他坚持只进行一次辩论。对一个在政治、政府和领导权等棘手事务中比我"更有经验的"人来说，这可不是自信的表现。2013 年，阿博特也重复了这种模式，当时他作为反对党领袖也拒绝参加第二场正式辩论，跟霍华德一样，他坚持在竞选的第一周举行辩论。值得注意的是，总体来说，澳大利亚媒体允许政治领导人逃避这种谋划好的尴尬时刻，允许他们拒绝在竞选期间接受适当的公众监督。我的看法很简单。如果你想被人选择担任最高职位，你应该在竞选过程中接受至少三到四场这样的辩论，依次集中在经济、社会政策、国家安全和外交政策上，并为竞选活动安排一场公开议程的闭幕式辩论。这场辩论应由全国新闻俱乐部（National Press Club）主办，并可在所有网络播出，而不是由单独的电台举行所谓的社区论坛，那里的专业审查要少得多。霍华德和阿博特都不想经历这种事，这可不那么"钢铁侠"。这一点放在"钢铁侠"阿博特身上听起来也不真实，在他将与一位戴着眼镜的银发汉学家展开一系列令人望而生畏的正式辩论时，他精心打造的"拳击蓝"（boxing blue）形象会神秘地融入画布，消弭于无形。

竞选的步伐是疯狂的。杰西卡那时陪我一起到处出差，她确保我在阿德莱德通宵奋战之后，能够每天晚上 10 点前就上床睡觉。对一个 23 岁的人来说，面对一个任性、固执的父亲，她的态度可真够坚定的。在竞选过程中好好休息是很重要的。作为领袖，你是政党的主要资产。你每天都要心情愉快，外表潇洒，目光炯炯有神，整个人神采奕奕。我的部分精神消遣是读一些与政治无关的书籍。在竞选期间，我读了大卫·哈克特·费舍尔（David Hackett Fischer）写的《华盛顿生死渡河战》（*Washington's Crossing*），这本书分析了美国独立战争头几年的历史。如果你仔细研究，就会发现那几年无论是对华盛顿来说，还是对大陆会议来说，都是如履薄冰，能够成功实属侥幸。当我感觉自己被不公平对待时，总是提醒自己，华盛顿的情况要糟糕得多——不仅在战场上，他在费城还遭遇了懦弱国会的背信弃义。实际上，即使跨越海洋，隔了几个世纪，太阳底下也没什么新鲜事。在政治竞选期间更广泛阅读的好处是，它还创造了一个超越日常政治斗争的知识世界，这反过来能让你焕然一新地迎接未来的日子。

不幸的是，面对我与霍华德的唯一一次辩论，读书并不能帮我做好准备。这场辩论原定于 10 月 21 日星期日举行，就在我们启动堪培拉税收政策的两天之后。罗伯特·雷和约翰·福克纳都认为，我至少应该进行两次正式辩论演练。我不想练，但他们坚持。他们是对的，在这样的环境下，这两个人会特别讨厌，因为那时他们对我的优点和缺点都已经非常熟悉了。很不幸，他们习惯于关注后者。

然后，我们来到堪培拉，参加竞选传说中的"夜晚之夜"——领袖辩论。这场辩论在议会大厦举行。那天早上，在教堂进行了一些必要的反思之后，我大部分时间都在我的议会大厦办公室里翻阅我的多份政策文件，特别是关于经济的文件。我打算了解人类已知的每一条经济和金融事实，因为自由党偏爱问我一些我称之为《大英百科全书》（*Encyclopaedia Britannica*）式的琐碎问题，比如"列出每个收入阶层的税率和门槛以及在接下来的 3 年里，它们每年会发生什么变化"，其目的是让我受尽折磨。如果我的答案错了 1 个百分点，他们就会声称这是我在经济上不可靠的证据，这又会给他们的保守派媒体界朋友提供炮灰，因为评论人士可以在镜头前摆出严肃的姿势，缓慢地摇着头，表示不相信我不知道从 1983 年至 2003 年每年的非农减缩指数，然后宣称我不适合担任公职。

无论如何，我私下里决定，如果霍华德在辩论中尝试使用这类特别受小报喜爱的问题，那么我会请他说出自 2003 年他愚蠢地决定加入美国侵袭伊拉克行动以来，伊拉克的死亡和受伤的总人数。最后，他没有这样做，所以我也没有。事实上，关于那场辩论，我真正记得的只有坐在前排的科斯特洛和唐纳接二连三的大笑，他们好像不顾一切地想要分散我对电视观众的吸引力。我克制自己不去理会他们。一切都结束后，我觉得我在辩论中已经做得足够好了。我没有想到的是，第九频道已经在播节目的时候使用声名狼藉的"舆情指示器"（worm，电视台播放大选的时候在屏幕上显示的指示线，可以实时追踪观众对候选人的好恶程度）。尽管政府已经正式宣布禁止在所有辩论中使用指示器，但第九频道的收视率部门对此不屑一顾，坚持使用指示器。辩论结束后，指示器宣布我以 65% 比 29% 的优势击败霍华德。我的回应是："指示器万岁！"我们都回酒店去了，约翰·福克纳面带微笑，好像我以前从来没见他笑过。为了庆祝，他弹起钢琴，展示了他此前无人知晓的才华；这跟我一样，尽管我把才华隐藏起来是明智的。他的学生通过了正式考试。

* * *

我们竞选宣讲的一个中心主题是气候变化。对我来说，这是意识形态问题。但这也是一个道德责任问题。但无论是意识形态还是道德都要以科学为基础。1981 年以来，我一直关注着全球变暖的辩论，当时，作为一名外交新手，我参加了国家评估办公室关于"全球变暖"这一新问题的研讨会。25 年过去了，我终于可以为此做点儿什么了。事实上，泰瑞莎曾跟我说过，如果我做了总理，却不对气候变化采取行动，她会申请离婚，孩子们也一样会离我而去。

具有讽刺意味的是，霍华德——到了这个阶段，他才拼命想探索 21世纪——已经不情愿地改变了主意，要制定一项排放交易计划（emissions trading scheme），简称 ETS，以减少澳大利亚的温室气体排放。令人惊讶的是，这事竟然发生在 2007 年大选的前夜。这有点儿像圣奥古斯丁发生转变的传奇时刻：主使我纯洁，但不是现在！然而，霍华德拒绝认可《京都议定书》（*Kyoto Protocol*），尽管我们在 1992 年认可《气候变化框架公约》时已经接受了澳大利亚的国际政策义务。然而，即使是霍华德 2007 年的排放交易计划的承诺，后来也被他最喜欢的政治继任者阿博特拒绝了，阿博特在 2009 年底接替特恩布尔成为自由党领袖。霍华德的做法违反了自由党自己参加 2007 年大选时的庄严承诺。但一切就摆在我们面前。

因此，2007 年大选为澳大利亚应对未来面临的真正挑战提供了一个重大的政治和政策机遇。我们的土地是地球上有人居住的最干燥的大陆，而且正变得越来越干燥。3 月份，工党在议会召开了全国气候变化峰会（National Climate Change Summit）。我们想让全国最优秀、最聪明的人从商业、创新和科学领域走到一起，共同商讨该做什么。我们承诺批准《京都议定书》，将其作为新政府的第一项法案。我们还承诺立法制定一项排放交易计划。我们后来在政府中两度尝试，然而在包括自由党在内的参议院的投票结果是两次都没有通过，尽管霍华德承诺如果他在 2007 年的选举中当选，他将制定一项排放交易计划。

我们特意将最重大的气候变化承诺推迟到 10 月 30 日，也就是竞选开始两周之后。这项政策将引入强制性的可再生能源目标（Mandatory Renewable Energy Target，MRET），根据这一目标，到 2020 年，全国 20% 的发电将来自可再生能源。2007 年，这一数字还不到 4%。我们新的 MRET 计划 10 年后仍然有效，那时这一数字已上升到近 14%。它也是那段时间澳大利亚减少温室气体排放的最重要的政策，补充了我们为支持太阳能、风能和地热能而提出的其他政策倡议。我们向人民提出一项关于气候变化的重大政策议程。我们是认真的，再一次，该项政策使政府陷入了困境。

我认为彼得·加勒特是向公众——特别是年轻人——传达我们的信息的最佳人选；他独一无二，是一个正派人，而且有很好的社会良知。然而，有时候事情并不会完全按计划进行。我记得我和彼得一起发起了我们的"太阳能学校"政策，以资助澳大利亚 1 万所小学和中学的太阳能电池板。然而，启动仪式进行到一半，灯突然熄灭了，整个新闻发布会陷入黑暗之中——这可不是一个好消息，因为这是在一所最近刚刚换成太阳能发电的学校。那天晚上，电视新闻节目把这件事做成了"一顿丰盛的大餐"。他们没有提到他们所有电台的总照明需求已经超过了系统负荷，这个系统是为正常的教室教育使用设计的啊！

彼得有时会在政策细节上犯迷糊。他说要确保我们正式签署京都协议，虽然中国、印度等发展中排放大国都没有签署（中国和印度实际上签署了《京都议定书》，只是暂时不用承担减排的责任，这里彼得把细节搞错了，所以说他犯迷糊），而执政党决心将我们在气候变化问题上的政策说成是对经济的全面破坏，彼得的承诺对执政党来说无异于天赐良机。有段时间，他差点儿破坏了整个竞选活动，因为他与一位电台主持人的私人谈话被报道了出来，当时他说"一旦我们获胜，我们会改变一切"。在这里，他犯了两个主要错误：他假定我们已经赢了，表露出我一直竭力避免的那种政治傲慢；而且他给人的印象是，我们不会履行我们在气候变化问题上的具体竞选承诺，而是会全盘推翻所有政策。不出所料，媒体又开始大张旗鼓地讨论这个问题。尽管有这些失误，他在整个竞选过程中仍然是气候变化行动的一个伟大而有效的倡导者。

我和彼得还在更广泛的环境议程上密切合作。我们曾与塔斯马尼亚林业部门进行认真的谈判，讨论该行业的未来和该州的古老森林之间的矛盾，这一直是一个棘手的问题。我们还发起了一项 2 亿美元的重大政策——随后被保守派破坏——用于北昆士兰州的农场管理实践，以防止农业中的过磷酸钙流入大堡礁（Great Barrier Reef）周围的水域。在西澳大利亚，我们承诺提名宁格鲁礁（Ningaloo Reef）列入《世界遗产名录》（*World Heritage Listing*）。我们的环境政策的核心——无论是反对党还是政府——都承诺将日本送上国际法庭，要求对日本欺骗性的"科学捕鲸"做法做出正式裁决。几十年来，南太平洋数千头鲸鱼被毫无意义地屠杀，捕鲸区域甚至包括国际捕鲸委员会（International Whaling Commission）于 1994 年宣布的南大洋鲸鱼保护区（Southern Ocean Whale Sanctuary）。因此，我们一掌权，就和日本政府发生了一些外交冲突。在与东京进行了两年失败的谈判之后，我们在2010年把他们送上了国际法庭。4年后，我们赢了。

我们在竞选中还想制定出相应的政策，有针对性地解决霍华德让工薪家庭遭遇的不公平待遇。这意味着要应对现实世界中澳大利亚工薪家庭在经济压力下所面临的生活成本压力。这一切始于公平的工作场所关系法，但也涉及儿童保育等基本费用。在10月21日星期日进行大辩论的那天，我和珍妮·麦克林制定出了关于家庭儿童保育费用的主要政策。霍华德政府规定，儿童保育费用退税最高为30%。即便如此，许多家庭仍然负担不起儿童保育费用。珍妮非常熟悉家庭支付系统。她和我一样有坚定的决心，特别是要为职场母亲们带来真正的改变。因此，我们开始计算，在家庭支付体系中将中低收入者的自费儿童保育费用退税从30%提高到50%，每个孩子的限额为7500美元。重要的是，我们按季度而不是按年进行退税，以帮助家庭保持足够的现金流。这最终成为一项15亿美元的标志性政策，既用于竞选，也用于未来。这项政策表明，我们关心家庭的实际经济需要。

除了工作场所关系和儿童保育之外，全面的公平议程还必须包括住房负担能力、房屋租赁和无家可归问题。住房对我们所有人来说都是最基本的。7月底，我和坦尼娅·普利伯西克按照气候变化问题首脑会议的思路召开了一次关于住房负担能力的全国峰会（National Summit on Housing Affordability），并再次在议会大厦举行。到竞选活动时，我们已经发表了一份关于住房负担能力的重大新方向文件。然后，我们就住房问题的供应方面和需求方面公布了一整套政策。这包括一项5亿美元的全国住房负担能力基金（National Housing Affordability Fund），通过与地方政府共同投资所需的新道路和污水基础设施，帮助降低新开发项目的住房成本。我们还提出了一项全国租赁负担能力方案（National Rental Affordability Scheme），并与产业界一道建立一个全国住房供应研究理事会（National Housing Supply Research Council），该理事会将编制关于国家和区域土地和住房存量供应年度报告。

这些政策赢得了业界的尊重。11 月 4 日，我们公布了首次置业储蓄账户（First Home Saver Account）的政策，为首次购房者的储蓄存款银行账户提供税务优惠，让他们的储蓄能在 5 年内增加约 30%。

随后，我们在 11 月 5 日宣布了一项关于无家可归者的政策。该政策是为那些不敢奢望有储蓄，但在我们看来仍然有权拥有一个可以称之为家的地方的人制定的。这是一项最好的工党政策。在过去的一年里，我实地探访全国各地的无家可归者收容所。我去的时候通常不会事先通知，也没有媒体跟在后面，只是为了和人们交谈。我在每个州府都见过收容所，一遍又一遍地听到同样的故事：收容所没有足够的空间。我们有严重的国家容纳力问题，在我们题为《一个叫家的地方》（A Place to Call Home）的政策文件中概述了一项启动资金为 1.5 亿美元的计划，以增加紧急住房储备。我们将在此基础上在政府中制定出更广泛的措施。但我们的承诺将保持不变：人口普查数据告诉我们，每天晚上有 10 万澳大利亚人无家可归，我们的承诺是在 5 年内将该人数减少一半。如果我们赢了却不能帮助这些良民，那么我们就不配被称为工党政府。

11 月 7 日，随着储备银行（Reserve Bank）决定再次提高利率，住房负担能力问题成为竞选活动的中心议题。这就像闪电击中了竞选活动的心脏部位。霍华德一直声称，只有自由党在经济中是值得信赖的。作为一句泛泛的言论，这里有三个问题。第一，这是一句谎言。自惠特拉姆政府以来，澳大利亚最高的官方利率实际上是约翰·温斯顿·霍华德任财政部部长期间出现的，高达 21.4%，比惠特拉姆、霍克或基廷这些政府时期的任何利率都要高。此外，霍华德还带来了自 1972 年以来史上第二高的住房抵押贷款利率。第三个问题更算是一个智力欺诈问题。自 1983 年基廷改革以来，储备银行在制定利率方面享有完全的自主权。那么，霍华德怎么能把功劳归在他们身上呢？

但真正导致他在 2007 年竞选中失败的是他令人困惑的承诺——将利率保持在"30 年的低点"。问题是，自从他 3 年前发表愚蠢的声明以来，利率已经上调了 6 次。在住房负担能力问题上，政府支持率现在是自由落体式下滑。他们的总体经济信誉也受到了很大打击——正如霍华德在公众眼中的可信度越来越低。

* * *

霍华德在 11 月 12 日星期一正式启动了他的竞选活动。这是值得纪念的一件事：霍华德花起钱来就像没有明天一样。在不到 20 分钟的时间里，他就做出了近 100 亿美元的新支出承诺。考虑到来自储备银行的可怕警告——正如最近加息所反映的那样——以及他们对潜在通货膨胀的明显担忧，霍华德这么做不仅是在经济上不负责任，在政治上也是令人绝望的——评论人士的情绪反映了这一点。霍华德面临着失去所有信誉的严重危险。

我的竞选活动预定在两天后启动。虽然我们在工党启动仪式上的承诺只占霍华德支出的四分之一，但我认真考虑过进行大量削减，并在剩余的竞选时间里不再承诺更多。从这些基本数字可以看出，我确实是一个经济保守派，就像自由党在前一年经常嘲弄的一样。然而，最后，我们决定坚持原来的计划，再发布三项标志性的政策——都是关于教育革命的。但我们的竞选承诺还是比霍华德少几十亿美元。

我再一次按照自己的习惯亲自写了演讲稿。真诚是必不可少的。我在前一天晚上写完了，对此很满意。启动仪式将在昆士兰表演艺术中心（Queensland Performing Arts Centre）举行，在我家乡所在的州，在我家乡所在的镇，在我自己的社区里。再次回到布里西（Brissie，即布里斯班）真的很好，更别说我们要在昆士兰赢得全国赛的胜利了。

幕布拉开之前，有一个小问题，那就是前三任总理惠特拉姆、霍克和基廷，他们三人多年来的关系很不融洽，有时甚至是针锋相对的。这就需要塔列朗（Talleyrand）利用外交技巧说服他们在竞选启动期间坐在一起了。因此，蒂姆·加特雷尔——似乎他对这个小小的障碍的担心超过对是否能赢得选举的担心——决定在启动仪式开始前，安排我们在后台的绿色房间里一起抽一支和平烟斗。泰瑞莎技术娴熟，玛格丽特·惠特拉姆（Margaret Whitlam）很有魔力，福克纳一如既往地保持警惕。同时，我不停地给大家倒茶。我也许应该再把我的讲稿看一遍，但现在已经太晚了，不用担心了。结果，三位年长的政治家都很开心。他们对霍华德的蔑视比他们对彼此的任何保留意见都要严重（尽管对于霍克和基廷来说，也许没有多大矛盾）。整个大家庭，至少在这个选季里，团结得就像一个人一样。

朱莉娅以一段精彩的介绍开启了仪式。我继续往前走，看到泰瑞莎和孩子们在前排微笑，其余的我都不介意了。与近 12 个月来我所说的一致，我开始正式启动 2007 年竞选，这是一个关于公平和未来的简单选择：

> 11 月 24 日，澳大利亚人将面临一个严峻的选择：在未来和过去之间做出选择。今天，我向澳大利亚人民展示的论据是，如果我们要保障我们的家庭、社区和国家的未来，澳大利亚政府现在就必须改变，11 年过去了，霍华德先生已与工薪家庭失去了联系。他对执政已习以为常，已不再明白公平的真正内涵。11 年过去了，霍华德先生已沉溺于过去。他根本不理解我们未来面临的新挑战。

然后我直奔经济要害：

> 周一的消费狂潮实际上会加重通货膨胀压力，霍华德先生周一花了近 100 亿美元，他试图通过交易摆脱政治困境。而且，就在澳大利亚储备银行发布通货膨胀压力上升的货币政策声明警告后一个多小时，他就这么做了。你还能多么不负责任？……我今天无意重复霍华德先生不负责任的挥霍。与霍华德先生不同，我将关注储备银行的警

告。与霍华德先生不同，我不会让已经在抵押贷款问题上苦苦挣扎的家庭陷入困境。与霍华德先生不同，我不会拿着满满一袋不负责任的承诺站在你们面前，这些承诺可能会给通货膨胀带来上行压力。今天，我在这里大声地、清楚地说，这种不计后果的挥霍必须停止。我已下定决心，我所做的任何承诺，首先在经济上是负责任的。这就是为什么我今天宣布的承诺，花费将不到霍华德先生周一宣布的四分之一。

我从来没有想过我会看到所有党员齐刷刷地从他们的座位上站起来，为我在国家财政上的廉洁而鼓掌，但他们就是这么做的。他们知道我是对的——即使他们不喜欢经济上的保守，但他们确实想赢。

然后，我进一步完整概述了教育革命计划。在这方面，储备银行也帮了我们的忙，因为它连续发布了 20 次通货膨胀压力警告，因为整个经济中出现了严重的技能短缺和基础设施瓶颈问题。银行已经确定了问题所在。我们正在制订一个连贯一致的应对措施。我们要对经济供给侧投资以提高生产率，而不是像我们刚刚从霍华德那里听到的那样，在大选前为需求侧添砖加瓦。我承诺在全国各地各行各业中增加 45 万个培训名额，这是创纪录的，其中包括 6.5 万个学徒工。对于大学，我们将把全国本科生奖学金的名额增加一倍，达到 8.8 万人，把研究生奖学金的名额增加一倍，达到 1 万人，同时还资助 1000 个新的职业中期奖学金，每个奖学金 14 万美元，以扭转我们最优秀和最聪明的人才流失的趋势。对于中学，在早先承诺的教育退税的基础上，我宣布我们将投资 10 亿美元，确保从 9 年级到 12 年级的每个高中生都能在课堂上使用他们自己的笔记本电脑，澳大利亚 9000 多所学校的国家宽带网络连接将更加方便。我们决心永远改变澳大利亚教育的面貌。

到这个阶段，离投票日只有 10 天了，但我们已经赢得了一场至关重要的经济信誉之战。11 月 23 日星期五，独立成本审查小组（Independent Costing Review Panel）向联邦工党（Federal Labor Party）提交了最后报告。工党政策的净影响为 50 亿美元，而联盟党的净影响为 103 亿美元。此外，在相同的 4 年期间，工党的税收和开支政策预计可比联盟党多提供 59 亿美元的盈余。这意味着工党的盈余远远超过国内生产总值的 1%，这也将给通货膨胀和利率带来下行压力。联盟党走上了相反的方向，预计同一时期会出现低于国内生产总值 1% 的赤字。这些都是艰苦斗争后取得的胜利，是团队努力的结果——很大程度上归功于林赛·坦纳，他一直在密切关注支出。政治红利不仅来自澳大利亚的大量金融和经济评论员——他们普遍认为我们肯定会在竞选中把霍华德"淘汰"掉——而且还来自国际信用评级机构。美国三大评级机构中历史最悠久的惠誉（Fitch）表示，如果工党当选，澳大利亚将保留其 AAA 信用评级，并补充称，此次选举也可能有助于解决"影响澳大利亚经济高效运转的棘手问题——联邦和各州之间的关系"。

我们参加了选举，以强大的力量推动了经济、社会和环境政策，为人民带来了自惠特拉姆以来参加澳大利亚选举的所有政党中最全面的改革议程。惠特拉姆在 1967 年接任工党领袖时，距赢得政府还有 5 年时间，他的方针是，如果工党想获胜，将以三大支柱为基础：政党、政纲和人民。作为一位领袖，我从一开始就挑战派系成为领袖，正如惠特拉姆所做的那样——他盯着党内平庸的行政长官，确保自己的权威；我选择了自己的前座席位，而不是让各派按一贯所为为我挑选；从我上任之日起我就拒绝参加派系会议；并要求开除像麦格尔和麦克唐纳这样的工业界领导人，因为他们认为他们可以为所欲为，让政党声名狼藉。

在政策上，我们改变了我们为人民服务的纲领，把经济放在第一位，就像基廷所做的那样；制定了以技能、基础设施和国家宽带网络为基础的综合生产力议程；通过从幼儿期到高等教育、研究和创新的综合教育革命，将教育定义为公平和经济的中枢神经系统；制定自医疗保险出台以来最大的医疗改革议程，并通过它在联邦进行更广泛的改革；我们制定的气候变化议程领先于世界其他地区。至于人民，澳大利亚公众一直是我的第一支持者，令各派系集体感到懊恼，我会利用一切可能的平台与他们接触，包括发起了西方政坛首批大规模社交媒体活动，使我在自 2007 年 2 月初议会首次召开会议以来的每一次民意调查中，都能超越孟席斯以来最成功的风格保守的总理，而且势头不断增强。"Kevin 07"的竞选活动不仅仅是一个品牌、一种个性或一个人，它是一场跨党派的，全国范围的，凝聚着希望、改革和复兴的新运动的开端。这就是为什么在工党的派系中，在自由党和国家党的"正式"保守派内部，保守主义势力组织会感受到如此根本性的威胁。我们提出这样一个未来，即所谓的左派和右派的传统政治结构将失去对权力的牵制。我们提倡以核心价值观为基础的更加开放的政治，并将这些价值观转化为政策，为压倒性的多数人带来真实的变化，让领导人通过自身的优势得到提升，而不是制造一个烟雾弥漫的房间来迷惑大众。这都是令人兴奋的时刻。

在这场竞选的剩余时间里，我们不会再推出任何实质性的重大政策了。现在到了我们再次周游全国把好消息带回家的时候，我们正是这样做的。大局已定，领袖最后一次在全国新闻俱乐部露面——霍华德是在 11 月 22 日星期四，我在他前一天，该让民众了解的民众都已经了解了。事实上，那时我已经筋疲力尽了。这就像用 6 个多星期走了几趟科科达（Kokodas）。虽然如此，但在这段时间里，我不能仅仅因为累了就放下戒备。对我来说，这场竞选仍有未完成的任务。我想再次与伯尼·班顿（Bernie Banton）谈谈，他是一位伟大的工会坚定人士，曾与他在澳大利亚工会理事会的主席格雷格·孔贝特（Greg Combet）密切合作，最终与詹姆斯·哈迪（James Hardie）就石棉开采、制造和工业应用对工人的影响达成了一项公正的协议。几十年来，数千名工人在从事石棉开采、制造和工业应用工作中，因石棉沉着症和间皮瘤而慢慢死去。包括伯尼本人，他后来在选举结束后几天内去世。大约一个月前，我到悉尼的西彭南特山（West Pennant Hills）上伯尼的家中看望了他、他的搭档卡伦（Karen）和儿子迪恩。我是私下里去的，没有像往常一样带着乱哄哄的记者和摄像机。我和他在床边坐了大约一个小时，聊了聊他的竞选，当然还有我们的竞选。伯尼在呼吸器的辅助下告诉我，他一直密切关注着我们的竞选活动，而且和我一样，他仍然担心我们是否能最终越过终点线。我告诉他我们会竭尽全力。伯尼不仅是工会运动的精神领袖，也给了我精神上的灵感，他才是真正的英雄。如果我成为总理后能做到他的十分之一，我就够好了。阿博特的竞选活动做得不好，他在与妮古拉·罗克森的辩论中惨败，后者大胜，阿博特曾经攻击伯尼说他参与了政治，没有"纯粹的心灵"。天哪，伯尼当然是个政治家！他是工会运动的一员，维护工人的权利，后者的生命被一家剥削工人的公司夺走了，而这家公司却一点儿也不在乎。或许，以阿博特从《主人与仆役法》（Masters and Servants Act）中的劳资关系的角度来看，伯尼只应该坐在那里，静静地死去，接受他的命运，只关心他永恒的灵魂是否能够安息。大选前几天，我又和伯尼聊了一次，这次是在电话里。他虽然衰弱得很快，但仍然坚定地鼓励着我。11 月 24 日星期六晚上，在那些我致以谢意的人当中，我最感谢的就是伯尼。

chapter 22
Becoming Prime Minister of Australia

第二十二章

成为澳大利亚总理

选举日是有仪式的。在我自己的选区，这一天通常是从大清早制作三明治开始的——堆成小山的"Tip Top"三明治和不会在酷暑中化成糊的上好夹心馅料（西红柿绝对不能用）。随后，这些三明治会在一整天内被分送到间隔固定距离的 43 个投票站，负责运送的是精心组织的车队，由 6 辆小汽车和 6 名司机组成。那一年，我们还请了餐馆的厨房来帮忙，因为我们预计志愿者人数会多于往年。

每个投票站都有队长，负责为这天鱼贯而入前来轮班的工作人员分发投票站工具包。在我自己的选区，选民总要经过一番艰苦的"战斗"，他们在黎明前就出门，抢占学校或社区会堂每一个入口处的有利位置，这些地方有史以来一直被用作投票站。一些投票站像是友好的邻里聚会地，自由党和工党的工作人员世代相识，谁的补给车队先到了，谁就跟大家分享饮料、三明治和蛋糕。而其他人，特别是那些比较年轻和更有抱负的党员，却热衷于积累自己的"战争故事"，稍后好在自己的政治部落中重新讲述一遍。到了要争夺一张选票时，他们会"拔出匕首"，就像一群食人鱼一样"袭击"每一个前来履行公民义务的无辜平民。

在 2001 年的选举中，由于"坦帕"号事件，当时自由党人确信他们会夺走我的席位，因为反对接收难民的呼声很高——我从早上 8 点到晚上 6 点一直和当时 17 岁的女儿杰西卡站在同一个位置。那是在贝尔蒙特州立学校

（Belmont State School），在我的选区中，这是规模最大、最保守的一个投票站，大约有 6000 名选民在这里投票。自由党投票站的站长是个讨厌的怪人，只要有人愿意听，他就跟人说他被要求当天晚上一数好票就尽快亲自给总理办公室打电话。他很有信心会有好消息告诉总理。然而，我获得了 4.4% 的摇摆选票。作为一名当地人，拿出时间来礼貌地请求每个人为你投票是会有效果的。

我总是反复告诉我的投票站工作人员，他们当天所做的工作是"零售"政治中的最后一个"卖点"：不管谁是领袖，不管政党的政策有多大吸引力，不管电视屏幕上有什么宣传片，拍得好还是不好，这些都不重要了，重要的是我们能在人们走进投票站时直视他们的眼睛，彬彬有礼、满怀信心地请他们投票。如果我们不能把这项工作做好，到晚上投票结束时，我们会失去数千张本应属于我们的选票。我敦促国家秘书采取类似的方法培训我们全国各地投票站的工作人员。我给每一位投票站工作人员发了一段特别的视频，告诉他们在那一天把每一张支持工党的选票争取过来的重要性。组织落实好投票日的工作，是漫长竞选过程的最后一环，这个过程可以追溯到 12 个月前我成为政党领袖的那一天。这是一场历时一年的竞选，我们不能在最后一道关卡上摔倒。

当天结束，投票站站长会派最优秀的监票人来监督计票，而我们其他人则焦灼地等待每位站长打电话报票数。这就是世世代代在社区一级所经历的澳大利亚民主仪式。

2007 年 11 月 24 日是个星期六，早上醒来时我并没有任何期待的感觉，只是感到麻木了。人们低估了主要政党领导人参加竞选活动时所需的精神和心理耐力。全部的和最后的责任都落在你的肩上，茕茕孑立，只剩下一种孤独的感觉。我用我在这本书前面提到的"剃须镜前思考"来安慰自己。"为了确保今天的胜利，我还能做些什么吗？"我问自己。答案是一个响亮的"不"。我们利用了所有可用的资源以及后来出现的一些资源，我们已经做了所能做的一切。这样思考了一会儿之后，当我在这最后一天出去战斗时，我的内心无比平静。

在布林巴施洗者圣约翰教堂——也就是我们当地的教堂——旁边有一个教区会堂，我们通常都在那里的投票站投票。投完票一出来，我和泰瑞莎就遇到了正向这边聚集过来的全国媒体。他们通常会问这样的问题："你感觉如何，路德先生？"我认为，无论是对整个国家还是政党来说，一大早说"麻木"可不是什么鼓舞人心的合适回答。在整个竞选过程中，我一直用攀登珠穆朗玛峰来打比方。10月份开始竞选时，我将其比作到达了大本营；现在，我说，我们正处在顶峰的边缘，因为我们已经付出巨大的努力，我们的团队已经走过足够远的距离，所以我相信我们能够登顶。

随后是拜访布里斯班的一些投票站。我与格雷厄姆·佩雷特（Graham Perrett）会了面，他是邻近的莫顿（Moreton）选区席位的候选人，该席位当时由自由党的加里·哈德格雷夫（Gary Hardgrave）占据，但他最近被霍华德降职了。佩雷特声称自己有一个不同寻常的资质，他认为这将极大地帮助他赢得这一席位：他是一位有抱负的作家，很快就会出版一本色情小说。我曾问过他是否认为这么做是明智的。他回答说："伙计，我寄到你家一本，你就会明白为什么这对我来说这么重要了。"我微笑着谢绝了，然后悄悄地摇着头走开了。工党里也是什么人都有。尽管如此，不论佩雷特有多么古怪，他都是我们的候选人，我将百分之百地支持他赢得这一席位，并在未来的选举中留住这一席位。在佩雷特的选区内有一个不小的华人社区，所以我记得那天和他站在一起，向当地社区的澳大利亚华人发放中文的"如何投票"卡片，并用汉语和他们聊天。每一张选票都很重要。与此同时，自由党投票站的工作人员则在一边忙着拍摄我的跨文化交际活动，觉得自己终于找到了我是个"傀儡候选人"（Manchurian candidate）的证据。

下午过去了一半，该回家了。不管结果如何，我知道这将是一个漫长的夜晚。我还没有准备好讲什么，无论最终是胜还是败。我觉得不论准备哪种演讲都会带来不好的结果，特别是提前准备获胜演讲。因此，我让我的几个工作人员准备了两份替代文本，包括一份致谢的清单。我可不想把任何人落下。然后，在接下来三个小时的大部分时间里，我都在休息。

下午 6 点刚过，我们来到了朗公园体育场（Lang Park stadium），这里也是昆士兰橄榄球联盟（Queensland Rugby League）的所在地。我们在那里租了几个房间来计算票数，并按惯例晚上在那里举行庆祝活动——如果上帝碰巧对我们微笑的话，那就是一场庆功会了。所有这些细节都由国家和国务秘书负责。我和泰瑞莎以及杰西卡、阿尔伯特、尼古拉斯、马克斯，最终到了体育场尽头我们自己的房间。阿利斯特·乔丹、大卫·爱普斯坦（David Epstein，当时是我的幕僚长）、约翰·福克纳和蒂姆·加特雷尔都在隔壁房间里接听来自全国各地的电话，以便尽早揭晓我们是赢是输。我记得曾对阿利斯特和福克纳说过，我不想被"碎片信息"打扰；我想让他们等结果确定了再告诉我。

与此同时，我坐下来，手里拿着笔，开始审阅为我准备的两份发言稿草稿。我觉得先处理"万一选举失败"的演讲稿会有好的应验。从这里开始是风险最小的做法。我很久以前就把那晚写的东西弄丢了。但我确实记得，我曾大声地明确指出——与我和朱莉娅在不到 12 个月前达成的协议一致——从保守派手中赢得政府领导权是"两步走"战略中的第一步。我认为，在派系批评者有时间打电话之前，用语言尽可能清晰地把这一点表达出来是很重要的。永远不要留下真空地带。

令人惊讶的是，第二篇演讲稿比第一篇更难写。部分原因是，我过去经历的昆士兰式的原始政治以及其中澳大利亚工党以灾难和绝望收场的种种历史，给我的头脑蒙上了一层阴影。此外，我们的民意调查显示，昆士兰整个地区波动得很厉害。昆士兰州是一个高度分散的州，这种情况导致全州出现过结果各异的自治运动。当然，布里斯班偏向工党并不意味着班达伯格（Bundaberg）、麦凯或凯恩斯就一定会偏向工党。这种现象最极端的例子是达尔文市，北领地的居民一般都不关心全国其他人的想法，而是更多地关注最近的鳄鱼袭击事件，这些故事总是占据了《北领地新闻报》（*NT News*）的头版。

我禁不住想知道结果的诱惑，看了几眼电视，听到安东尼·格林（Antony Green）对塔斯马尼亚的预言。到晚上结束时，我们将拥有这个岛州的所有5个席位，但是在那个节骨眼上，一切都还不明确。塔斯马尼亚和自治领地一样，倾向于在国家主流之外投票。我很快又关掉了电视，因为我担心当电视画面从一组结果跳到另一组结果时，我就没法集中注意力写完演讲稿了，而电视上往往是不完整的或不可靠的数据。我会耐心等待阿利斯特或福克纳的简报，就这么定了。

最后是泰瑞莎来告诉我，我们已经接近需要的席位了，我应该到隔壁去跟大伙儿谈谈。约翰·福克纳手里拿着黑色的记号笔，站在我见过的最大的白板前，白板上画着两栏，一列标注"得票"，一列标注"失票"。在"得票"那栏，我们已经获得了16个席位。而"失票"那栏当时还是空白的。我的第一反应是："好吧，还不错，但伟大的昆士兰州呢？"昆士兰州的票数才刚刚开始报进来。从我这边的投票结果看，我们获得了5%到10%的摇摆选票，我认为这是令人鼓舞的。但这些人都是支持我的人，我是当地人，他们和我是自己人，但其他地方——比如说班达伯格的好市民——就不一定会投我票了。晚上8点左右，势头一发不可收拾，一个接一个的席位开始向我们倾斜，这种情况甚至席卷了整个昆士兰州，无论是在东南部的大都市还是更关键的海岸地区。在布里斯班的福德城（Forde），工党获得14%的摇摆选票，真是难以置信。在莫顿、邦纳（Bonner）、皮特里（Petrie）、朗曼（Longman）和布莱尔（Blair），我们也获得很多摇摆选票——换句话说，布里斯班周围都市的席位都向我们倾斜。然后，沿着昆士兰海岸，莱希哈特（Leichhardt）、赫伯特（Herbert）、道森（Dawson）和弗林（Flynn）也出现了类似的倾斜，尽管我们最终在赫伯特失利了，在那里，拉瓦拉克军营（Lavarack Barracks）的军事基地一直非常保守。我们在昆士兰州获得了9个新席位，加上我们在选举前的 6 个席位，这意味着我们现在拥有该州 29 个席位中的 15 个。我们赢得了昆士兰州 42.91% 的初选选票，以及 50.44% 的昆士兰州两党优先选票。能赢得自己的州的支持，我记得我当时深深地松了一口气。自半个世纪前分裂以来，工党在昆士兰州一直有着非常复杂的历史，在特威德河以南的难度之大已难以想象，更别提墨累河（Murray）以南了。但对工党来说，这仍然是一条意义深远的教训：要想在全国范围内获胜，就必须赢得昆士兰州，尤其是在该州即将获得联邦议会四分之一席位的情况下。

在全国范围内，正如我一直担心和预测的那样，倾向工党的初选投票和两党优先投票在投票的最后几天减少了。我们以 54% 比 46% 的优势进入选举。到计票结束时，我们获得了略低于 53% 的选票。我们为工党增加了 23 席，仅比霍克在 1983 年大获全胜时赢得的席位少 1 席，比 1972 年惠特拉姆赢得大选时多 15 席，尽管惠特拉姆在 1969 年的选举中赢得了大量席位，当时他已经非常接近组建政府了。惠特拉姆和霍克的选举也是比较困难的，因为那个时候议会本身比较小，所以每一个席位都相对比较重要。我们在新南威尔士、维多利亚、塔斯马尼亚和南澳大利亚都取得了巨大的胜利。在西澳大利亚，我们赢了一场，但是输了两场，包括考恩（Cowan）的边缘席位，这个席位曾由我们的一等退休成员、我亲密的私人朋友格雷厄姆·爱德华（Graham Edwards）占有。

晚上 9 点 45 分左右，一直盯着白板的福克纳转过身来，平静地说："同志，我们赢了。"我问齐聚一堂的工作人员："大家都这么认为吗？""百分之百。"他们回答道。

奇怪的是，就在那一刻，约翰·霍华德打来了电话。他对"澳大利亚工党的伟大胜利"表示祝贺，并对我说，他祝愿我作为下届总理在组建澳大利亚新政府方面一切顺利。我感谢他。我问到他自己在班尼龙的席位——不是为了触他霉头，而是因为我们不知道马克辛·麦考夫在投票前和后续进行的竞选活动效果如何，尤其是面对霍华德这个油滑的当地政治高手。他巧妙地回答说现在下结论还为时尚早。到晚上结束的时候，我还是不自信我们会赢得这个席位。在那之前，只有一位澳大利亚在任总理在大选中失去过自身议员席位，那就是1929年华尔街崩盘和大萧条前夕的斯坦利·墨尔本·布鲁斯。大选结果出来了，约翰·霍华德将成为第二位失去议会席位的在任总理。对一个骄傲的人来说，这是一个痛苦的打击，我对从他手中抢下他的席位并没有特别喜悦，尽管我很高兴马克辛的豪赌成功了。霍华德最后在电话里问，他能否花一周左右的时间搬出办公室、总理府和总理官邸齐力比丽楼。我完全没有想过这些事，一步一步来吧。我回答说，他需要多长时间都可以。最后，他要求乘坐政府的一架VIP飞机从堪培拉返回悉尼。我猜想这是因为他不希望在和妻子珍妮特离开首都时身边还要围一大群人。我毫不迟疑地说："当然，约翰，这根本不是问题。"不管是谁当总理，尊严都是很重要的。霍华德明白这一点，阿博特却永远也不会理解。

接完电话，泰瑞莎把我带到隔壁和家人待一会儿。我们都沉默了几分钟。我渐渐感觉到了肩上的担子，克服妄自尊大的最好方式就是静静反思。然后，我听见隔壁大房间里越来越热闹，那是家人和朋友来参加聚会了，他们给了我热烈的祝贺。我打电话给朱莉娅，感谢她在12个月里一刻不停地为竞选活动所做的一切。她哭了，我也哭了。我们已经太习惯失败的感觉，以至于实际上赢得联邦选举的体验对我们来说都是陌生的。近十几年来，我和她一直被动接受连续的选举失败——更不用说在最后赢得政党领导权之前经历的所有失败了。政治从来不是一项一蹴而就的事业。

在感谢了泰瑞莎和每个孩子之后，我感谢的是我的前上司韦恩·戈斯。大约20年前，他邀请我作为他的私人秘书来到昆士兰州，我漫长的政治之行就是从那里起步的。多年来，我从他身上学到了很多东西。我也要感谢其他人：我的兄弟马尔科姆、格雷格和我的姐姐洛瑞，还有科菲夫妇（Coffeys）一家，我们当地教会的朋友，也是我们最小的孩子马克斯的教父、教母。

喝了一两杯果子露之后，音乐时间到了。我和泰瑞莎以及其他家人来到了一个感觉像洞穴一样的礼堂，受到了全党忠诚人士雷鸣般掌声的欢迎。几乎所有的人，包括抱在怀里的小婴儿，都穿着"Kevin 07"的T恤衫。他们欣喜若狂，热泪盈眶，他们是真正的信仰者。自从1989年韦恩赢得大选，1983年霍克赢得大选，甚至1972年惠特拉姆赢得大选之后，他们从未见过这样的夜晚。安娜·布莱（Anna Bligh）——现在的昆士兰州州长和我的老朋友，我们从韦恩政府早期就在一起工作了——将我们请上舞台。人们不停地有节奏地喊着："凯文……凯文……凯文。"我情不自禁地为这一切感到难为情。我不习惯这样。

然后，我拿起话筒说："刚刚，霍华德先生打电话给我……"

与澳大利亚长期的政治习惯相一致，我说到这里就遭到了台下的一阵嘘声。我举起手来阻止他们，意识到整个国家都在看着这个舞台，47%的人刚刚投票给霍华德，他们期望我会以适度的礼貌和尊重来对待这位10多年来一直担任我国总理的人，他们的期望是对的。我感谢他为国家所做的贡献，使我感到宽慰的是，群众保持了庄严的沉默。然后，我开始执行下一项任务，那就是在一场激烈的竞选之后，将全国人民团结在我的领导之下。我们两个政党已经在党派争斗行为上花了太长时间了，现在是重新树立人民团结意识的时候了。

我感谢澳大利亚人民对我的信任——我知道有数百万选民没有投票给我，我承诺在政府中努力工作以赢得他们的尊重。我也感谢格里菲斯的好市民第四次让我成为他们的"当地人"，没有他们的持续支持，我永远不会成为总理。我感谢伟大的澳大利亚工党以及所有为竞选献出了鲜血、汗水和眼泪的人。我继续说到伯尼·班顿，几天前我刚和他谈过，知道他现在状况很差，他对所有澳大利亚人来说都是一个鼓舞人心的榜样。正如我在当晚所说的那样：

今晚我还想特别提到伯尼·班顿。伯尼是一名为石棉受害者而战的战士，今晚他在悉尼的医院里病入膏肓。我对伯尼说，如果他在看这个节目，朋友，你不会在这个地方被遗忘的。你坚守自己的价值观并为之战斗，你在斗争中得到了伟大的澳大利亚工会运动的支持，尽管当时有那么多其他人准备把你扔到一边；伯尼，你是我们所有人的灯塔和号角，告诉我们什么是体面的人生必须要做的事。朋友，我向你致敬！

伯尼的一位朋友后来告诉我，那天晚上伯尼在听广播时说："能得到总理的公开认可，伙计，对于一个来自帕拉马塔（Parramatta）的男孩来说还不赖。"

我也向全国人民感谢了朱莉娅的中心作用。我从眼角瞥到朱莉娅出现在一个巨大的屏幕上，这是从堪培拉的中央计票室（central tally room）做的直播。布里斯班的人都快疯了，但往南看，声音比 1871 年的巴黎公社更疯狂。我说不仅维多利亚州的人爱她，昆士兰人也爱她。听到这里，当地观众发出了巨大的欢呼声。我感觉对当地小伙子来说是很好的机会，我把朱莉娅介绍给更广泛的昆士兰观众。当地人了解我，却并不真正了解她。从某种程度上说，主要是因为保守派的电视宣传将她描绘成了深沉、黑暗、可怕、阴郁的无神论者、社会主义者、女权主义者的维多利亚州左派成员。不过话说回来，这并不是昆士兰州的主流声音。

我感谢了我的影子内阁成员、所有的候选人、我的工作人员，当然还有我的家人。泰瑞莎一直都如此强大，支持着我的全部生活和政治生涯。她为这一事业付出了高昂的个人代价，而工党至今从未对她表示过感谢。我也感谢了每个孩子。（晚上晚些时候，一位右派成员提到我的华人女婿阿尔伯特和我们一起在舞台上出现，他说我们需要"解决第一家庭的亚洲问题"。在昆士兰州，种族主义还没有完全消失。）我最后的感谢献给从一开始将我带到这个世界上来的我的父亲和母亲。我从尤姆迪农场历经漫长的旅途一路走来，这在很大程度上要归功于母亲对我的教育，即使在生命中最艰难的日子里挣扎求生时，她也没有忘记对我进行教导。

那晚最后，我告诉大家回去好好睡一觉，喝杯茶，甚至来点儿"Iced VoVo"美味甜饼干庆祝一下，然后就要做好准备迎接新的任务了："明天，我对我的团队说，我们要撸起袖子，准备好迎接艰苦的工作了。"

我们终于在午夜前回到了家，然后就上床睡觉了。

我一躺下就转向泰瑞莎说："谢谢你。"接着说了句"那么……我们下一步该怎么办？"后，我渐渐进入了梦乡。

革故和鼎新是完全不同的两回事，我们在未来的日子里会很快，甚至是痛苦地觉察到这一点。